다 큰 자녀 싸가지 코칭

_____ 님께

싸가지는 자식의 성공과 행복을 여는 마스터키입니다.

_____ 드림

1318 어려운 자녀 쉬운 사용 설명서

다 큰 자녀
싸가지
코칭

이병준 지음

KOREA.COM

추천사
싸가지 교육의 희망 매뉴얼

　우리에게 꼭 필요한 책이 나왔다. 그것도 재미있고 흥미로운 필체로, 싸가지 있게. 자식 가진 부모라면 피할 수 없는 근심과 한숨을 가지고 이 책을 읽기 시작할 것이다. 그러고는 서서히 개선의 가능성을 느끼면서 힘을 얻을 것이다. 자녀 문제로 죽을 만큼 힘든 부모들과 수많은 상담을 해온 저자는 청소년 자녀의 올바른 버릇 교육에 대해 현실적인 조언을 해준다. 이야기로 풀어내서 좋고 내용이 가벼운 것 같아서 좋다. 하지만 사실 가벼운 내용이 아니라는 것을 같은 상황을 경험한 독자라면 충분히 알 수 있을 것이다.

—최의헌 연세로뎀정신과의원 원장

　누구나 좋은 부모가 되고 싶지만 사실 평범한 부모가 되는 것도 쉽지 않다. 아니, 특별하지 않은 평범한 부모가 가장 좋은 부모다. 자녀경영연구소를 운영하는 나 역시도 아들이 사춘기를 겪을 때는 속수무책이었다. 그래서 고민 끝에 아들과 편지 주고받기, 도보여행 등을 통해 공감대를 만들고 소통하려 애썼다. 이 책은 부모의 권위와 사랑을 균형 있게 세우고 자녀에 대한 집착을 버림으로써 이미 다 커버린 자녀도 예의와 성품을 갖출 수 있도록 교정하는 방법을 잘 풀어 주었다. 그야말로 효율적인 '10대 자녀 사용설명서'라고 할 수 있다.

— 최효찬 자녀경영연구소 소장·《세계 명문가의 독서 교육》 저자

부족하지만 세 자녀를 모두 전액 장학생으로 하버드와 보스턴대학교에 보냈다. 큰아들은 현재 미국의 정식 외교관 코스를 밟고 있다. 아버지의 부재로 힘든 청소년기를 보냈던 아들은 내게 모진 말도 하고 놀러 다니는 데 정신이 팔리기도 했다. 그럴 때마다 아이들에게 기준과 원칙만큼은 반드시 지키도록 하였고, 더 크게 엇나가지 않도록 최대한 잔소리를 하지 않았다. 다행히 나는 방황하던 십대 아들의 싸가지 교육에 성공할 수 있었다. 자식 때문에 속 끓는 많은 부모에게 이 책이 도전과 희망이 되기를 바라는 마음으로 추천한다.

— 황경애 《백만불 장학생 엄마 되기》 저자

실제 이야기의 주인공 엄마입니다. 혹시라도 책이 출간되면 제게 누가 되지 않을까 해서 완성된 원고를 보내왔을 때 저는 원고를 읽으며 중간 중간 몇 번이나 예전 생각이 나서 울었습니다. 정말 제 인생에 천사처럼 찾아와 주었던 닥터지바고 님을 통해 마음고생 하던 것을 정리할 수 있었습니다. 그 아이는 지금은 제 마음을 감동시키는 아이가 되었습니다. 사실, 이 이야기는 제 가정만의 이야기가 아니라 대한민국 가정 누구라도 겪고 있는 이야기일 것입니다. 그러기에 자식 때문에 죽을 고생을 하는 부모들이 이 책을 읽고 저처럼 도움을 받았으면 하는 마음에서 흔쾌히 출간을 허락했습니다.

― 책 속 예준이 엄마, 민들레

실제 이야기 속에 나오는 민들레의 남편입니다. 이 원고를 읽으며 그간 아내가 얼마나 힘들었을지를 생각하니 눈물이 났습니다. 아울러 아버지로서의 역할이 얼마나 중요한지 다시 한 번 깨달았습니다. 아버지로서 자신감과 자부심도 다시 세울 수 있었고요. 우리 부부가 닥터지바고를 통해 다 큰 자식의 싸가지 교육에 성공한 것처럼 다른 분들도 희망을 얻을 것입니다.

— 책 속 예준이 아버지

💬 **저자와의 상담을 통해 도움 받은 부모들의 코멘트!**

- 내가 생각하는 부모 역할에 대해 일부는 수정하고 일부는 확신을 갖게 되었습니다.
- 지금이라도 시작할 수 있다는 희망과 자신감을 갖게 되었습니다.
- 혹시 우리 아이가 잘못되진 않을까 하는 염려에서 벗어났습니다.
- 아버지의 역할이 얼마나 중요한지 알게 되었습니다.
- 단호하게 꾸중해도 된다는 것과 제대로 꾸중하는 방법도 알게 되어 속이 시원했습니다.

목차

§ **추천사** – 싸가지 교육의 희망 매뉴얼 4
§ **프롤로그** – 다 큰 자녀, 두 번째 출산을 해야 할 때 12
§ **주요 등장인물** 24

Part 1.
싸가지 코치를 만나다 …25

오늘도 어김없이 속 터진 날 … 26

5년 전, 딱 멈춰 버린 내 인생 … 34

나만 그런 게 아니었어 … 39

닥터지바고 코치를 만나다 … 42
　　싸가지 팁 1. 자녀의 자발성을 키워 윈윈(win-win)하라 … 54

우리 아이의 문제가 단지 싸가지 결핍일 뿐이라고요? … 56
　　싸가지 팁 2. 자녀의 후천성 좌절결핍증을 치료하라 … 65

또 한 번의 출산 준비 … 66
　　싸가지 팁 3. 남자도 출산을 해야 '진짜 아버지'가 된다 … 75

저 눈물이 남의 일 같지 않아 … 77
　　싸가지 팁 4. 자녀에게 무조건 해주지 말고 협상해 오도록 기다려라 … 89

Part 2.
싸가지 코칭 준비와 시작 …91

심리적 게임 관계에서 벗어나기 …92
싸가지 팁 5. 자녀가 던지는 낚시의 미끼를 물지 마라 …99

Yes But, Yes How라는 이름의 방패 … 100
싸가지 팁 6. 그 어떤 표현을 하더라도 마음만은 언제나 수용하라 … 107

'기준'과 '원칙', 양날 선 검 … 108
싸가지 팁 7. 좋은 습관을 갖도록 자녀를 훈육하라 … 114

첫 번째 승리 : 기상 시간 지키기 … 116
싸가지 팁 8. 말은 언제나 명확하고 단호하게 하라 … 125

내가 괜찮지 않아도 괜찮아 … 126
싸가지 팁 9. 너무 서둘러 상처를 봉합하려 하지 마라 … 131

내 잘못 때문 아닐까? … 133
싸가지 팁 10. 사랑은 충분히 주었으니 너무 마음 아파하지 마라 … 140

두 번째 승리 : 컴퓨터 사용 시간을 지키고 동생의 돈을 돌려주게 하다 … 142
싸가지 팁 11. 자발적 행동을 유발하는 레테르 효과 … 151

문제아가 가장 큰 피해자라고요? … 153
싸가지 팁 12. 모든 행동은 나름 최선의 선택이다 … 160

Part 3.
터진 전쟁이라면 무조건 이겨라 …161

부부의 동맹관계부터 구축하라 … 162
싸가지 팁 13. 부모는 행복을 가르치는 사람이다 … 172

세 번째 승리 : 아이 스스로 머리카락을 자르다 … 173
싸가지 팁 14. 1퍼센트라도 잘한 부분은 진심으로 칭찬하라 … 181

아이의 공격에 끝까지 버티기 … 182
싸가지 팁 15. 부모의 권위를 무시할 땐 엄히 꾸짖으라 … 191

아이의 분노폭발 – "엄마 도대체 왜 이래 요즘?" … 193
싸가지 팁 16. 아직도 늦지 않았다 … 203

마침내 승리의 깃발을 꽂다 … 204
싸가지 팁 17. 때론 거짓말도 믿어 주어라 … 210

뻔뻔(fun fun)한 가족 되기 … 212
싸가지 팁 18. 가족도 즐거운 시간을 함께해야 친해진다 … 216

스스로 자라게 하는 심리성장 호르몬 '자기효능감' … 218
싸가지 팁 19. 편안해지려면 내비도(道)를 닦아라 … 222

자녀 부려먹기 … 224
싸가지 팁 20. 일을 시키는 건 생존법을 가르치는 행위다 … 230

상처 주기를 두려워 마라 … 232
싸가지 팁 21. 자녀의 자기복원 능력을 믿으라 … 239

Part 4.
나를 위한 셀프 코칭 … 241

아이는 좋아지는데 제가 왜 허탈해질까요? … 242
  싸가지 팁 22. 자식에게 줄 수 있는 최고의 말 "너도 나처럼" … 252

제주도에서의 수다 테라피 … 253
  싸가지 팁 23. '혼자 있는 능력'이 행복의 정도를 측정한다 … 260

서드 에이지, 또 한 번의 새 인생 … 262
  싸가지 팁 24. 행복은 열심히 산 삶의 부산물일 뿐이다 … 269

뉴 웨이브 오케스트라 크리스마스 공연 … 270

§ **에필로그** – "아~ 사랑은 이제 그만!" **275**
§ **참고도서 278**

프롤로그
다 큰 자녀, 두 번째 출산을 해야 할 때

　최근 학생들의 폭력, 자살, 왕따, 패륜과 청년실업, 신혼기 부부들의 이혼율 급증 등 사회문제가 나날이 증가하고 있다. 그런 까닭에 부부 상담을 주로 하는 필자의 상담실에 최소 초등학교 고학년부터 중·고·대학생, 대학을 졸업한 청년 자녀와 심지어 결혼한 자녀들, 이른바 다 큰 자녀에 대한 상담 요청이 부쩍 늘어나고 있다. 부모들이 해결하기 원하는 그들의 문제란 아래와 같은 것들이다.

- 매사 짜증이다.
- 감사라곤 털끝만치도 없고 끝없는 불평불만이다.
- 먼저 인사를 하는 법이 없다.
- 욕설은 일상용어다.
- 부모에게 쌍욕 하는 것도 거리낌 없다.
- 한없이 게으르다.
- 정리정돈을 하지 않는다.
- 사회 진출을 꺼린다.
- 지각을 밥 먹듯 하며 약속을 제대로 지키지 않는다.

❖ 학교(직장)에 무단결석(결근)한다.

❖ 뭔가를 배우려고 하지도 않는다.

❖ 밤새도록 인터넷 게임에 빠져 있다.

❖ 뱀파이어도 아닌데 낮엔 햇빛을 피해 이불 속에 숨고 밤이 되면 부활해서 밤새 돌아다닌다.

❖ 필요한 물품은 인터넷으로만 산다.

❖ 남과 어울리는 외부활동은 전혀 하지 않는다.

❖ 며칠이고 씻지 않는다.

❖ 매사에 의욕이라곤 없다.

❖ 뭘 줘도 시큰둥하다.

❖ 아무 대책 없이 용돈만 축낸다.

❖ 정신적으로는 큰 문제가 없다.

❖ 자기밖에 모른다.

❖ 잠시도 진득하게 앉아 있지 못한다.

❖ 휴대폰을 손에서 놓으면 좌불안석이다.

❖ 텔레비전과 인터넷에 빠져 산다.

❖ 조그만 일에도 안절부절못한다.
❖ 몸 움직이기를 싫어해 운동과는 담 쌓았다.
❖ 땀 흘린다는 개념을 모른다.
❖ 고생 같은 건 자기 사전에 없는 용어로 여긴다.
❖ 히키코모리(은둔형 외톨이)다.
❖ 자기조절능력이 없다.
❖ 중독에 빠져 산다.
❖ 취직하더라도 직장에 오래 붙어 있지 못한다.
❖ 부모를 종처럼 부려먹는다.
❖ 해코지가 두려워 꾸중하기도 겁난다.
❖ 작은 일만 시켜도 "내가 왜?"라며 바락바락 대든다(피해자 중후군 이라고 한다).
❖ 심한 경우 부모를 폭행하는 것이 일상이 되어 있다.
❖ 부모가 안 해준 것만 생각하며 억울해한다.
❖ '당연 귀신'에 붙들려 산다.
❖ 조금만 힘들면 포기한다.

❖ 일에 대한 기본 개념이 없어 일 처리가 엉망이다.
❖ 현란한 조명이 비치는 무대만을 꿈꾼다.
❖ 결혼 후 조그만 갈등에도 가출하거나 별거나 이혼을 생각한다.

이런 현상은 우리나라만의 문제가 아니다. 다른 나라의 부모들도 죽을 고생을 하고 있다. 중국이나 인도에서도 귀한 자식인 '소황제'들 때문에 골머리를 앓는 부모가 늘고 있고 유럽도 마찬가지다.

이에 독일에서 30년간(1974~2005) 살렘 기숙학교 교장을 지낸 베른하르트 부엡(Bernhard Bueb)은 《엄한 교육 우리 아이를 살린다》에서 "히틀러 정권 이후 독일의 교육계에는 자유주의 교육이 확산되면서 지금까지 아이들의 인권과 자유를 존중하는 교육관으로 일관해 왔다. 하지만 아이들은 예절을 모르며 부모들은 아이들의 끝없는 요구에 시달리고 있다. '평균 36세가 되도록 이들이 도통 부모 슬하를 떠나려 하지 않자 보다 못한 정부가 내년 예산 20억 유로(약 2조 6,000억 원)를 풀어 집세를 지원키로 했다'라는 기사 등에서 볼 수 있듯이 독립심이 강했던 유럽 사회에서도 사회 문제가 될 정도로 심각해진 것이다. 뿐만 아니라 일할 의지가 없는 청년 무직자인 니트족(NEET 族: Not currently engaged in Education, Employment or Training)이나 정규 직장을 평생 갖지 않거나 갖지 못하고 살아가는 파트타임 프리터족(Freeter族: Free + Arbeiter) 등 부모의 희생을 당연하게 여기는 '신인류'가 늘고 있다"라고 하면서 '엄한' 교육을 시켜야 할 자리에 오로지 공부만을 가르친 엉뚱한 교육이 문제였다고 꼬집어 말하고 있다.

필자는 이것을 '싸가지 결핍'이라고 본다. 그러니까 싸가지만 넉넉하게 갖추게 하면 얼마든지 바로잡을 수 있는 문제들이란 뜻이다. 물론 싸가지 없는 자식을 상대하는 부모들에게는 자녀 문제가 태산 같이 느껴지겠지만, 객관적으로 볼 때는 그렇게 큰 문제가 아니며 마땅히 가르칠 것을 가르치기 시작하면 지금 당장이라도 고쳐나갈 수 있는 지극히 작은 문제들에 불과하다.

다 큰 자녀들이 일으키는 문제를 해결하기 위해 오랜 시간 이곳저곳을 전전하다 마지막 희망을 걸고 필자를 찾아오는 부모들은 지금껏 자식을 위해서 모든 것을 아낌없이 주고도 더 주지 못해 안달이며, 지금 당장이라도 더 희생할 각오로 가득하다. 그런데 그것이 바로 자식을 싸가지 없게 만드는 일이며 궁극적으로 죽게 만드는 결과를 초래한다고 하면 영문을 모르겠다거나 황당하다는 표정을 보이기도 한다.

그러나 막상 코칭을 시작하고 난 이후에는 더 놀라게 된다. 짧은 시간에 다 큰 자녀의 행동이 놀랍게 변하고 본인의 삶이 이전과 확연히 달라지기 때문이다. 그 빠른 변화의 핵심은 '부모 자리의 회복'이었다. 그것만으로도 다 큰 자녀의 문제행동이 금세 바로잡히고 관계의 변화가 일어난 것이다. 부모 자리를 회복한다는 것은 우리가 이미 알고 있는 권위나 훈육(discipline)을 세우는 개념이며, 예의범절을 가르침으로써 궁극적으로 자기조절능력을 가진 건강한 인격체로 만드는 것이다.

토머스 고든(Thomas Gordon)이 자녀교육의 바이블이라 불리는 부모역할훈련(P·E·T: Parents Effectiveness Training) 프로그램을 처음 실시했을 때는 자녀가 온전한 하나의 인격체라기보다는 그저 부모의 부속물이라는 생각이 지배적인 시대였다. 그럴 때 그의 이론은 부모들에게는 혁명이었고 아이들에게는 복음이었다. 물론 지금도 유아기, 학령전기, 초등학생 정도의 자녀를 둔 부모들의 바이블로서 아무런 손색이 없다. 그러나 토머스 고든이 "하나님은 부모에게 13년간의 유예기간을 주었다"라고 한 표현을 빌리자면 그의 부모역할훈련은 13세 이전까지만 유용하다고 할 수 있다. 게다가 오늘날 우리나라의 현실에 비춰 볼 때 아이들이 조숙해졌기 때문에 초등학교 저학년(1, 2, 3학년)까지만 유용하다고 해야 맞을 것이다.

따라서 최소 초등학교 고학년, 늦어도 13세 이상의 자녀를 둔 대한민국 부모들을 위한 별도의 부모역할훈련이 필요하다. 그것이 바로 싸가지 심리학이다. 부모역할훈련이 알의 부화를 위한 어머니 심리학이었다면 싸가지 심리학은 부화한 병아리의 성장을 위한 아버지 심리학이다.

출산은 엄청난 고통과 수고를 동반해야 하는 일이지만 그것이 무섭다고 미룰 수는 없는 노릇이다. 산달이 찬 아기는 반드시 출산해야 엄마도 살고 아기도 산다. 그런 면에서 다 큰 자녀 문제는 두 번째 출산을 하지 않아 죽어 버린 아버지들로 인해 생겨났다고 해도 과언이 아니다. 왜냐하면 다 큰 자녀들은 아버지 품에서 또 한 번 임신과 출산의 과정을 거쳐야 하기 때문이다. 그래야 싸가지를 갖추고 건강한 남성성을 가질 수 있게 된다. 지금이라도 아버지들이 두 번째 출산의 필요성을 깨닫는다면 자녀도 부모도 소망이 있다.

심리학에서 말하는 건강한 남성성은 꿈과 비전의 방향을 제시하며 이를 추진케 하는 힘이다. 또한 외부의 적으로부터 자신과 가족을 지켜 내는 용기이며 어려움에 직면하는 호연지기다. 아버지는 부모보다 더 나은 자식을 세상으로 파송할 사명을 가진 존재다.

그렇다면 왜 싸가지일까? 싸가지라는 말을 들으면 윤문식 씨가 마당놀이에서 "이런 싸가지 없는 놈!"이라고 외치는 코맹맹이 목소리를 떠올리거나 텔레비전이나 영화에서 걸쭉하게 욕설을 퍼붓는 장면을 생각할지 모른다. 그 때문에 욕설이나 비하의 뉘앙스가 있긴 하지만, '싸가지'는 엄연한 보통 명사다. '싸가지'는 '싹수가 노랗다'라는 표현에 나오는 '싹수'의 강원도 또는 전남 지방의 방언이다.

'싹'이라는 명사에 강아지, 송아지, 망아지처럼 접미사 '-아지'가 결합된 어형으로서, '봄에 처음 틔우는 새싹'을 지칭한다.

농부는 싹수를 보고 그해의 추수를 예측할 수 있다. '싹아지'가 튼실하면 그해는 풍년이다. 이처럼 싸가지 있는 사람이란 자신만의 독특한 재능과 창조성을 꽃피울 기본적인 태도(attitude), 성품, 예의를 갖춘 사람으로서 자신과 다른 사람을 이롭게 하는 제대로 된 사람이다.

최근 기업들도 싸가지 있는 사람을 찾는 일에 엄청난 투자를 하고 있다. 탁월한 두뇌, 유창한 외국어 실력, 올 A학점이나 어학연수 경험 같은 스펙을 우선하였던 과거에는 싸가지 유무를 판별하지 않았다. 그러나 기업의 기밀을 빼돌리거나 사원 간의 갈등을 일으키는 싸가지 없는 사원들 때문에 된통 당했던 쓰라린 경험을 한 이후로는 싸가지 유무를 철저하게 감별하려고 애쓴다. 그래서인지 요즘은 신입사원을 채용할 때 아예 필기시험을 제외하고 면접만 본다든지, 아니면 자기들이 고안해 낸 특별 연수 프로그램을 시행하는 기업이 늘고 있다. 결국 이런 과정을 통해 스펙보다 인간관계 능력이 좋은 사람, 개인적인 능력이 탁월한 사람보다 팀을 만들었을 때 시너지(synergy) 효과를 내는 사람, 그리고 변함없이 충성스럽고 성실한 사람을 찾아내려는 것이다.

유머 경영의 효시로 손꼽히는 미국 사우스웨스트항공 허브 켈러허(Herb Kelleher) 전 회장이 직원을 선발하는 기준도 싸가지 즉, 태도였다. "직능은 회사에서 얼마든지 가르칠 수 있다. 다만 속도의 차이가 있을 뿐이다. 그러나 삶의 태도는 회사에서 가르칠 수 있는 성질의 것이 아니다. 태도(attitude)가 갖춰져야 직급(altitude)을 높일 수 있다"라는 것이 그의 지론이다.

아스톤대학교 앤더슨(N. Anderson) 박사의 모의면접 실험에서도 면접관들은 처음 4분 만에 채용여부를 결정하였는데 그 기준이 바로 태도였다. 또한 미국의 카네기 공대 졸업생을 대상으로 성공한 사람들을 추적 조사한 결과에서도 성공한 사람들은 이구동성으로 **"성공하는 데 전문적인 지식이나 기술은 15퍼센트밖에 영향을 주지 않았으며, 나머지 85퍼센트가 인간관계였다"**라고 하였다. 결국 싸가지는 자식에게 성공과 행복을

열게 하는 마스터키다.

여기에 소개하는 이야기는 고등학교 2학년 남자아이의 부모를 실제로 코칭한 과정을 풀어 쓴 것이지만 이는 결코 한 가정만의 이야기가 아니다. 대한민국 어느 가정에나 있는 공통적인 문제들이며, 대학생이나 청년들에게도 동일하게 나타나는 현상이다. 코칭이 진행되는 동안 필자는 아이를 대면하지 않았다. 부모를 도와줌으로써 아이의 마이너스 요소인 문제행동을 줄이고 플러스 요인인 자기효능감을 늘려나가게 했다.

몇 년이 걸린 치료 과정도 아니었다. 기껏해야 6개월 과정이었다. 부모가 권위를 세우도록 도왔을 뿐이며 자녀는 나이에 걸맞은 행동을 하도록 즉, 책 제목 그대로 싸가지를 갖추게 하는 코칭이었다.

필자는 상담 공부를 하면서, 짧은 시간에 해결할 수 있는 문제를 너무 오래 끌고 가는 치료법들에 대해 늘 아쉬웠다. '긴 병에 효자 없다'는 말처럼 너무 오랜 치료 기간은 피차 기진맥진하게 하는 결과를 초래한다. 정확한 진단과 적절한 처방이 짧은 치유의 핵심이듯 이 책에는 짧은 시간에 큰 효과를 거둘 수 있는 진단과 처방이 녹아 있다. 읽다 보면 자녀의 말과 행동에 어떻게 대처할지에 대한 지침을 자연스럽게 얻을 수 있을 것이다.

초등학교 고학년 이전의 어린 자녀들을 둔 부모들에게는 예비교육용으로 좋을 것이며 그동안 다 큰 자녀들 시집살이 하느라 등골이 휘어지면서도 자식이 어떻게 될까 봐 선뜻 직면하지 못했던 부모들에게는 셀프 코칭을 시작할 수 있는 용기를 제공해 줄 것이다. 《다 큰 자녀 싸가지 코칭》을 읽은 독자들로부터 이 책 덕분에 용기 내어 두 번째 출산을 시작했고 결국 싸가지 있는 자식이 되었다는 이야기를 많이 들을 수 있기를 희망한다.

그렇다면 이제 싸가지 코칭을 어떻게 시작했고 어떻게 진행했으며 그 결과는 어땠는지 그 이야기 속으로 떠나 보자. Let's Go!

주요 등장인물

💬 **나, 경숙(민들레)** - 40대 중반 여성으로 고2 예준, 중2 예성이를 두고 있다. 예준이가 초등학교 5학년 봄에 ADHD 진단을 받은 이후 5년 반 동안 매주 수요일 오후에 아이와 함께 신경정신과를 다녀오는 일을 반복하고 있다.

💬 **닥터지바고** - 40대 중반의 남자. 심리상담학으로 박사학위를 받은 상담전문가이며 민들레의 코치다. 싸가지 코칭의 전 과정을 코치해 주었다.

💬 **남편** - 40대 후반, 민들레의 남편이다. 집 근처 금융회사에서 근무하고 있다. 순탄하게 살아온 사람으로 싸가지 코칭 과정에 많은 도움을 주었다.

💬 **예준** - 18세, 현재 고등학교 2학년인 큰아들. 학교 성적은 중하위권. ADHD 이후 중학교 시절을 힘들게 보냈다. 고등학교에 겨우 입학했다.

💬 **예성** - 15세, 현재 중학교 2학년인 작은아들. 조용하고 착한 아이, 최근에 형으로 인해 많은 스트레스를 받고 있다.

싸가지 코치를 만나다 PART 01

오늘도 어김없이
속 터진 날

　아이들이 겨울방학을 한 지 일주일이 지났다. 이제 조금 숨 쉬고 살 것 같다. 예준이가 문제를 일으켜도 집에서 벌어지니 그나마 다행이다. 적어도 남에게 피해를 주지는 않으니 내가 다른 사람들 앞에서 고개 숙이며 비굴하리만치 미안하다고 할 필요가 없다. 방학 동안 내내 부대낄 동생 예성이가 좀 힘들긴 하겠지만 그래도 일단 한숨 돌릴 여유가 생겼다.
　날씨가 추워지니 허리가 끊어질 듯 아프다. 요즘 와서 부쩍 허리가 안 좋아 오래 앉아 있기도 힘들어졌다. 남편과 장거리 여행을 갈 땐 아예 뒷좌석에 비스듬히 드러누워 간 적도 몇 번이나 있었다. 운전도 도와주지 못해 늘 미안하다.

안 그래도 좋지 않은 허리가 더 악화된 건 지난 9월 이후부터였다. 예준이가 다니는 ○○고등학교 교무실 담임교사의 책상 옆에서 거의 다섯 시간이나 서 있다가 급기야 무릎까지 꿇었던 일이 있었다.

예준인 고등학교도 겨우 입학했는데 학기 초부터 계속 말썽을 피워 내 속을 수십 번 뒤집었다. 입학한 지 한 달 만에 복장 불량에 두발 불량, 흡연, 음주, 수업시간 떠들기 등으로 여러 차례 지적을 받고도 나아지지 않아 문제아로 낙인 찍혀 버렸다. 담임교사가 예준이를 따로 불러 몇 번이나 달래기도 하고 훈계도 했지만 말썽은 줄어들지 않았다.

여름방학 마칠 때쯤 담임교사로부터 전화를 받았다. 1학기는 학교 적응 기간이라 더러 그런 일이 있어도 징계가 다소 느슨하지만 2학기에도 그런 일이 반복되면 최악의 경우엔 퇴학까지 갈 수 있다고 했다. 이전에도 개선의 여지가 안 보였던 몇 명의 학생들이 퇴학을 당한 일이 있다고 덧붙였다. 더러운 꼴 보기 싫으면 자식 단속 잘해 달라는 엄포로 들렸다.

그런데 2학기 개학하고 일주일 만에 예준이가 수업 시간 중간에 짝에게 주먹을 휘두른 사건이 터졌다. 예준이 말로는 짝이 자꾸 자기를 건드려 성질나게 했다는 것이다. 그간 문제아로 찍혔던 예준이는 결국 이 일로 학교 징계위원회에 출석하게 되었다. 징계위원회에서 퇴학 이야기가 나올까 봐 나는 급한 마음에 예준이가 ADHD 때문에 그런 것이니 선처해 달라고 부탁했다. 그런데 그게 도리어 화근이 되고 말았다. 그 말 때문에 교사들이 자퇴를 권유하는 분위기로 전환되어 버렸다. 예준이를 고쳐 보려고 애쓰던 담임교사도 "왜 진작 예준이가 ADHD인 걸 학년 초에 말씀해 주지 않으셨어요?"라며 발끈 화를 내었고 나와 시선도 맞추려 하지 않았다. 이러다 결국 퇴학당하게 생겼구나 싶은 마음에 덜컥 겁이 났다.

다음 날 아침, 또 학교로 찾아갔다. 담임교사는 나를 아예 만나 주려고 하지도 않았다. 그래서 나는 담임교사 책상 옆에 무작정 서 있었다. 나를 봐서라도 아이의 퇴학만큼은 면해 달라고 부탁할 참이었다. 담임교사는 수업이 계속 있다면서 교무실에 나타나지 않았다. 수업에 들어가고 나오는 다른 교사들이 불쌍한 듯 힐끔힐끔 쳐다보며 지나가고, 교무실을 들락거리는 학생들도 무슨 일인가 싶어 쳐다보며 지나갔다. 11시에 학교에 왔다가 오후 3시가 되어서까지 점심도 쫄딱 굶고 교무실 앞에 서 있었다. 3시 반쯤 되자 담임교사가 자기 자리로 왔다. 아마 다른 교사들로부터 연락을 받은 듯했다.

"아니? 지금까지 이러고 계셨어요? 대단하시네요."

"그러니 저를 봐서라도 예준이 이번 한 번만 용서해 주세요. 한 번만 기회를 주세요. 네?"

담임교사는 한참이나 입술을 깨물었다.

"저도 맨날 교직원 회의 때마다 죄인 되는 거 못 견디겠습니다. 게다가 학부모들의 항의가 자꾸 들어옵니다. 한 아이가 학습 분위기를 망치고 있으니 다른 학생들이 피해를 입는다고요. 또 여자 선생님들이 저희 반에 수업 들어가기를 싫어합니다. 예준이 때문에 수업하기 너무 힘들다고요."

"그래도 한 번만 봐주세요. 아직 1학년인데 적응이 되면 분명 나아질 겁니다. 애가 적응이 좀 늦은 편이에요. 정 그러시면 방학 동안에 전학을 알아볼 테니 퇴학만큼은 면하게 해주세요."

"교직생활 20년에 이렇게 통제가 안 되는 아이는 처음입니다. 그리고 예준이 어머니, 아직은 퇴학이 결정된 것도 아닙니다. 그러니 오늘은 돌아가십시오."

나는 그만 무릎을 꿇었다. 이대로 물러날 수 없었다. 퇴학이 결정된 것은 아니라지만 그날의 분위기도 그랬고 또 예준이가 계속 문제를 일으키지 않는다는 보장이 없는 상태에서 앞으로 혹시라도 문제가 발생할 경우 담임교사가 방패가 되어 주겠다는 약속을 받고 싶었다. 대한민국이란 땅에서 고등학교도 졸업하지 않은 아이가 어떻게 세상을 살아갈 수 있을까? 차가운 기운이 무릎으로 올라왔다. 담임교사는 황당한 표정을 지으며 연거푸 천정을 쳐다보았다.

"이러시면 안 됩니다. 제가 민망하니까 제발 돌아가십시오."

담임교사가 밖으로 나가고 10분쯤 지났을 때 내 나이 또래로 보이는 여교사가 아무 말 없이 자기가 깔고 앉았던 방석을 갖다 주었다. 따뜻했다. 고마움과 부끄러움이 동시에 피어올랐다.

"아직 안 가셨습니까? 정말 독하네요. 그리고 일어나세요. 이런다고 해결됩니까?"

밖에 나갔다 들어온 담임교사가 한숨을 푹 쉬는데 담배 냄새와 커피 냄새가 섞인 입 냄새가 났다. 역겨웠지만 내색하지 않았다. 담배를 피우지 않는 남편과 살아서인지 담배 피우는 남자들 곁에 가면 담배 냄새를 유독 심하게 느낀다.

"퇴학만은 면하게 하겠다는 약속을 해주십시오. 그러지 않으면 전 절대 일어나지 않겠습니다. 그리고 여기서 물러나지도 않을 겁니다. 약속해 주실 때까지 이대로 있을 겁니다. 그리고……."

담임교사의 황당해하는 표정을 보면서 나도 스스로에게 놀라고 있었다. 난 그렇게 대범하고 깡 있는 여자가 아니었다. 늘 소심하고 작은 일에도 가슴을 쓸어내리는 연약한 여자였다. 그동안 예준이 일로 학교에도 여러 번 오고, 다른 부모들도 만나 용서를 구하는 일이 여러 번 있었지만 그래도 지금만큼 절실하지는 않았다. 어떻게든 퇴학은 면해야 한다는 절박한 심정, 이번에 퇴학당하면 아이는 영영 구제불능이 될지 모른다는 생각이 나를 물러설 수 없게 했다.

"사고치는 일이 더 발생되어 정 퇴학이 불가피하다면 제가 방학 동안 전학을 알아보겠습니다. 그러니 선생님께서도 약속해 주십시오."

전학이라는 말 때문인지 담임교사는 깨물었던 입술을 풀고 말했다.

"좋습니다. 예준이 어머니께서 방학 동안에 전학을 알아본다 하셨으니 그 조건으로 일단 퇴학은 막아 보겠습니다. 대신 아이 단속 잘 해 주십시오. 그러니 이제 그만 돌아가세요."

일어서려는데 다리가 휘청거렸다. 머리가 핑 돌며 찌릿한 다리 통증이 느껴졌다. 책상머리를 잡고 눈을 지그시 감고 몇 초간 미간을 찌푸리다가 눈을 떴다. 다리를 절뚝이며 교무실을 천천히 걸어 나오는데 담임교사의 혼잣말이 날아와 뒤통수에 꽂혔다.

"에이~ 참. 정말 짜증나. 재수 없으려니까 반에 정신병 걸린 놈이

들어와 가지고는……."

 순간 머릿속이 하얗게 되면서 울컥 용암덩어리 같은 것이 치솟아 올랐다. '정신병이라뇨? ADHD는 정신병 아니에욧!' 하며 들고 있던 핸드백으로 담임교사 머리통을 후려치고 싶었지만 이를 악물고 못 들은 척했다. 잠깐 멈춰 서서 호흡을 가다듬었다. 이런 취급이야 그동안 수십 번 당하지 않았던가.

 집에 돌아오자마자 맥이 탁 풀렸다. 그대로 자리에 누워 꼬박 이틀을 앓았다. 아무것도 할 수 없었다. 만사가 귀찮고 그냥 이대로 딱 죽었으면 좋겠다는 생각뿐이었다. 집안의 세 남자가 출근을 하든 학교를 가든 내 알 바 아니란 식으로 식음을 전폐하고 내내 울었다. 나중에는 양쪽 눈가가 짓물러 따가웠다.

 그 일이 있은 후 다행히 2학기를 무사히 마쳤고 겨울방학을 맞았다. 그렇게까지 올 수 있었던 것은 매일 아침 약 먹이는 일을 목숨처럼 여겼기 때문이었을 것이다. 신경정신과에서 처방받은 약을 먹고 간 날은 문제행동이 현저히 줄었다. 주말 같은 때 약을 먹지 않으면 신경질을 내든지 동생 예성이를 때리든지 영락없이 사고를 쳤다. 준비물을 빠뜨리고 가는 건 일상이었다.

 방학이 되자마자 예준이는 정오를 넘겨서야 겨우 일어났다. 새벽 네댓 시까지 게임을 하다 잠들었으니 아침 일찍 일어날 리가 없다. 그나마 오전에는 자고 있으니 조용하긴 하다. 하지만 오후에 눈을 뜨면서 이어지는 끊임없는 요구와 짜증은 정말 견디기 힘들다. 걸핏

하면 예성이에게 쌍욕을 해댄다. 자기 휴대폰이 있는데도 동생 휴대폰을 확 낚아채다시피 해서 뺏고는 게임을 한다. 결국 동생이 화가 나 울면 운다며 머리를 쥐어박는다.

날마다 두 머슴애들이 저렇게 싸우는 꼴이 정말 지겹다. 싸우는 게 아니라 예성이가 맨날 불쌍하게 당하는 것이다. 그럴 때 조금이라도 예성이 편을 들면 예준이가 난리를 피운다.

방은 쓰레기통이다. 어쩌다 방에 들어가면 지독한 남자 냄새가 난다. 어릴 적 시골 큰아버지 집에서 나던 그런 냄새 같다. 담배 골초로 사셨던 큰아버지 방에는 아주 썩은 곰팡이 같은 퀴퀴한 냄새가 났다. 지금 살고 있는 집이 최신식 아파트인데도 예준이 방에서는 그런 냄새가 났다. 밤만 되면 아이는 밖으로 나갔다 새벽 한두 시가 되어서야 집으로 들어왔다.

남편은 애 어디 갔냐, 애 단속 안 하고 뭐했냐며 나를 추궁했다. 그럴 땐 정말 오만 정이 떨어진다. 이 집에서 맨 나중에 잠자리에 들고 맨 먼저 일어나서 아침 일찍 출근하는 남편 밥 챙겨 주는 사람은 나다. 게다가 요즘엔 아침을 세 번이나 차린다. 출근하는 남편 밥상, 학원 가는 작은아이 밥상, 오전 내내 퍼질러 자고 점심시간에 일어나는 예준이 밥상. 나를 위해서는 제대로 한 번 차린 적도 없다. 나는 세 남자가 밥 먹는 시간을 골라 밥 먹는 짝이 되어 주는 역할을 한다.

요즘에는 잠자리에 누울 때마다 운다. 그냥 이대로 살다가는 속 터져 죽을 것 같다. 갑자기 신경질이 솟구치듯 나면 통제하기 어렵다. 갑자기 열이 확 났다가 식은땀이 흐를 때도 있고, 특별한 이유도 없이 가슴이 두근거리기도 한다. 잔뜩 흐린 날이나 비가 오는 날에는 한없이 우울해지고 그냥 이대로 죽어 버리고 싶다는 생각이 들 때도 많아졌다. 텔레비전에서 말하는 우울증 증세는 내가 느끼는 것과 별반 다르지 않다. 요즘도 예준이 담임교사가 '정신병'이라고 했던 말이 떠오르면 분이 차올라 나도 모르게 이를 깨물고 주먹을 쥐며 몸을 부르르 떤다.

 이젠 어떻게 해야 할까? 너무 막막하기만 하다. 이 기나긴 겨울을 어떻게 지낼까…….

5년 전,
딱 멈춰 버린
내 인생

예준이는 초등학교 5학년 때 처음 ADHD 진단을 받았다. 그때의 담임교사도 아주 차갑게 말했다. 두껍고 까만 뿔테 안경을 쓴, 깡마른 50대 여자 교사였다.

"아무래도 예준이가 ADHD 같네요. 신경정신과에 데리고 가보세요. 예준이 때문에 수업을 진행하기 너무 힘듭니다. 기본적인 필기도구나 공책도 챙겨 오지 않고, 수업 시간 중에도 다른 아이들과 싸워서 수업이 중단될 때가 많습니다. 다른 아이들을 위해서라도 꼭 그렇게 해주십시오."

전화를 끊고 난 후 두근거리는 가슴을 진정시켜 가면서 인터넷을 검색해 보았다. 텔레비전에 자주 나오는 소아정신과 의사 김어진 씨가 말한 ADHD(attention deficit hyperactivity disorder)에 대한 정의는 '뇌의 발달과 연관된 문제(신경발달장애)로, 과잉행동(줄기차게 움직임), 충동적인 행동(자기조절 없이 행동함), 주의력의 문제(주의집중을 할 수 없음)를 일으킨다'였다. 그녀는 혹여나 염려하는 부모들을 위해서인지 '이 증상은 최근에 와서 더 생겼다기보다는 이전에도 있었는데 발견하지 못하고 있다가 생활이 안정되고 의학이 발달하면서 늘어난 것이며 소아청소년정신과 외래에서 가장 흔히 보게 되는 문제'라고도 덧붙였다.

예준이는 착한 아이였다. 4학년 때까지는 싹싹하고 말도 잘 듣고 성적도 좋았다. 활발함이 조금 지나치다는 생각이 들긴 했지만 그 또래의 남자아이들이 대부분 정신 사나워 보이듯 내 아이도 아무런 문제가 없다고 생각했다. 고학년이 되면서 조금씩 통제하기가 버겁다는 느낌은 들었지만 성적도 그만그만하게 받아 오는 아이라 담임선생님으로부터 전화가 오기 전까지는 그다지 큰 문제로 여기지 않았다. 병원에 가보라는 말에 덜컥 겁부터 났다. 병원에 전화를 했더니 일주일 뒤에나 진료가 가능하다고 하여 일주일을 더 마음 졸이고 병원을 찾았다. 텔레비전에 나왔다는 의사라 유명세를 타서 그런지 대기 중인 사람이 많았고 결국 두 시간을 꼬박 기다려 진료를 받을 수 있었다.

담임교사의 예상대로 ADHD로 진단받았다. 하늘이 통째로 무너졌다. 얼핏 보면 딱히 드러나는 증상도 아닌데 이게 무슨 날벼락일까? 도대체 왜? 어째서 나에게 이런 일이 생기는 걸까? 앞으로 어떻게 해야 할까? 아득하기만 했다.

　아이를 데리고 오는 길에 또래의 아이들을 보았다. 내 아이만 빼놓고 다 건강해 보이는 것 같았다. 내 아이만 문제가 심각한 것 같아 더 속상했다. 누구에게도 알리고 싶지 않았다. 6개월 넘도록 남편에게도 말하지 않고 혼자서 감내했다. 그 사이에 치료될 수 있으리라 생각했다. 최근에야 시댁식구, 친정식구 다 알게 되었지만 그동안은 말하지 않았다. 친척들은 일 년에 기껏 명절에 두어 번 만나니 크게 문제될 만한 증상을 볼 기회가 없었고 아이도 친척들 앞에선 고분고분 굴었다.

　그런 세월이 5년이 넘고 보니 이제는 더 이상 버틸 수 없다는 생각이 자꾸만 밀려왔다. 아이는 중 2때 내 키를 넘어 지금은 이십 센티미터는 족히 더 넘는다. 곁에 오면 은근히 무섭다. 남편은 금융 컨설턴트라 여전히 새벽에 출근했다가 늦은 밤에 퇴근했다. 휴일에도 출근하는 것이 기본이었다. 어쩌다 쉬는 날이 있어도 피곤에 찌들어 있는 남편에게 부담을 주기 싫었다. 그래도 도움을 요청하면 남편이 도와주려고 애를 쓰는 것을 알지만 때로는 모른 척하며 자는 모습을 보노라면 울화통이 치밀어 오르기도 했다.

　5년 반이 훌쩍 지나는 동안, 예준에게는 신체적으로 성장한 것 외에 아무런 변화가 없었다. 저러다가 대학은 갈 수 있을까 걱정된다. 이젠 너무 지쳐 기력이 없다. 답답한 마음에 하소연이라도 하고 싶어 큰언니에게 전화를 걸었다.

나에게 큰언니는 엄마 같은 존재다. 1남 5녀 중 맏이인 큰언니는 줄줄이 딸린 동생들 때문에 대학 진학은 생각조차 못하고 고등학교 졸업과 동시에 곧바로 직장생활을 시작했다. 아마 큰언니가 시집을 일찍 간 건 그런 부담에서 벗어나고픈 마음도 있었을 거라는 생각이 지금 와서야 든다. 늘 공부에 대한 미련이 남았던 큰언니는 그래서인지 조카들을 쥐 잡듯이 잡았다. 시험기간과 명절이 겹치면 친정에도 데리고 오지 않았다.

"언니, 나야……."

"응, 경숙이니?"

언니의 목소리를 듣자 그만 눈물이 쏟아져 나왔다.

"왜, 무슨 일이야? 왜 울어?"

예준이가 초등학교 5학년 때 ADHD 진단을 받았다는 것과 그 이후 지금까지 매주 신경정신과를 5년 반이나 다녔다는 이야기, 학교에 가서 싹싹 빌었던 일, 여전히 힘든 시간을 보내고 있다는 이야기를 다 털어놓았다. 언니에겐 미안했지만 속은 후련했다. 이야기를 다 듣고 난 후에 언니는 말했다.

"그래. 정말 많이 속상하겠다. 나도 그 마음 충분히 안다. 나도 한동안 너랑 비슷했거든."

"그래? 언니도 그랬어?"

"응. 실은 나도 한 재작년쯤에 보호관찰소에 꽤나 뻔질나게 다녔다. 남수 녀석이 사고를 많이 쳤잖아. 학교에서 폭력을 썼는데 조금 상황이 심각해서 경찰서까지 가게 되었어. 다행히 처음이라 구속까지는 안 되고 보호관찰소라는 곳에서 일정기간 교육을 받게 하더라. 거기서 부모도 와서 교육을 받으란 거야. 자식 교육을 잘못시켰으니 똑바로 교육시키는 법을 배우란 거지. 정말 가기 싫었는데, 네 시간 교육을 받는 동안 나도 희망이 생기더라.

그때 강의에서 들은 지침을 몇 가지 실천했더니 고맙게도 남수가 더 이상 문제를 일으키지 않았어. 덕분에 고 녀석 이번에 대학도 들어가잖아. 가만, 그때 강사로 왔던 분 명함을 받아 둔 것이 있을 거야. 너 그 선생님에게 가서 상담을 받아 보면 어떨까? 내가 연락처 찾아보고 문자로 찍어 줄게. 꼭 연락해 봐. 큰 도움이 될 거야."

"상담은 무슨……."

"나도 처음엔 싫었어. 정말 짜증나고 이 따위 교육을 왜 받는지 기분 나빴지. 그런데 막상 듣고 보니 교육이 언제 끝났나 싶을 정도였어. 정말 우리가 고민하고 있는 문제를 속 시원히 말해 주었던 기억이 나. 교육을 마치고 소감을 적는 시간이 있는데, 보호관찰소 직원으로부터 전화가 왔어. 이 언니가 소감문을 너무 잘 썼다고 말이야. 그래서 그 소감문을 다른 사람들이 볼 수 있도록 공개적으로 게시해도 되는지 묻더라고. 이름은 밝히지 않는다고 하니 얼마든지 하라고 했지. 다른 사람들도 희망을 얻을 수 있다면야 좋은 일 아니겠어? 언니가 한때 소설가를 꿈꾸는 문학소녀였잖니? 내가 봐도 잘 썼다 싶어 휴대폰으로 찍어 두었지. 그것도 내일 그 선생님 연락처 보낼 때 같이 보내 줄게."

나만 그런 게 아니었어

다음 날 아침 일찍 언니로부터 문자가 왔다. 글은 두 개였다. 언니의 글과 언니보다 앞 기수에 강의를 들었던 다른 엄마의 글이었다.

소감문 사례 1)

　보호자: 박미숙　소년: 한남수

　처음 교육장에 오는 발걸음은 아주 무거웠습니다. 말썽꾸러기 아들을 생각하며 한숨만 내쉬며……. 교육장의 모습은 생각 그대로였습니다. 모두 자식들로 인해 죄인이 되어 제대로 얼굴도 못 들고 있는 부모들을 보면서 가슴이 더 아파 왔습니다.

　오전 강의에서 보호관찰이라는 것에 대한 설명을 듣고 비행을 더

행하기 전에 막도록 해야겠다는 생각과 그래도 희망이 보이는구나! 하는 생각이 들었습니다. 지금까지 한 행동들이 영원히 지워지지 않는 전과로 남는 건 줄 알았는데 반성하고 노력하면서 문제 없이 5년이 지나면 괜찮다는 내용도 들었습니다. 희망이 보여서 기뻤습니다.

오후에 ○○○강사님 강의를 듣고 꼭 내 일과 내 생각만을 얘기해 주는 것 같아서 눈을 뗄 수도, 귀를 기울이지 않을 수도 없었습니다. 시간 내기 어려운 오후였지만 참석하기 참 잘했다는 생각을 했습니다. 오늘 배운 지식으로 아들과 좀 더 영양가 있는 대화를 많이 할 것이며, 오늘 들은 내용을 잘 메모해서 잊지 않도록 해야겠습니다. 돌아가는 발걸음이 조금은 가벼울 듯합니다. 이런 자리를 마련해 주신 보호관찰소 측에 감사드립니다. (20××년 9월 25일) △△보호관찰소

소감문 사례 2)

보호자: 강민주(가명) 소년: 김광희(가명)

부모로서 상상치도 못했던 일들을 경험하면서 그간 많이 생각하고 제 자신을 돌아보았습니다. 잘못의 경중을 떠나서 이러한 경험들은 저나 아이에게 평생 마음속에 큰 상처와 채찍의 계기가 될 것입니다. 경험하지 않았다면 더 좋았겠지만, 다른 면으로 생각하면 특별히 주어진 이런 시간들을 통해 부모와 아이 모두 더욱 성숙해지는 귀한 일이 될 것이라 받아들이며, 감사함으로 교육을 받았습니다. 숨길 수도 있었지만 아무리 사소한 것이라도 솔직히 드러내어 자기 행동에 대해 책임을 지는 과정을 거친 아이를 칭찬해 주고 싶습니다.

오늘 받은 교육 내용은 아이에게나 저에게 매우 많은 도움이 될 것입니다. 집에 돌아가면 들은 내용에 대해 아이와 대화를 나눌 것입니다. 자신으로 인해 부모까지 특별교육까지 받게 한 것에 대해 마음 아파하고 있는 아이의 마음도 위로해 주겠습니다. 이 모든 과정을 통해 부모로서 자녀로서 한 사람의 사회인으로서, 좀 더 책임감 있는 역할을 감당하도록 서로 격려하며 더욱 친밀한 가족이 될 수 있도록 노력하겠습니다. 좋은 교육을 제공해 주셔서 감사드립니다.

오늘 가정상담을 위해 강의해 주신 ○○○강사님께도 감사합니다. 어쩌면 무거운 부담감과 아픈 마음을 갖고 왔을 부모들에게, 강의를 통해 여러 가능성과 희망을 심어 주셔서 참으로 감사합니다. 이러한 좋은 강의가 이런 자리가 아니라, 학교와 사회 여러 현장에서 많이 열릴 수 있다면 참 좋겠다는 생각을 해보았습니다. 청소년을 위해 노력을 아끼지 않으시는 여러분들께 진심으로 감사드립니다. (20××년 8월 24일) △△보호관찰소

언니가 보내 준 소감문을 읽고 나니 묘한 기분이 들었다. 언제나 흐트러짐 없이 생활하는 언니, 볼 때마다 여자의 표준, 아내의 표준이라고 생각되리만큼 존경심마저 있었다. 그런 언니도 아들 때문에 속 많이 썩었구나 생각하니 측은한 마음이 있었지만 마음 한구석에서는 안도의 한숨과 함께 묘한 쾌감도 올라왔다. '쾌감이라니······.' 나는 재빨리 머리를 좌우로 흔들었다.

닥터지바고
코치를 만나다

언니 말만 들었다면 선뜻 전화할 용기를 못 냈을지 모른다. 언니가 보내 준 글을 몇 번이고 읽다 보니 어쩌면 이 강사님이 내 문제를 해결해 줄 수 있겠다는 생각이 생겼다. 서둘러 전화를 했다. 신호가 간 지 세 번도 안 되어 남자가 전화를 받았다. 차분하면서도 따뜻한 음성이었다. 음성을 듣는 순간 그냥 눈물이 왈칵 쏟아졌다. 신기한 일이었다. 대략적인 내용을 전해 듣고 바로 다음 날로 상담 예약을 잡았다. 강연 일정으로 분주한데 마침 내일 날짜가 비어 있다고 했다. 아이를 데리고 가겠다고 했더니 그럴 필요 없다고 하였다. 엄마인 나를 만나 전체 상황을 듣고 난 다음에 아이를 데리고 올지 여부를 결정하겠다고 하였다.

다음 날 아침은 아주 따뜻하고 맑았다. 알려 준 주소를 내비게이션에 입력하고 A시로 향했다. 집에서 30분도 채 안 되는 거리였다. 아주 작고 아담한 상담실, 다른 상담실과 다른 점이라면 의자 대신 좌탁과 등받이 의자가 준비되어 있었고 마주보는 대형이 아니라 L자형으로 앉는다는 점이었다.

나는 그동안 신경정신과의 진료 경과를 이야기하였다. 그는 주의 깊게 경청하면서 가끔 메모를 하였다. 15분 만에 상담이 끝났던 신경정신과와는 달랐다. 한 시간이 넘고 두 시간이 되어 가자 혹 상담료가 누적되어 계산되는 건 아닐까 슬슬 걱정이 되기도 하였다. 그래도 두 시간 가까이 누군가에게 이렇게 이야기를 한다는 것만으로도 숨통이 트이는 것 같았다. 이야기를 듣는 그는 그다지 걱정하지 않는 눈치였다.

얼핏 아파트 앞 심리상담센터에서 만났던 동갑내기 여자 상담사와 나눴던 대화가 생각났다. 그녀는 공감의 달인이었다. 내 이야기를 들으면서 연신 고개를 끄덕이며 나중엔 눈물까지 글썽였는데 오히려 그것이 더 부담되고 불편했다.

이 사람은 조금 달랐다. 자신이 있다는 의미인지 아니면 관심이 적다는 건지 명확히 구분되지는 않았지만 상담이 진행되는 동안 마음에서 확신이 생겨났다. 이야기를 하며 어떻게든 아이를 데려오겠다고 하자 그는 굳이 그럴 필요가 없다고 했다.

"아이를 데려오지 않고 아이를 어떻게 치료할 수 있죠?"
"문제 아이만 치료한다고 되는 건 아니니까요."

"그럼 부모가 문제란 뜻인가요?"

"가족치료에선 가족 전체가 환자라고 하기도 합니다."

"그럼 나중에는 가족 전체가 와야 하나요?"

"경우에 따라선 그럴 수도 있는데요, 아직은 그렇게까지 할 필요는 없습니다. 우선 아이랑 가장 많이 접촉하는 사람이 누구죠?"

"당연히 엄마인 저죠."

"네, 바로 그겁니다. 가장 많이 접촉하는 엄마를 도와드릴 겁니다. 대면하는 것은 2주나 3주 단위로 하고요. 그 사이에는 온라인 쪽지를 통해서 연락을 주고받을 겁니다. 그러니까 생활 속에서 일어나는 사건들을 그때그때 저한테 알려 주시면 됩니다. 전화통화도 좋지만 글로 써서 보내 주세요. 온라인 카페에 쪽지 보내기 기능이 있으니 그걸로 소소한 일상 속의 사건들을 일일이 보내 주시면 됩니다. 그때그때 어떻게 대처할지를 알려 드리겠습니다.

그러다 보면 아이를 어떻게 다루는지 알게 될 겁니다. 아이의 치료를 위해서라면 매일 한 번씩이라도 오시는 게 맞지만 요즘같이 바쁜 세상에 그럴 여유도 없고, 또 문제가 발생했을 때 거기에 즉각 대응할 수 있도록 바로바로 연락하시는 것이 좋습니다. 전화는 편리하긴 하지만 시간이 걸린다는 점, 듣고 나면 다시 들을 수 없다는 단점이 있습니다. 대신 글은 쓰면서 정리가 되고 제가 보내 드린 글을 곱씹어 볼 수 있다는 장점도 있습니다. 그러니 쪽지를 자주 써서 보내실수록 더 많은 도움, 더 빠른 관계의 회복을 얻으실 수 있을 겁니다."

"근데…… 사실, 제가 컴맹인데 어떡하죠?"

"아직 40대 중반인데 컴맹이라고요?"

솔직히 그랬다. 지난 5년간 아이 외에는 그 무엇도 생각하지 않았다. 영화 한 편 제대로 본 적도 없고 친구들을 만난 적도 없고 뭘 배우고 싶다는 생각을 해본 적도 없었다. 어떻게든 아이를 건강하게 해야 한다는 일념만으로 살았다. 더구나 컴퓨터 때문에 아이들과 전쟁한 걸 생각하면 컴퓨터를 쳐다보기만 해도 부수고 싶은 충동이 일어났다. 내가 컴퓨터를 직접 사용할 생각은 아예 하지 않았다.

"그럼 엄마부터 숙제를 드려야겠네요. 돌아가셔서 작은아이에게 부탁해서 본인 아이디 만들고 저희 온라인 카페에 가입하세요. 단, 이때 '엄마를 도와줄래?'라고 정중히 부탁하세요. 지금은 큰아이가 문제지만 작은아이도 문제가 드러나지 않았을 뿐입니다. 그러나 시간이 지나면 심각한 증상으로 나타날 수도 있습니다. 지금은 그것까진 생각하지 마시고요. 카페에 가입하신 후 카페지기를 클릭하시면 쪽지 보내기 기능이 있습니다. 이것까지가 숙제입니다.

그리고 한 가지 더, 돌아가시는 길에 작은 노트를 한 권 사십시오. 매일 20분씩 기본적으로 글쓰기를 하세요. 일기가 되었든 수필이 되었든, 내용이나 형식에 전혀 구애받지 말고 그냥 쓰시면 됩니다. '프리 라이팅(free writing)'이라고 하는데요, 나중에 때가 되면 왜 글쓰기를 하라고 했는지 이해되실 거예요."

상담을 마치고 돌아오는 길에 문방구에 들러 그가 일러 준 대로 작은 노트를 한 권 샀다. 집에 돌아와 예성이에게 부탁했더니 아이가 기뻐하면서 단번에 아이디를 만들고 온라인 카페에 가입해 주었다. 예성이가 닉네임을 무엇으로 할 것이냐고 물었다. 그 말에 그냥 '하얀 민들레'라고 했다. 어릴 때부터 하얀 민들레가 좋았다. 주변에 흔히 보는 노란 민들레가 수입종이고 하얀 민들레가 토종이란 얘기를 들은 후로는 하얀 민들레가 더 좋아졌다. 선생님의 닉네임은 닥터지바고였다. 카페지기 인사말에서 그 의미를 알았다. '지금 바로 Go!' 하는 것이 성공과 행복의 지름길이기에 늘 그렇게 살라는 자기 암시란다. 떠듬떠듬 독수리 타법으로 쪽지를 보냈다.

💬 절망 중에 한 가닥 희망을 잡은 느낌이에요! 이렇게 관심과 조언을 주시니 감사하다는 말밖에 드릴 수 없네요. 어떻게 보답해야 할지…….↵

💬 와우! 쪽지 보내기 성공하셨네요. 인터넷이라는 익숙하지 않은 일에 새롭게 도전하는 모습을 보니 에너지가 있는 분이란 생각에 안심이 됩니다. 저한테 보답하겠다는 생각은 지금 내려놓으세요. 민들레 님은 갓 태어난 아기처럼 그저 엄마가 주는 젖 잘 먹고 잘 자고 잘 싸기만 하면 됩니다. 한동안 갓난아기처럼 저한테 절대 의존하시면 됩니다. 예준이와 관계된 무슨 사건이든, 또 마음속에 일어나는 어떤 생각과 느낌이든 언제라도 쪽지 보내세요. 하루에 수십 통 보내도 상관없습니다. 그럼 앞으로 올 쪽지 기대할게요.↵

피식 웃음이 나왔다. 절대 의존? 남자를 엄마로 생각하라니……. 아무튼 오랜만에 느끼는 새로운 기분이었다. 학창시절에 쓰던 연애

편지와는 다른 느낌이었다. 그래도 어쩐지 어색하고 쪽지가 그 사람을 번거롭게 하는 것은 아닌지, 이렇게 한다고 해결될 수 있을지 걱정되기도 했다. 그런 마음을 아는지 두 번째 쪽지가 날아왔다.

💬 선뜻 쪽지 보내기 쉽지 않죠? 그러실 거예요. 사실 상담실에 오는 부모들은 대부분은 지칠 대로 지친 나머지 아무런 기력도 없는 상태(burn-out)로 옵니다. 심리적으로 배고픈 상태이며 영양실조에 걸려 있는 겁니다. 이 상태에선 어느 누구도 통제할 수 없죠. 사실 다 큰 아이를 다룰 땐 그에 따른 엄청난 에너지가 소비됩니다. 그러니 소비되는 에너지보다 더 많은 에너지를 충전해야 하죠.
　민들레 님은 그동안 아이에게 모든 관심을 집중하느라 에너지가 고갈되어 있는 상태일 겁니다. 최근 들어 모든 일에 짜증이 나고, 뭘 해도 재미없고, 하던 일도 무의미하게 느껴지지 않던가요? 연료가 떨어진 차엔 연료 보충이 가장 시급하듯 자녀와의 관계에서 우위를 점령하기 위해서라도 심리적 연료를 충분히 채우셔야 합니다. 그래서 이것이 겉으로 드러난 자녀문제보다 더 시급하게 처리해야 할 문제지요. 한동안 제게 절대적으로 의존하시는 겁니다. 자! 이젠 거침없이 쪽지를 보내 주세요. ↵

온라인 카페를 둘러보니 이곳저곳 읽을거리가 많았다. 특히 온라인 상담에 올라온 내용들은 남 일 같지가 않았다. '나만 그런 게 아니었구나. 어쩌면 생각보다 많은 사람이 이런 고민을 안고 사는지도 몰라'라는 생각이 들었다. 목록을 살펴보다가 '큰아이 때문에 힘들어요'라는 글을 클릭해 보았다. 글쓴이는 '진주맘'이란 사람이었다.

결혼 11년차 주부랍니다. 성실하고 자상한 남편, 열 살짜리 아들, 일곱 살짜리 딸아이와 함께 참 행복하게 살아왔습니다. 그런데 작은아이가 유치원에 들어가면서 큰아이가 심통을 부리는 횟수가 늘어났어요. 참 착하고 심부름도 곧잘 하는 아이였는데, 갑자기 왜 그런지 모르겠어요. 가까운 아동상담센터를 찾아가 몇 가지 심리검사를 해보았는데 자존감 점수가 0이 나왔어요. 가슴이 철렁 내려앉았습니다. 그래서 빠듯한 살림에도 불구하고 아이를 위해 미술치료를 시작했습니다. 그런데 1년이 지났는데도 그다지 큰 효과는 없는 것 같아요. 아이가 미술치료 가는 것을 좋아해서 계속 보내긴 하는데 요즘 들어 부쩍 더 심해진 것 같아 걱정입니다. 며칠 전에 학교 담임선생님으로부터 연락을 받았습니다. 큰아이가 다른 아이들을 많이 괴롭힌다고요. 우리 아이 어떻게 하면 좋을까요?

진주맘을 위로하고 공감하는 댓글이 여러 개 달려 있었고 한 번 정도는 대면해서 어떻게 할지를 직접 알려 줄 테니 내방하라는 짧은 답변이 있었다. 글을 읽어 보니 같은 교회 다니는 진주 엄마일지도 모른다는 생각이 들었다. 그녀는 지금 결혼 11년차이며 자녀로는 초등학교 3학년 아들 진성이와 일곱 살 딸 진주가 있다. 몇 개월 전 진주 엄마가 "진성이가 진주를 막 괴롭혀요. 잠깐 집 앞 슈퍼에 다녀오면 아이를 때리고 꼬집고······. 요즘 학교에서도 부쩍 다른 아이들을 때리는가 봐요. 선생님한테 전화가 왔더라고요. 도대체 이 아이를 어떻게 대하면 되죠?"라고 내게 물어 왔던 적이 있었다. 솔직히 그때는 내 코가 석자나 빠진 상태라 성실하게 대답해 주지 못했는데 그 아이도 ADHD 아닐까 싶었다. 혹시나 하는 마음에 전화를 걸었다.

"진주 엄마? 나야. 예준이 엄마."

"어머~ 안녕하세요? 웬일이세요? 전화 주시니 반갑네요."

침울한 목소리가 아니었다. 피아노 소나타 같이 밝고 경쾌한 목소리였다.

"몇 개월 전에 진성이 문제로 고민이 많았다고 했잖아. 지금 어떻게 되었어? 요즘도 그래?"

"아니요. 지금은 아무런 문제없어요. 고민 해결되었지요."

"어떻게 했어?"

"답답한 마음에 진성이랑 친한 친구 엄마에게 고민을 털어놨는데 그 엄마가 한 인터넷 상담 카페를 소개해 줬어요. 거기에 온라인 문의를 했어요."

"아~ 그럼 거기 온라인 상담에 진주맘이라고 올린 사람이?"

"어? 어떻게 아세요?"

"나도 며칠 전에 가입했거든. 부끄럽지만 컴맹이었는데 예성이 도움 받아서 아이디 만들고 카페 가입했지. 실은 거기 카페지기하고 상담을 시작했거든."

"닥터지바고 님요?"

"어떻게…… 잘 아네?"

"그럼요. 우리 진성이 문제를 해결해 주신 분이 그분이거든요."

"그래? 어떻게 해결된 거야? 상담을 몇 개월 다녔어?"

"아뇨. 상담은 처음 한 번만 하구요. 그냥 카페 쪽지로 몇 번 주고받은 것밖에 없어요."

"그렇게 해도 변화가 있었어?"

"그럼요. 한 달도 안 걸렸는걸요?"

"그게 정말 가능해?"

"저도 처음엔 반신반의했죠. 그래도 시키는 대로 해보자는 생각에 주신 숙제를 그대로 했어요. 그랬더니 금방 해결된 거 있죠. 진성인 요즘 미술학원에 보내고 있어요. 미술치료 하는 동안 미술에 재미 붙였나 봐요. 요즘은 하는 짓이 다 기특하고 어떨 땐 남편이 지방 출장이라도 가면 그 녀석이 있어 얼마나 든든한지 몰라요. 고추 달린 게 그럴 때 위력을 발휘하는가 봐요. 호호호."

진주 엄마의 웃음소리를 들으니 언제부터인가 내가 저런 웃음을 잃고 살았다는 것이 새삼 느껴졌다. 나도 웃음 많은 사람이었는데……. 웃음이 사라진 요즘 나를 만나는 사람들은 내가 심한 내향성 성격의 소유자인 줄로 안다.

하긴, 예준이가 ADHD 진단을 받은 후부터 사람들 만나기가 싫었다. 측은한 눈빛으로 바라보는 것도 싫었고 어설픈 위로의 말을 건네 오는 것도 한두 번 듣고 나니 짜증이 났다. 그래서 3년 넘도록 교회 구역예배도 가지 않았다. 사람들이 다 알게 된 후에 다시 나가긴 했지만 그것도 그냥 있으면 숨 막혀 죽을 것 같아 나가기 시작한 것이었다. 사람들을 만나는 건 솔직히 그렇게 내키는 일이 아니었다.

"그나저나 어떻게 처방해 주었기에 그렇게 쉽게 해결되었는지 말해 줄 수 있어?"

"그럼요. 이야기가 조금 길어질 것 같으니 제가 댁으로 갈게요. 대신 점심 주실 거죠?"

진주 엄마가 한껏 상기된 얼굴로 말해 준 닥터지바고의 처방은 진성이가 곧 고학년으로 올라가는 시점이니만큼 혼내고 다그치는 방식보다는 아이의 자원을 찾아내자는 것과 남자아이란 점을 염두에 두자는 것, 그리고 그 아이가 부모의 사랑을 빼앗겼다는 생각으로 받았을 심리적 상처를 이해하고 품으면서 고쳐 나가자는 것이었다.

몇 가지 실제적인 방안은 이런 것이었다. 우선, 큰아이와 둘만의 외출을 하라. 장보러 갈 때 같이 가도 좋다. 마트에 도착하면 먹을거리 코너에서 이것저것 먹어 보라. 반찬이나 다른 물건을 살 때도 아이의 의견을 물어보라. 먹을거리 중 몇 개는 아이가 좋아하는 것을 직접 고르게 하라. 간식거리는 만 원 이내에서 원하는 것을 선택하도록 하라. 아이스크림을 사주되 동생에게는 절대 비밀을 지키라. 그리고 장바구니는 엄마가 다 들고 오지 말고 다소 무겁더라도 아이에게 부탁을 하라. 이때 반드시 염두에 둘 것은 엄마가 힘들어서 너의 도움이 필요하다는 것을 말해 주는 것. "진성아, 이 짐을 여자인 엄마가 들고 가기에는 너무 무거운 것 같다. 이럴 때 든든한 아빠가 있으면 좋겠는데……. 우리 진성이가 남자니까 엄마를 도와주면 좋겠다."

닥터지바고의 코칭대로 마트에 데리고 가 둘만의 시간을 갖고 집에 올 때 짐을 맡겼다. 아이는 자기에게 버거운 짐인데도 양손으로 들고 낑낑대며 집까지 가지고 왔다. 얼굴이 빨개진 모습으로 시장바구니를 들고 온 아이의 머리를 쓰다듬어 주면서 칭찬해 주었다.

닥터지바고가 준 두 번째 지침은 베갯머리 교육이었다. 유대인 아버지들은 자녀들에게 매일 밤 베갯머리 교육을 한다고 한다. 잠자리에 들 때 아이들이 좋아하는 책을 읽어 주되 반드시 큰아이에게 먼저 해주었다. 혹 둘째 아이가 칭얼대거나 삐치는 경향이 있더라도 첫째가 우선이라는 것을 분명히 주지시켰다. 10분 정도 책을 읽어 준 후 그날 있었던 일을 짧게 이야기하게 하고 얼굴을 쓰다듬어 주며 재웠다. 큰아이 순서가 끝나면 동생에게도 똑같이 해주었다.

이삼 주 지난 후, 마트에서 아이스크림을 사려고 하는데 진성이가 대뜸 "엄마, 진주 거는?"이라고 물었다. "진주 거? 왜? 사주고 싶니?" "진주도 아이스크림 좋아하잖아" "그래? 그럼 진주 아이스크림은 네가 골라 봐"라며 직접 고르게 하고 집에 와서는 동생에게 직접 전달하게 했다. 잠자리에선 "동생 챙기는 모습에 엄마가 많이 행복하다. 그런 네가 사랑스럽고 또 자랑스럽다"라며 머리를 쓰다듬어 칭찬해 주었다.

진주 엄마를 만나고 돌아오자마자 닥터지바고에게 쪽지를 보냈다.

💬 진주맘을 만났습니다. 마침 같은 교회 같은 구역 식구여서 사연을 누구보다 잘 압니다. 살다 보니 이런 우연도 있네요. 진주맘 이야기를 들으니 제 속이 다 시원해지더라고요. 그런데 그렇게 해주신 무슨 이론적인 근거가 있는 건가요? ↵

💬 그래요? 세상 참 좁네요. 진성이가 어떻게 바뀌었는지 많이 궁금하셨군요. 네 살 터울이긴 하지만 첫째가 남자아이, 한창 말썽을 부리기 시작하는 시점에 귀여움을 독차지 하는 여우같은 동생이 있다는 건 대략적인 그림이 나오죠. 큰아이가 딸이고 아래가 남동생일 경우는 또 다르지만요. 진주가 여우과라 사랑을 뺏어 오는 법을 알고 있습니다. 유치원에서 배운 노래나 율동 같은 것을 집에 와서 하면 부모로부터 관심과 사랑을 듬뿍 받는다는 것을 말이죠. 어떤 말을 하고 어떤 행동을 해야 사랑받는다는 것도 터득하게 됩니다. 물론 부모들도 거기에 껌뻑 넘어가게 되죠.

이때 큰아이는 상대적인 박탈감을 느끼게 되는데 그 박탈감이 문제행동을 일으키게 하는 요인이 됩니다. 그것이 계속 악순환 됩니다. 엄마는 나타난 문제만 보고 지적하니까요. ↵

💬 그럴수록 아이는 천덕꾸러기가 되겠네요? ↵

💬 그렇죠. 진성이가 네 살 위의 오빠이긴 하지만 아직은 어린아이입니다. 아이들은 누구나 엄마를 독차지하고픈 욕구가 있죠. 큰아이도 한창 엄마를 독차지하고 싶은데 여동생의 귀여운 짓 때문에 사랑을 빼앗긴다고 여깁니다. 그래서 심술을 부리게 되죠. 동생이 실수하거나 넘어져 아프다고 울 때도 '그것 참 쌤통이다'라는 태도로 방

관하거나 때로는 일부러 놀려먹기까지 합니다.

그런 모습을 본 부모는 아이를 혼내기 때문에 아이는 이중으로 상처를 입죠. 사랑도 뺏기고 미움도 받게 되니까 얼마나 억울할까요? 그럴 때 아이는 '엄마 아빠 나만 미워해!'라고 투정을 부리죠. 그런 아이의 기분을 좋게 하는 일, 자기의 존재감을 확인시켜 주는 일, 때론 엄마가 나만을 위해서 존재한다는 느낌 등 몇 가지를 경험하게 하면 금방 문제행동에서 벗어나게 됩니다. 사실 이 방식은 아이를 다루는 방식이기도 하지만, 남편 다루는 데도 똑같이 사용되는 기술이랍니다. 남편 분에게도 사용해 보세요. 하하하. ↵

싸가지 팁 1.
자녀의 자발성을 키워 윈윈(win-win)하라

심리학자 밀턴 에릭슨(Milton Erickson)은 짧은 기간에 환자들의 행동을 고친 심리치료사로 유명했다. 에릭슨이 사용한 기법은 주로 환자의 기분을 좋게 하여 환자의 자발성을 이끌어 내어 문제행동을 스스로 줄이게 한 것이었다.

이런 원리는 굳이 심리학이 아니더라도 통용된다. 카네기(Dale Carnegie)는 《카네기 인간관계론》에서 "상대방의 말을 경청하고 그의 장점을 찾아내어 칭찬하는 것이야말로 사람의 생각과 행동을 변화시키는 지름길"이라고 말했다. 존 가드너(John Gardner) 또한 "타인들과 창조적으로 소통할 수 있는 사람은 세상도 움직일 수 있다"라고 하였다.

또 진주 엄마에게 준 지침에는 '공동의 힘(communal strength)'이라는 심리학적 원리가 있다. 친구든 가족이든 '고맙다'라는 표현을 자주 할수록 그 관계가 더 친밀해진다. 그 말을 하는 사람이나 듣는 사람 모두 만족감과 책임감을 느끼고, 이러한 책임감은 다른 사람에게도 전달되어 그 관계가 강화되기 때문이다. 결국 긍정적인 표현을 많이 할수록 관계는 가까워지고 부정적인 표현을 많이 할수록 멀어지는 셈이다. 진성이 엄마로 하여금 진성이에게 '고맙다'라는 표현을 자주 하게 하는 것은 진성이를 위한 칭찬임과 동시에 본인의 마음도 아이에게 더 많이 가게 한 방법이었다.

최근의 심리치료는 음악, 미술, 운동, 놀이 같은 요소들과 결합하여 '표현예술치료'라는 영역으로 발전되었다. 대부분 우뇌를 발달시키는 활동들이다. 그림을 그리든, 글을 쓰든, 찰흙을 만지게 하든, 노래를 부르거나 연주를 하든, 연극을 하든 자유롭게 표현할 수 있도록 한다. 그 자체가 놀이다. 그렇게 하다 보면 자연스레 우뇌의 영역이 발달하여 감정적으로 안정되고 창의적인 사고도 더해진다. 문제행동은 자연스럽게 줄어들 뿐 아니라 긍정적 자원들이 마음속에 쌓이게 된다. 그래서 어떤 면에서 문제 있는 자녀들을 상담과 치료에 직접 보내기보다 부모가 함께 보내는 시간(time together)을 가지는 것, 그것도 재미있는 시간(fun time)을 많이 갖는 것이 훨씬 더 효과적이다. 그럴수록 자발적인 행동을 더 많이 끌어낼 수 있다.

우리 아이의 문제가
단지 싸가지 결핍일
뿐이라고요?

우리 아이에게 왜 이런 현상이 생겼을까? 나는 지금까지 지극히 평범하게 살아왔다. 결혼하고 살림을 꾸려 오는 동안 예준이, 예성이를 세 살 터울로 낳아 길렀다. 초등학교에 들어가서 성적도 잘 받아 오고 아무런 문제가 없었다. 물론 남자아이만 둘이니 늘 시끄럽긴 했지만 누구나 겪는 과정이려니 했다.

문제는 예준이가 초등학교 5학년 때 ADHD 진단을 받은 이후부터였다. 그 이후 지금까지 겪은 사건은 이루 헤아릴 수도 없다. 다른 부모들에게 사과하는 일은 일상이었고 물건을 부수거나 폭력을 행사한 것 때문에 지출된 돈도 만만치 않았다. 그래도 남편이 돈을 많이 벌었기에 망정이지 보통 가정 같으면 그 돈으로 집을 사도 한 채는 샀겠다는 생각이 들 정도였다.

두 번째 면담하러 갔을 때 닥터지바고는 차분하고 냉정한 듯 보였다. 내가 그동안 겪어 왔던 일을 아직 제대로 모르고 있으니 그럴 것이다. 아니면 늘 이런 이야기를 듣는 사람이라 여럿 중에 또 하나를 듣는 정도일 수도 있을 것이다. 그래도 내가 겪고 있는 이 힘겨운 일을 별일 아닌 것처럼 여기는 건 기분 나빴다.

"지금까지 겪어 온 일들이 얼마나 큰일인데, 큰일이 아니라고요?"
"네. 큰일 아닙니다. 일단, 아이와 기본적으로 의사소통은 되죠?"
"의사소통은 되죠. 말을 더럽게 안 들으니 문제죠."
"일단 기본적인 의사소통이 된다면 심리적으로 큰 문제는 아니라고 보셔도 됩니다. 정말 문제가 되는 증상은 말을 못 알아듣거나 딴 말을 하거나 상식이 통하지 않는 행동을 하는 것입니다."
"예준이도 상식이 통하지 않는 행동을 너무 많이 해요."
"그래요? 상식이 통하지 않는 행동이라기보다 버릇없는 행동들 아닌가요?"
"버릇없는 행동? 그게 다 ADHD 때문이잖아요."
"ADHD는 ADHD고 예준이가 기본적으로 해야 할 것들은 해야 하지 않을까요? 어떤 면에서 지금 예준이는 나이에 걸맞은 행동을 해야 할 때인데 그런 행동을 하나도 하지 않고 있습니다. 부모도 ADHD 때문에 모든 것을 용인해 주고 있습니다. 물론, 이 부분은 제가 심리적 게임이라는 용어로 설명을 따로 드리겠습니다만……. 중요한 건 엄마가 아무리 애를 써도 아이의 행동이 변하지 않는다는 점입니다."

"그건 그렇죠. 그게 가장 답답하고요. 솔직히 많이 걱정돼요. 이제 고 2가 되었고, 앞으로 대학도 가야 할 텐데 계속 저렇게 가면 어떻게 하나 싶기도 하고요. 그런데 ADHD 같은 건 왜 생기죠?"

"거기에 대해선 여러 가지 설명이 있습니다. 급격한 성장과정에서 생긴 호르몬의 불균형 때문이라는 것이 일반적이죠. 그러나 저는 ADHD는 ADHD라고 인정하고, 지금 아이의 행동이 그 연령대에 맞는지 아닌지부터, 그러니까 싸가지 있는 행동인지 아닌지부터 볼 겁니다."

"그럼 우리 아이 행동이 문제가 아니란 뜻인가요?"

"문제가 아니란 뜻이 아닙니다. 문제의 핵심이 뭔지를 정확하게 짚고 넘어가자는 겁니다. ADHD는 주의력 결핍 및 충동조절 장애란 뜻이거든요. 그러니 요즘 애들 쓰는 말로 멍 때리거나 챙길 것을 제대로 챙기지 못하고 감정조절을 못해 제멋대로 화를 내거나 일탈 행동을 한다는 거죠. 물론 ADHD니까 이런 현상이 당연히 생긴다고 설명하면 할 말 없지요. 그러나 분명한 건 어떤 이유로도 그 행동들이 정당화될 수는 없다는 겁니다. 그건 한마디로 싸가지 없는 행동들이니까요."

"싸가지 없는 행동?"

"성숙한 사람은 자기조절능력을 갖고 있습니다. 자기조절능력이란 하기 싫어도 해야 할 것은 할 수 있어야 하고, 아무리 하고 싶어도 하지 말아야 할 것은 하지 않는 능력을 말합니다. 이것이 성공하는 사람에게 아주 중요한 기능이죠. 혹, 마시멜로 이야기 아시나요?"

"네. 그 책은 집에 있어서 읽어 봤어요."

"그 이야기가 자기통제력에 대한 것이라 볼 수 있죠. 기회비용(opportunity cost)이라는 말로도 설명하죠. 한 가지 일을 선택함으로써 포기해야 하는 다른 일의 가치를 말합니다. 그러니까 지금 당장을 참으면 더 많은 것을 보상받을 수 있다는 것을 일깨워 주지요. 자기통제력, 기회비용, 이런 말을 쓰니까 어렵죠? 가장 쉬운 말로 하면 인내라고나 할까요?"

그러고 보면 예준이는 인내가 턱없이 부족했다. 뭘 시작해도 끝까지 마무리하지 못했다. 자기가 싫으면 무조건 싫다, 안 한다, 나중에 한다는 식으로 피했다. 그것을 추궁하거나 혼을 내면 도리어 화를 내고 물건을 부수고 욕설을 해댔다. 결국은 내가 나서서 마무리를 다 해주었다. 지금도 아이 방을 내가 치워 주고 있지 않은가?

동생 예성이는 자기관리를 잘하는 편이다. 물건을 사주면 오래 사용한다. 같은 날짜에 산 휴대폰도 예준이 것은 너덜너덜한 것이 걸레 같고 예성이 것은 아직도 새것 같다. 며칠 전에 예준이 방을 청소하려고 가보니 책상에 휴지가 온통 널려 있었고 쓰레기통에는 콘돔까지 있었다. 그간 담배를 안 피우나 싶더니 다시 피우나 보다. 냄새가 정말 심하게 난다. 가까이만 와도 몸에서 냄새가 났다. 아무리 씻으라고 해도 귀에 말뚝을 박았는지 들은 척도 안 했다. 그런데 먹으라는 건 어떻게나 귀신같이 아는지 간식이라는 말, 먹을 것이라는 말만 나오면 자기 방에서 튀어나왔다. 식탐이 많아 식탁에서 반찬으로 동생과 싸우는 일도 한두 번이 아니다. 그 꼴 보기가 싫어 아예 접시에 경계선을 두고 따로 담을 때도 있다.

"그럼 싸가지 결핍은 부모가 뭘 해주지 않아서 생긴 건가요?"

"해주지 못해서 생긴 게 아니라 너무 많이 해줘서 생긴 것이라 해야 맞습니다. '부족'을 알아야 '풍족'이라는 개념을 아는데, 풍족만 알고 있으니 부족도 모르고 진짜 풍족조차 모르는 아이가 되었죠."

"그럼 일단, 뭐든 줄여야겠네요?"

"일정 기간은 그렇죠. 짐승도 탈이 나면 일단 먹지 않습니다. 먹지 않고 속을 비워서 스스로를 치료하는 것이죠. 사람만이 너무 많이 먹고 너무 많이 투자하고 너무 많이 가져서 도리어 죽는 어리석은 인생의 주인공이 됩니다. 다 큰 자녀로 인해 고통 받는 부모들은 대부분 과잉으로 인한 고통을 겪고 있는 겁니다."

"그럼 줄여 나가기만 하면 되나요?"

"아니죠. 하지 말아야 할 것은 하지 않고 해야 할 것은 하는 능력을 길러 줘야 합니다. 그런 과정을 통해서 스스로 살아갈 수 있도록 해야 하죠. 식물이 자기 스스로 광합성을 해서 양분을 만들어 내는 것처럼 말이죠."

"그렇군요. 그런데 싸가지 없는 게 문제라면 도대체 싸가지는 왜 결핍되었을까요?"

"가장 큰 문제라면 요즘 부모들이 두 번째 출산을 하지 않은 것이지요. 이 부분에 대한 이야기는 제가 숙제를 드리겠습니다. 다음 만남 때 충분한 이야기를 나누도록 하지요. 우선 기본적인 설명을 드리자면 변태를 못해 변태 인생의 주인공이 된 것이지요."

"변태라고요? 무슨 이상한 성적 욕망을 가진 그런 사람을 지칭하는 것 아닌가요?"

"하하하. 그런 변태 말구요. 생물학에서 말하는 변태(變態) 말입니다. 나비 같은 곤충은 변태의 과정을 거치게 되죠. 혹시 시골 출신인가요? 도시 출신인가요?"

"전 시골에서 자랐어요."

"그럼 잘 아시겠네요. 누에 키우는 거 보셨나요?"

"그럼요, 어릴 때 부모님께서 누에 많이 키웠지요. 새벽에 일어나 뽕 따러 가기도 많이 했어요. 누에 올리는 때는 공간이 모자라 온 방이 누에 천지가 되곤 했어요. 누에 있는 방에서 자고 아침에 일어나면 누에가 몸에 깔려서 터지기도 하고……. 에고 지금 생각해도 끔찍해요. 어휴!"

나는 살짝 몸서리를 쳤다. 생각만으로도 누에 만지는 그 느낌이 손에 전해지는 듯했다. 솔직히 지금도 공원이나 길거리에서 파는 번데기는 먹지 않는다. 냄새만 맡아도 구역질이 날 것 같다. 예준이와 예성이는 번데기 장사 곁을 그냥 지나는 법이 없다. 각자 한 봉지씩 따로 사줘도 금세 비우고 더 사달라고 하는 일도 많았다.

"그럼 잘 아시겠네요. 누에를 처음 집에 가지고 올 때는 알 상태로 오죠. 그 상태가 1차원 즉, 점입니다. 알에서 깨어 애벌레가 되면 2차원 즉, 면을 갖게 됩니다. 기는 것을 통해서 기본적인 이동을 할 수 있게 됩니다. 그러다 완전한 성충이 되면 몸이 투명해지고 스스로 뽑은 실로 고치를 만들어 그 속으로 들어가 번데기가 되죠.

이때 대부분 출하하니 사람들은 번데기가 고치를 뚫고 나오는 것을 볼 기회가 없죠. 전 어릴 땐 보았습니다. 장롱 옆 틈바구니에 들어간 누에가 고치를 만들었다 다시 고치를 스스로 뚫고 하얀 나방이 되어 나오는 것을요. 비로소 날개를 가지고 나오죠. 날개는 공간을 가진 3차원을 말합니다. 고치를 만드는 과정, 그 고치를 뚫고 나오는 과정이 불편하고 귀찮지만 그것이 결국 디딤돌이 되는 것이죠."

닥터지바고는 종이에 그림을 그려 가며 상세히 설명해 주었다.

"그렇게 심오한 뜻이 있는 줄은 몰랐네요."

"변태는 사람에게도 해당되는 용어입니다. 싸가지 없는 자녀들은 너무 비대해진 애벌레라 볼 수 있죠. 고치를 만들 시기가 지났음에도, 또 고치를 만들 능력이 충분히 있음에도 고치를 만들 생각조차 하지 않는 대형 애벌레죠. 모든 것이 풍족한데 굳이 그럴 필요가 없기 때문이에요.

잠업하시는 분들은 누에의 몸이 투명해지면 더 이상 뽕을 주지 않습니다. 그런데 요즘 부모들은 끊임없이 뽕을 공급해 줍니다. 요즘 아이들은 자신이 나비인 줄은 꿈에도 깨닫지 못하며 살다가 인생을 종치는 경우가 너무 많습니다. 그래서 나비의 행복을 모르죠. 아지랑이 피어나는 봄 햇살에 향기로운 꽃을 찾는 기쁨, 살랑거리는 봄바람의 부드러운 만짐도, 달콤한 꿀맛도 알지 못하죠.

그런 면에서 보면 최근 급증하는 우울증이나 자살과 같은 문제는 자신이 나비인 줄 알지 못한 채 비대해진 애벌레들의 정신적인 병이라고도 볼 수 있어요. 원래 나비가 끝내 나비가 되지 못했으니 끊임없이 '나는 누구인가?'에 대한 물음에 답을 얻지 못하는 것이죠."

"그렇다면 어떻게 해야 할까요?"

"무엇보다 부모가 겁먹지 않는 것이 중요합니다. 지금 예준이 볼 때 무섭다는 생각이 들지 않던가요? 초등학교, 중학교까지는 그래도 어떻게 해보겠는데 고등학생이 된 후부터는 더더욱 통제하기 힘들었을 겁니다."

"네. 그래서 솔직하게 도움을 구하려고 문을 두드렸고요. 내 말에 콧방귀를 뀔 때는 내가 도대체 뭔가 하는 생각까지 들더라고요."

"그러고도 남을 겁니다. 지금부터 하는 과정은 마땅히 해야 할 것을 지금이라도 하는 것뿐입니다. 그러니 겁먹을 필요는 없습니다. 궁극적으로는 예준이로부터 감사하다는 말을 들을 수 있게 할 겁니다. 물론 지금 코칭을 시작하면 도리어 온갖 불평, 원망, 분노, 짜증, 욕설이 더 심해질 겁니다. 일종의 명현반응이라고 볼 수 있죠. 그러나 그것 또한 오래가지 않을 겁니다. 그 짓을 계속하도록 내버려 두진 않을 것이니까요."

"그러면 아이가 좌절하지 않을까요?"

"좌절 맞습니다. 그 좌절이야말로 성숙 에너지라고 할 수 있죠. 어떤 면에서 싸가지 없는 아이들의 특징 중 하나가 좌절결핍증이죠. 좌절을 겪어 보지 않아 조그만 좌절에도 픽픽 쓰러지는 건 물론 어떤 모험도 하지 않으려는 거지요. 다 큰 자녀들은 거친 바다를 항해할 수 있는 능력을 가진 큰 배임에도 불구하고 늘 항구에 묶여 있어 결국 항해 한 번 제대로 못해 보고 썩어 가는 배라고나 할까요. 결국 부모로부터 사랑이라는 이름의 학대를 당한 것이죠."

"그 아이들이 어른 되었을 때 자기가 어른이 되지 못한 것을 알게 되나요?"

"네. 자기도 알죠. 세상이란 험난한 곳을 헤쳐 나가기엔 자기가 너무도 연약하다는 것을 깨닫게 됩니다. 그래서 부모에게 더 분노합니다. 요즘 그런 자식으로부터 복수를 당하는 부모들이 적지 않습니다."

"복수를 당한다……. 에휴, 무섭네요."

"무섭죠. 그러니 지금부터라도 싸가지 코칭 시작해야겠죠?"

"그럼, 싸가지 코칭은 일종의 장기적인 전쟁이네요."

"이미 하루하루 전투를 치루고 계셨잖아요? 엄밀히 말하면 이 과정은 전투라는 개념보다 전략이라는 개념이 맞겠네요. 전투는 민들레 님이 하시고 전략은 제가 짜 드리는 것이고요. 저를 찾아오신 것은 삼고초려(三顧草廬)하신 것이라고 볼 수 있겠네요. 그리고 전쟁의 최종 목적은 마침내 승리한 후에 평화를 얻는 것입니다. 머지않아 평화의 노래를 부를 그날이 올 겁니다. 생각보다 그렇게 멀지 않습니다. 다만 전략가의 지침대로만 하겠다고 약속하신다면 말이죠."

싸가지 팁 2.
자녀의 후천성 좌절결핍증을 치료하라

　싸가지 없는 자녀들은 신종플루보다 무섭고 구제역보다 강력한 전염병 '후천성 좌절결핍증'에 걸려 있다. 성장하는 동안 필요한 좌절을 겪지 않아 조금만 힘든 일을 만나면 쉽게 포기하고 머뭇거린다. 위기상황이 되면 헤쳐 나갈 생각보다 포기할 생각을 먼저 한다. 자립심, 주도성 같은 단어는 사전 속에서나 찾을 단어가 되고 말았다. 자신의 인생에서도 무슨 선택을 어떻게 해야 할지 모른다.

　사람은 좌절을 통해 내적으로 성숙한다. 가정은 비닐하우스와 같은 곳이지만 세상은 결코 비닐하우스가 아니다. 추위와 더위가 있고 사나운 맹수가 있고 비바람이 몰아치기도 한다. 그러한 곳으로 보내려면 성장하는 과정에서 작은 좌절들을 경험하게 하여 강한 내성을 가진 존재로 키워야 한다.

　그래도 간간히 후천성 좌절결핍증이란 큰 질병에서 스스로 벗어나는 대견한 자녀들이 있다. 자기에게 뭔가 부족한 것을 느끼고 독서하면서 고민하다 고생과 모험, 도전이라는 삶의 백신을 찾아내는 젊은이들이다. 그 치료백신 중 탁월한 효능을 발생시키는 것이 여행이다. 놀고 즐기는 관광이 아니라 직접 보고 몸으로 경험하는 여행을 말한다. 여행은 불편할수록 좋다. 여럿보다 혼자 가는 게 낫고 익숙한 곳보다 말도 안 통하는 어려운 곳으로 가는 것이 훨씬 더 좋다. 그런 여행은 스스로를 좌절 속에 빠뜨리는 어리석은 행위처럼 보인다. 이런 사람을 보는 다른 이들은 '집 떠나면 개고생'이라며 집을 떠나지 않지만 자신은 개 같은 인생의 주인공이 되고 만다. 그들이 말한 개고생을 선택한 이들은 개고생을 통해 즐거움(joy)을 알게 되지만 개가 된 청년은 쾌락(pleasure)만을 추구한다. 즐거움은 삶의 보람을 낳지만 쾌락은 중독을 낳을 뿐이다.

　다 큰 자녀에게 할 일은 둘 중 하나다. 스스로 좌절을 찾아 떠나게 하든지 아니면 쫓아내든지……

또 한 번의
출산 준비

지난번 만남에서 닥터지바고가 숙제를 하나 내주었다. 전래 동화 《해님 달님》을 읽고 동화 속의 어머니와 나의 공통점을 찾아보란다. 예준이와 예성이가 한창 어릴 적 몇 번 읽어 주었던 《해님 달님》 이야기는 읽지 않아도 스토리를 다 기억하고 있을 정도였다. 그래도 다시 제대로 내용을 보기 위해 가까운 서점에 들러서 그 자리에서 끝까지 책을 읽었다. 그림까지 들어가 있는 이야기 속에 찌릿하게 전해 오는 전율이 있었다.

"《해님 달님》 이야기 다 읽었어요. 그냥 단순한 동화라고 생각하고 있었는데 이번에는 읽는 느낌이 다르네요. 주제가 뭔지 파악해 보라고 했죠? 그러니까…… 오로지 자식에게 목숨 건 여자 이야기네요. 혹 제 이야기를 빗대어 하시려는 건 아닌지요?"

"눈치도 빠르셔라. 혹 기분 나쁜 건 아니죠? 하지만 기분 나쁘라고 읽게 한 것은 아닙니다. 생각해 보자는 것이지요. 왜 이것이 우리나라의 '전래 동화'일까를 묻고 싶어서입니다. 전래 동화란 그 나라 사람들이 가지는 무의식을 이야기로 풀어낸 것이지요. 이것을 발견한 사람은 심리학의 대부 프로이트의 제자인 칼 융(Carl G. Jung)이었습니다. 그는 세계 각국을 여행하면서 나라마다 이런 이야기들이 있다는 것을 발견하게 되었지요.《해님 달님》이야기를 딱 한 문장으로 정리하면 어떻게 될까요?"

"그냥 냅두면 자식들이 알아서 다 한다. 뭐 그런 것 아닌가요?"

"그것도 맞지요. 그보다 다 큰 자녀를 떠나보내지 않아 신세 조진 불쌍한 어머니 이야기입니다. 그러니까 이 땅엔 다 큰 자녀를 떠나보내지 않는 어머니들로 가득 찼고 그로 인해 자신의 인생이 망가진 여자들이 많다는 뜻입니다."

"신세 조진? …… 너무 과한 표현인데요."

"과하다뇨. '조지다'라는 말은 정식으로 국어사전에 등재된 용어인데요. 그건 그렇고……. 이 이야기에서 억울하게 죽는 사람은 어머니밖에 없습니다. 아무런 의미도 없는 개죽음이죠. 질문 하나 던져 볼까요? 혹 우리나라 전래 동화들 중에 아버지가 제대로 등장하는 이야기가 있던가요?"

"아버지? 하긴《콩쥐팥쥐》도 아버지가 등장하지 않고,《장화홍련

전》도 그렇고, 《심청전》의 아버지는 앞을 못 보는 봉사에 무능력한 남자고…… 정말 그렇네요."

"그렇죠? 우리나라 전통 가정의 경우 남자들이 빠져 있습니다. 바깥양반이라며 집안일에 관여하지 않았던 거죠. 《해님 달님》에서도 아버지는 처음부터 없습니다. 그냥 외딴 산골 오두막에 어머니랑 오누이가 살고 있었다는 것으로 이야기가 시작됩니다."

"왜 아버지들이 빠져 있거나 하나 같이 죄다 무력할까요?"

"그것을 분석심리학으로 풀자면 남성성이 결핍된 가정이란 뜻이죠."

"분석심리학?"

"네, 칼 융의 심리학입니다. 인간의 무의식을 다루죠. 다른 말로 심층심리학이라고도 합니다. 일단, 오두막이 뜻하는 것이 무엇일까요?"

"오두막이 그냥 오두막이지 무슨 특별한 의미가 있나요?"

"그럼요, 여기에 등장하는 것들은 대부분 상징인데요. 일차적으로 오두막은 엄마의 심리적 자궁을 말합니다. 절대 보호의 기능을 하죠. 그러니까 엄마는 평생 자식을 보호하고 감싸 안으려고만 하죠. 언제나 자식을 생각하며 밥은 먹었는지 건강한지 뭘 잘하고 있는지를 걱정합니다. 고래 심줄보다 질긴 마음입니다. 저도 시골 어머니께 전화드리면 절대 빠뜨리지 않고 하시는 말씀이 '밥은 먹었니?' 하는 것입니다. 식사 시간 전후에 전화해도 그 말, 식사 때와 전혀 상관없을 때 전화해도 꼭 묻는 말씀이죠. 언제나 당신 자신보다는 자식을 먼저 생각하시죠."

"하긴, 제 친정엄마도 꼭 같으세요."

"동화 속의 어머니는 동네잔치를 도와주러 이웃 동네에 갑니다. 그러면서 당부하죠. '절대로 무엇 무엇은 하지 마라'라고 말이죠."

"절대로 하지 말라는 건 꼭 일어나게 되어 있죠."

"맞아요. 호랑이가 나타나 아이들을 해칠까 봐 어머니가 걱정하죠. 그래서 동화 속 어머니는 아이들에게 절대로 오두막을 나가지 말라고 합니다. 그런데 결국 호랑이가 나타나죠. 어머니가 잔칫집 일이 늦게 끝나서 황급히 돌아오는 길에 호랑이를 만난 겁니다. '떡 하나 주면 안 잡아 먹~지' 하는 대사 유명하잖아요? 결국 호랑이가 떡을 다 먹고 어머니의 팔, 다리를 차례로 떼어먹고 머리통만 남게 되죠. 그럼 여기서 문제 하나를 드릴게요. 최종 남은 머리통은 오두막으로 가야 할까요? 아니면 오두막과 정반대 방향으로 가야 할까요?"

"제대로 된 엄마라면 빨리 집으로 가서 이 위험한 상황을 아이들에게 알려야죠."

"말씀대로 어머니는 오두막으로 갑니다. 그런데 바로 그게 문제였습니다. 자기 입장에선 아이들을 위해서 굴러간 것이지만 결과적으로는 호랑이에게 아이들이 있는 곳을 친절하게 안내해 준 것이죠. 자기 딴에 도움을 주겠다고 나선 길이었지만 결과적으론 도리어 아이들을 위험에 빠뜨린 결과를 가지고 온 겁니다. 호랑이는 오두막 앞에서 어머니의 머리를 덥석 먹어 치우고는 새로운 먹잇감인 오누이를 잡아먹을 궁리를 하죠."

"어머니가 의도한 건 아니잖아요. 사실, 어머니라면 누구나 다 그렇게 하지 않을까요?"

"그게 이 땅에 살고 있는 엄마들의 무의식에 깊이 박힌 생각입니다. 사실 어머니는 호랑이를 퇴치하는 과정에서 하등의 도움이 못 돼요. 호랑이 퇴치는 아이들 스스로 해냅니다. 아이들은 이미 어머니가 생각하는 것 이상으로 성장해 있었던 것이지요. 물론, 어리고 미숙합니다. 나무 위에 오르려는 호랑이에게 참기름을 바르면 된다며 골려 먹는 기지도 있지만, 미끄러지는 호랑이가 불쌍해 도끼로 홈을 파서 올라오면 된다고 알려 주는 어리숙함도 있죠. 남매가 위험에 빠졌을 때 어떻게 했죠?"

"하늘에 기도했죠. 그랬더니 하늘에서 동아줄 두 개가 내려왔고 각자 하나씩 타고 올라가서 오빠는 해님이 되고 누이는 달님이 되었지요. 호랑이도 기도했더니 썩은 동아줄이 내려왔고 그걸 타고 가던 호랑이는 그만 떨어져 죽었습니다. 그때 떨어져 죽은 곳이 수수밭이었는데 그 피 때문에 수숫대가 붉다는 이야기죠."

"오~ 제대로 읽으셨는데요. 이때 하늘은 새로운 가능성, 새로운 세상, 이전의 상식과 한계를 넘어서는 새로운 영역을 말합니다. 그렇다면 호랑이는 무엇을 뜻할까요?"

"호랑이도 의미가 있나요?"

"중요한 의미를 갖고 있죠. 신화학(神話學, mythology)에서는 트릭스터(trickster)라고 하는데요. 똑똑한 듯하면서 어리석고, 무서운 듯하면서도 우습고, 강한 듯하면서 한없이 약한 양면성을 가진 존재를 말합니다. 우리나라 전통에서 도깨비 같은 존재를 말합니다. 그러니까《해님 달님》에 등장하는 호랑이는 사람을 잡아먹는 무서운 존재이면서 동시에 우스운 존재입니다. 물에 비친 오누이를 보고 물속으로 뛰어든다든지 나무에 참기름을 바르고 올라오면 된다는 오누이의 말을 듣고 참기름을 바르고 나무를 타기도 합니다. 혹부리 영감 이야기에서 도깨비들이 혹부리 영감의 혹에서 노래가 나온다고 혹을 떼어 내는 것과도 같은 맥락이죠."

"결국, 호랑이를 퇴치하는 과정이 어른이 되는 과정이란 뜻인가요?"

"와우~ 장족의 발전인데요. 맞습니다. 그렇다면《해님 달님》에서 말하고자 하는 주제는 뭘까요?"

"사이좋은 오누이, 어려울 때 함께해라, 뭐 그런 거 아닌가요?"

"이런……. 잘 나가다 곁길로 갔네요. 이거 학교 다닐 때 국어 점수 의심 좀 해야겠는 걸요. 껄껄.《해님 달님》이야기는 두 번째 출산에 대한 이야기입니다. 그러니까 나무, 물, 도끼, 끈, 기름……. 이런 상징들은 전부 출산에 관계된 물품들이죠. 자식을 생물학적으로 낳는 것은 첫 번째 출산이고요. 어느 정도 성장한 아이를 독립시켜 떠나보내는 것을 두 번째 출산이라고 하죠. 결국 여자는 살면서 두 번째 출산까지 해야 합니다.《해님 달님》이야기의 어머니는 두 번째 출산을 하지 못했고 결국 본인만 죽는 가장 억울한 사람이 되었죠."

"어째 가면 갈수록 제 이야기 같은 느낌이 자꾸 드네요."

"그런가요? 사실《해님 달님》의 어머니가 자기 인생에 욕심을 내었더라면 자기도 살고 아이들도 살고 다 살았겠죠. 날이 저물어 돌아갈 때 호랑이가 나타날 것이니 걱정이 되더라도 잔칫집에서 자고 다음 날 날이 밝을 때 오두막으로 돌아가야 했고요. 또 집에 있는 아이들은 자기들의 기지로 얼마든지 호랑이를 퇴치할 수 있을 것이라고 믿어야 하는 것이 엄마의 몫이고요. 사실, 두 번째 출산을 했을 때의 엄마는 더 이상 엄마가 아닙니다. 어머니라고 해야죠. 또, 첫 번째 출산은 엄마가 하지만 두 번째 출산은 아버지의 역할이기도 합니다."

"남자도 출산을 한다고요?"

"그럼요. 엄마의 세계에서 아버지의 세계로 오는 것이 두 번째 출산입니다. 그래서 아이는 어른이 되고, 엄마는 어머니가 되고 아빠는 아버지가 되는 것이지요."

"우리 집은 남편이 아버지 기능을 제대로 못했어요."

"한국의 많은 가정이 그렇지요. 혹, 그렇더라도 어머니가 아버지의 기능을 하셔야 합니다. 건강한 남성성이 필요한 것이지요. 다 큰 자녀들의 싸가지 결핍은 다른 말로 '남성성'의 결핍이라고 할 수 있습니다."

"아버지 기능은 무엇을 말하나요?"

"권위를 말합니다."

"권위……라고요? 어쩐지 고리타분한데요."

"얼핏 그렇게 들릴 수 있죠. 그러나 부모의 권위는 꼭 필요합니다. 성장과정에서 가부장 문화의 권위주의에 찌들어 살았던 지금의 부모들은 스스로 좋은 부모이기를 자처하며 '권위'를 사정없이 버렸죠. 결국 목욕물 버리려다

72

아기까지 버린 셈이죠."

"권위가 그렇게 중요한가요?"

"부모의 '권위'는 과실나무를 가지치기하는 것과 같습니다. 권위가 사라지는 것은 가지치기를 하지 않아 토질 좋은 땅에 심은 좋은 복숭아나무에서 개복숭아 열매를 수확하는 황당한 일을 만들어 내는 것과 같습니다. 가지를 치지 않으면 보기엔 정말 무성하죠. 그러나 열매엔 도움이 안 됩니다."

"듣고 보니 정말 그렇군요. 그런데 이렇게 갖다 붙이기식 해석, 그러니까 혹시 닥터지바고 님의 억지 해석 아닌가요?"

"후후. 아닙니다. 칼 융의 심리학으로 풀었어요. 그리고 사람은 밀착관계에 있을 때 둘 다 죽게 된다는 것은 가족치료사들의 모토이기도 합니다. 사랑이란 이름으로 뭉쳐 있지만 그것은 사랑이 아니라 밀착 또는 융합이란 이름의 병리적 가족 구조일 뿐입니다. 사랑이란 적당한 거리를 두어야 건강한 관계를 만들 수 있습니다. 에리히 프롬이 그렇게 말했고 불교에서도 그렇게 이야기하죠. 아, 생텍쥐페리도 칼릴 지브란도 그렇게 말했네요. 가족도 명백히 남이라는 전제 위에서 가족 단위를 이룰 때 진정한 가족이 될 수 있는 겁니다. 그러니까 예준이를 살리고 싶거들랑, 또 내가 살고 싶거들랑 지금이라도 분리시켜 보내란 뜻입니다. 아! 혹시 제 해석이 의문스럽다면 신화학자 고혜경 씨가 쓴 《선녀는 왜 나무꾼을 떠났을까?》라는 책을 사보세요."

"그 제목도 흥미가 있네요. 근데 선녀는 왜 나무꾼을 떠났을까요?"

"궁금하시면 직접 읽어 보세요. 그 책을 통해서 건강한 여성성이 무엇인지, 내가 그동안 잃고 살았던 것이 무엇인지 충분히 알게 되실 거예요."

돌아오는 길에 내내 두 번째 출산의 의미에 대해서 생각했다. 호랑이 퇴치도 아이들의 몫이라는 말이 머리에 맴돌았다. 집에 돌아와 인터넷 서점에 접속해서 《선녀는 왜 나무꾼을 떠났을까?》를 주문했다. 서점에 가지 않고도 책을 주문할 수 있는 편리한 세상을 지금껏 왜 못 누리고 살았을까?

싸가지 팁 3.
남자도 출산을 해야 '진짜 아버지'가 된다

첫 번째 출산 이후 부모의 역할이 '돌봄(care)'이라면 두 번째 출산 이후 부모역할은 '관리(management)'라고 할 수 있다.

'management'라는 말의 어원은 야생마를 길들인다는 뜻을 가지고 있다. 야생마를 자신의 목적에 맞도록 훈련시켜 자신과 한 몸이 되게 하는 것처럼 자녀를 세상이 필요로 하는 완전한 어른으로 만드는 과정이다.

궁극적으로 분석심리학자 칼 융이 말한 대로 자기실현을 하는 존재로 이끄는 일이다. 융은 자기실현을 위해서 자신의 콤플렉스 즉, 그림자 영역에 빛을 비추는 일이 필수라고 말한다. 인정하기 싫은 영역, 보이고 싶지 않은 영역, 할 수만 있다면 피하고 싶은 영역이지만 고통을 직면하기로 선택하고 빛을 비추는 작업을 해야 한다는 것이다. 우리 주변에서 볼 수 있는 정상에 오른 사람들에게는 철저한 'management'로 자녀를 도왔거나 자녀 스스로 'management' 할 수 있도록 가르친 부모가 있다는 사실을 기억하라.

이 역할은 아버지의 남성성이 요구된다. 우리 사회의 왕따, 자살, 학교 폭력과 같은 문제는 정신적인 삶의 기준과 바탕이 없어 생기는 현상이다. 《이제는 아버지가 나서야 한다》에서 이해명 교수는 이러한 문제의 원인을 부모의 삶이 질서가 없고 정신적인 토양이 부족해서라고 하였다. 또한 자녀들이 인간적인 품위를 잃어가고 있기 때문이며 소위 삼강오륜으로 대변되는 가정윤리나 질서의식이 사라지고 있기 때문이라는 것이다. 《탁월한 자녀를 만드는 특별한 교육법》의 저자 심수명 목사도 "이 세대에 부정직과 불경과 성적 문란과 폭력과 자살에서 신기록을 수립하고 있는 가장 중요한 원인 중에 하나는 자신들의 도덕적 지주를 잃어버렸기 때문입니다. 즉 도덕과 진리에 대한 그들의 근본적인 믿음이 쇠퇴했기 때문입니다"라고 말한다.

　세상은 언제나 위험천만한 곳이라 그 어디에도 안전하기만 한 곳은 없다. 그 어느 때고 위험요소가 전혀 없었던 시대도 존재하지 않았다. 지금 우리가 살고 있는 환경도 엄청난 세균과 나쁜 공기투성이다. 인간이란 그저 숨 쉬고 살다가 어느 날 불치병에 걸려 목숨을 잃기도 하는 연약한 존재다. 수많은 과학자와 의사들이 인간의 질병을 퇴치하겠다고 시도해서 많은 질병을 고쳤지만 전혀 예견하지 못했던 새로운 질병들이 또 생겨나고 있다. 앞으로도 그럴 것이다.

　그렇다고 그 속에서 살아남지 못할 이유도 없다. 인류는 거기서 어떻게 적응해서 살아남는가가 주어진 삶의 가장 큰 목표였다. 그리고 그렇게 살아남는 기술을 가르쳐 주는 것이 생명체의 가장 중요한 기능이며 부모의 가장 큰 과업이었다. 생존할 수 있는 능력을 길러 줘 그 종족을 유지할 수 있게 한 것이었다.

　안타깝게도 오늘날의 대한민국 부모는 그 기능을 가르쳐 주지 않는다. 자신들이 책임지겠노라 소리치며 늙어서도 자식을 돌보는 사람이 되고 자식들 시집살이를 자처하고 살아가는 어리석은 인생이다. 아이러니하게도 학력 수준, 경제 수준이 높을수록 자녀의 분리 독립을 더 시키지 않는 기현상이 생기고 있다.

　부모 유형 중에 권위를 적절하게 사용하는 민주적 부모가 최상급이고 그 다음이 고리타분하고 깐깐해도 권위적인 부모다. 비록 개방성이 부족하긴 해도 일관성이 있기 때문에 열매를 맺긴 한다. 그 다음은 방임적 부모로서 개복숭아를 맺는 경우이며 최악의 경우는 사랑이란 이름의 학대를 행하는 과잉부모다.

저 눈물이
남의 일 같지 않아

닥터지바고에게서 쪽지가 왔다. 일주일 뒤에 '분노&눈물치료'가 있으니 참여할 수 있냐고 물었다. 한 달에 한 번 열리는 과정이라 이번 기회를 놓치면 또 한 달을 기다려야 하고 무엇보다 하루 참석하는 것이 6개월 동안 개별 상담하는 것보다 낫다고 하니 은근히 기대도 되었다. 그리고 정말 마음에 드는 것은 '분노&눈물치료'라는 말이었다. 요즘 걷잡을 수 없이 화가 치밀어 오르는 일이 많아져 어떻게든 좀 풀어내야겠다고 생각하던 차였고, 또 실컷 울고 싶은데 울 곳도 울 시간도 없었으니 이 프로그램이면 얼마든지 그렇게 할 수 있겠다는 생각이 들었다.

'분노&눈물치료' 과정에 참여한 사람은 진행자까지 총 열세 명이었다. 이날따라 개량한복을 입은 닥터지바고의 옷차림새를 보니 무슨 사이비 종교 집단에 와 있는 듯한 느낌이 들기도 했다. 예수와 열두 제자처럼 사이비 교주와 열두 제자들이란 묘한 느낌이 들어 웃음이 나왔다. 참여자들은 대부분 상담을 통해서 오게 되었거나 먼저 경험한 사람들의 추천을 통해서 온 사람들이었다. 이런 모임에 온다는 것 자체가 내키지 않는 일이긴 하지만 마음 한편에선 궁금하기도 하였다. 도대체 어떤 사람들이 와 있을까?

오전 10시가 되자 닥터지바고의 진행으로 집단 상담이 진행되었다. 간단한 자기소개가 이어졌다. 소개하는 시간만 마쳤는데도 낯설다는 느낌보다 오랜 지기를 만나는 듯한 착각이 들었다.

삼십 대 초반의 새댁, 이제 결혼한 지 삼 년인데 신랑과 산 날보다 신랑이 가출해서 나간 시간이 더 길다며 두 살배기 아들 하나를 데리고 있다고 한다. 어떤 여자는 결혼 15년이 넘었는데 아직도 자녀가 없다고 한다. 남편에 대한 분노가 치밀어 올라 이러다 사람 죽이겠다 싶어 참여했단다. 독기가 오를 대로 오른 사람이란 느낌이 와 소름이 끼칠 정도였다.

친정 엄마 나이와 비슷해 보이는 한 분은 프로그램에 참여했던 동생이 추천해 줬는데 여기에 오기까지 1년이나 뜸을 들였다고 한다. 우울증에 찌들어 사는 언니의 모습이 딱해 거듭 권유하는 동생의 말을 완강히 거절하다가 "내 마지막 소원이니 들어 달라"라는 말을 듣고 얼마나 간절하기에 '마지막 소원'이라는 표현까지 사용했을까 싶어 참여했다고 한다.

 맨 마지막에 목련이라는 닉네임을 가진 쉰두 살 여자는 몸집도 자그맣고 목소리기 들릴락 말락 했다. '목련'이 아니라 '가련'이라 해야 할 듯했다. 얼굴엔 '착함'이라는 글자가 씌어 있었다. 자기소개를 하기 전에 울컥 눈물부터 쏟았다. 그 바람에 둘러선 사람들이 함께 울기 시작했다. 생전 처음 보는 사람들인데도 그 짧은 시간에 공감대가 형성되는 것이 신기했고 그 마음이 남 일 같지 않았다. 한 달 전에 대학 3학년짜리 딸에게 '미친년'이라는 쌍욕을 들었다며 껙껙 소리를 내며 운다. 그 소리도 얼마나 작던지 답답했다. "좀 시원하게 울어요. 소리도 맘껏 내시고요." 나도 모르게 소리를 질렀다. 목련의 모습에서 엄마와 언니의 모습이 오버랩 되었다. 어느새 내 얼굴도 보였다. 그녀가 풀어 놓은 사연을 듣는 내내 분노가 차오르더니 마침내 목구멍까지 차올랐다.

 목련은 결혼 후 경제적 책임을 지지 않는 무능한 남편 때문에 '이대로는 살 수 없다'는 생각이 들어 둘째 아이가 돌 지나자마자 무작정 보험 일에 뛰어들었다. 워낙 숫기가 없고 경험도 없는 터라 막막하기만 했는데 그래도 악착같이 벌어야 한다는 생각에 이를 악물고 견뎌왔다. 본인도 놀랐다. 사람 만나는 것이 두려운 사람인데 보험 일을 할 때는 용기가 생겨나는 것이었다. 그런 세월이 20년이었다. 그 사이 아들은 군대를 갔고 딸은 대학교 3학년이 되었다. 엄마의 부재 속에서도 신체 건강하게 자라 준 것이 고마웠다. 늘 집을 비워야 하는 것이 미안해서 아이들의 요구에 항상 응해 주었고 혹 불평이나 불만을 이야기해도 그냥 들어주었다.

그런데 딸이 대학 3학년이 되면서 이성교제를 시작하더니 매일같이 귀가 시간이 늦었다. 자정을 넘기는 것은 기본이고 새벽 두세 시가 넘어서 집에 들어오는 횟수가 늘어났다. 이성교제를 할 나이라 이해도 되었지만 딸아이가 밤늦은 시간에 다니는 건 불안해서 자정을 넘기지는 말라고 몇 번이나 부탁을 해도 여전히 늦게 다녔다. 급기야는 딸의 남자친구 전화번호를 알아내어 이성교제를 허락하는 대신에 자정 전까지의 귀가 시간만은 반드시 지켜 달라고 정중하게 부탁까지 했다.

그래도 변하는 게 없었다. 매일 피곤에 지친 몸으로 집에 돌아오면 씻기도 전에 딸의 소재부터 파악하고 일찍 들어오라고 전화하는 일이 다반사였다. 그런데 하루는 웬일인지 딸이 10시 전에 집에 들어왔다. 딸이 마음을 고쳐먹었다는 생각에 내심 기뻤는데 딸은 분기가 가득 찬 얼굴로 엄마에게 삿대질을 해 가며 "에이 씨발~ 왜 맨날 전화질 하고 지랄이냐 이 쌍년아!"라고 욕을 퍼부었다.

좀 속 시원하게 울라고, 목 놓아 울라고, 그냥 실컷 욕이라도 쏟아 놓고 울라고 해도 차마 울 자격도 없는 년 같아 그렇게 하지 못하겠노라 했다. 이젠 하늘을 제대로 우러러 보지도 못하겠고 사람들 보기에 부끄럽고 무슨 낙으로 세상을 살아가야 할지 모르겠단다. 쉰을 넘긴 나이에 딸에게 '쌍년'이라는 욕을 들은 엄마의 심정을 어떻게 설명할 수 있을까?

둘러선 다른 사람이 기가 막혀 "도대체 남편은 그때 뭘 하고 있었냐?"고 물었다. 그 물음에 목련은 천천히 고개를 가로저었다. 그리고 다 죽어 가는 목소리로 "조용히 안방 문을 닫고 들어가데요"라면서 또 꺽꺽 소리를 내며 서럽게 울었다. 지금껏 울타리가 되어 주지 못하는 남편, 경제적 책임을 지지 못하는 남편. 그리고 정서적 친밀감이라도 있으면 좋으련만 고립된 성향이 있어서 그것도 어려운 그녀. 아들이 튕겨나가고 애를 먹이는 상황은 그래도 주변에서도 종종 보고, 그럴 때 딸은 엄마의 친구가 되고 위로도 해준다는데, 딸이 엄마의 가슴에 비수를 꽂았으니 도대체 어떻게 해야 할까?

분노가 치밀어 오르기도 했고 덜컥 두려움도 생겨났다. 그녀의 죄라면 그저 열심히 산 죄밖에 없다. 먹을 것 안 먹고 입을 것 안 입고, 오로지 가족을 위해서 열심히 '헌신'했을 뿐인데, 온 가족으로부터 '헌신짝' 취급을 받으니 저 가슴 아픈 현실을 어떻게 해야 할까? 목련의 얼굴에서 희망이라고는 보이지 않았다. 사람이 희망을 상실하면 울 때도 목 쉰 오리 울음같이 꺽꺽 소리를 내면서 운다는 것을 그때 알았다. 예쁜 이목구비는 아니어도 귀여운 느낌이 있는 사랑스러운 여자였다. 그러나 얼굴에 나타나는 것은 체념과 절망, 두려움이었고 삶에 대한 의욕상실이었다.

오전 시간을 마무리하면서 닥터지바고가 말했다.

"이스라엘은 열세 살이 되면 성인식을 합니다. 열세 살이면 모든 것을 스스로 해결할 수 있고 부모가 불의의 재난이나 사고로 세상을 떠나도 혼자 살아갈 수 있는 어른으로 인정한다는 뜻입니다. 그러나 대한민국의 자녀들은 법적인 성인이 되어도 여전히 부모라는 둥지에서 떠나가지 않아요. 물론 새끼가 독립해 나가려고 해도 부모가 보내 주지 않는 경우도 많지요.

어쨌든 다 커버린 새가 둥지에서 빈둥빈둥 놀면서 먹이 물어오라고 어미 새를 쪼아 대고 어미 새는 그런 새끼 먹여 살린다고 등골이 휘도록 날아다닙니다. 21세기 최첨단 시대에 가장 말이 안 되는 일입니다. 일명 다 큰 자녀 시집살이라고 하죠. 어쨌든 성인이 되었다면 자녀는 자신의 삶에 책임을 질 수 있어야 합니다. 목련 님의 따님은 심리적인 문제가 아니라 싸가지가 없는 것입니다."

오전 10시에 시작된 '분노&눈물치료'는 오후 1시가 되어서야 잠시 마무리되고 겨우 점심을 먹을 수 있었다. 세 시간 동안 얼마나 많이 울었는지 벌써 눈이 통통 붓는 느낌이었다. 가까운 식당으로 밥을 먹으러 갔다. 주인도 익히 잘 아는 듯했다. 따로 마련된 작은 방에서 점심을 먹었다. 샐러드와 데친 양배추와 쌈장, 깻잎김치와 들기름으로 맛을 낸 나물 종류가 많았다. 혹 감정이 격해서 너무 많이 울거나 억압된 감정을 풀어내는 일을 하다 보면 소화가 잘 안 되니 위에 부담되지 않는 음식으로 준비한다고 한다.

점심을 한창 먹고 있는데 빨간색 꽃무늬가 있는 실크 머플러를 목에 두르고 화장을 진하게 한 사십대 중반의 여자가 들어오면서 닥터 지바고에게 반갑게 인사를 한다. 단박에 봐도 공주과였다. 밥상 앞에 앉더니 호들갑을 떨어 대기 시작했다.

"지바고 님! 반가워요. 한 번 온다 하면서 찾아오지도 못하고……. 죄송해요. 오늘 분노&눈물치료 있다는 거 카페에서 보낸 공지메일 보고 알있어요."

그러고는 둘러앉은 참가자들에게 말했다.

"오늘 여러분들 밥은 제가 살게요. 여러분들 마음 알아요. 저도 이 과정 참여했었거든요. 어머! 벌써 2년이 훌쩍 지났네요."

"감사합니다. 그런데 운성이는 지금 어떻게 지내요?"

"운성이요? 지가 원하는 대학에 들어갔지요. 호호호! 그냥 선생님 알려 주신 대로 했더니 지가 알아서 공부해서 들어간걸요. 그리고 지바고님께 자랑 하나 하려고 왔어요."

"뭔데요?"

"저 이제 웃음치료 강사로 활동해요. 그때 그러셨잖아요. 아이한테 신경 쓸 여력이 있으면 본인 하고 싶은 거 하라고……. 그래서 내가 집에 붙어 있으면 아이한테 잔소리하겠다 싶어 무조건 밖으로 나갈 계획을 세웠지요. 인터넷 뒤져서 웃음치료 자격 과정을 알아보았어요. 마침 그때 시작하는 자격증 과정이 있어서 바로 등록했지요. 막상 해보니까 저랑 너무 잘 맞는 거예요. 그래서 중급, 상급 과정 마치고 지도자 과정까지 내리 마쳤어요. 이젠 그 단체를 통해서 강사로 활동을 시작했지요. 그때 안 했으면 지금도 못하고 있을 걸요?"

"잘 되었네요. 안내한 대로 잘 따라 주셨으니 그런 열매도 얻게 되네요."

"네. 다 지바고 님 덕분이에요. 감사드려요."

그녀가 마침 내 옆자리에 앉았기에 무슨 문제가 있었냐고 물었다. 외동아들이 아주 심각한 게임 중독에 걸려 있었다고 했다. 고 3이 되었는데도 매일 새벽까지 게임을 한다는 게 문제였다. 야간자율학습을 마치고 돌아와 이것저것 정리하고 난 후부터 시작해 새벽 늦게까지 하는 경우가 허다했다. 그래도 워낙 머리가 탁월해서 성적은 그런대로 잘 나왔다. 머리 식힌다며 게임한다는데 달리 막을 방도가 없었다. 아침마다 아이 깨우는 일이 전쟁터를 방불케 했다. 결국 도움을 받아야겠다는 생각에 닥터지바고를 찾아왔다고 했다. 그녀가 말하는 사연은 이랬다.

남들이 보기엔 정말 부러운 집이었다. 남편은 자상한 남자의 표준이었다. 웬만한 주부가 하는 요리는 다 하고 집안의 모든 일을 묵묵히 잘 처리해 주었다. 아내는 나이보다 훨씬 더 젊어 보이고 몸매도 좋고 성격도 좋아 주변 사람들과 잘 지냈다. 그래서 뭇 여자들의 부러움을 한꺼번에 받고 있었다.

이 집 아이에 대한 코칭은 아버지가 기준을 설정하고 시행하는 것으로 시작했다. 좋기만 한 아버지는 명확한 기준이 없었다. 아버지가 나서지 않는 한 어머니의 기준은 항상 잔소리로 끝났다. 더구나 고 3짜리 아이에게 밤늦은 게임을 허락한 것은 이전에 아이에게 잘해 주지 못한 일에 대한 미안함 때문이었다. 어머니는 아이가 중 3이 될 때까지 직장생활을 했다. 잦은 야근과 주말, 휴일 출근이 많아 아이와 많은 시간을 함께하지 못했다.

어느 날 우연찮게 텔레비전에서 자녀교육 강좌를 듣고 나서 아이와 함께 보내는 시간이 얼마나 중요한지를 깨달았다. 그리고 그녀는 바로 직장을 그만두고 전업주부로 들어앉았다. 아이가 중 3이 될 때였다. 이전에 제대로 함께 시간을 못 보내 사랑을 충분히 주지 못했다는 죄책감이 들어 이제라도 아이에게 맛있는 밥에 간식까지 챙겨주는 자상한 어머니가 되고 싶었다. 간식도 과자류 같은 것은 절대 사지 않고 일일이 좋은 재료를 사다 직접 만들어 먹였고 아이의 학습에 대한 모든 것을 간섭하였다.

그런데 그것도 아이가 고 2가 되면서부터는 불가능한 일이 되었다. 게임 중독에 빠진 아이를 더 이상 통제할 수 없게 된 것이다.

코칭을 시작하면서 남편에게 가족회의를 주관하게 하고 "우리 집은 밤 12시 이후로는 누구도 컴퓨터를 사용할 수 없다"는 기준을 정하라고 했다. 그리고 "밤에 너무 늦게 자기 때문에 기상 시간이 문제가 되고 있다. 이것은 너 혼자만의 문제가 아니라 깨우는 우리도 힘들고 그 때문에 아침마다 집안 분위기가 엉망이 될 뿐 아니라 아빠의 출근 시간도 늦어지게 된다"라고 전해 주라고 했다.

처음에는 아이가 "그럼 한 시간만 하겠다"라고 타협안을 제시해 왔지만 절대 굴하지 않았다. 만약 가족이 정한 컴퓨터 사용 시간을 어기면 그날로 컴퓨터 자체를 없애겠다고 강하게 말하라고 했다. 대신 일요일 오후는 네 시간까지 시간을 보장해 준다고 했다. 게임도 매일 조금 하는 것보다 일요일에 점심 먹고 저녁까지 충분히 하는 편이 나을 것이라는 설득에 아이도 동의했다.

가족회의에서 결정된 대로 시행하였고 아이의 취침 시간이 12시 30분을 넘기지 않게 되었다. 아침에 깨우는 시간도 훨씬 줄었고, 주말에 아이가 컴퓨터를 하고 있어도 아무런 잔소리를 하지 않았다. 그리고 엄마는 자신이 좋아하는 일을 찾아 하기 시작했다. 이후 아이는 무난히 대학에 입학하였고 지금도 잘 다니고 있다.

'분노&눈물치료'를 마치고 나오니 속은 후련했다. 속에 응어리진 것들을 실컷 풀어놓고 나니 숨 쉴 공간이 생긴 것 같았다. 그래도 돌아오는 내내 마음이 불편했다. 다른 사람들도 자녀 때문에 고민하고 있는 것을 보면서 나만 그런 게 아니라는 생각에 안도감이 생기면서도 앞으로 아이를 어떻게 할까 생각하니 그만 아득해졌다. 잘할 수 있을까? 예준이도 컴퓨터를 잡았다 하면 하루 온종일도 앉아 있지 않던가?

더구나 최근에는 예준이를 볼 때마다 솔직히 무서웠다. 가끔 뭔가를 지적하면 "에이 씨~"라고 중얼거리는데 무서워서 더 이상 말을 못하게 될 때도 많았다. 뉴스에서 존속살해 사건을 접할 때면, 세상이 무섭다는 생각이 들었다. 얼마 전에도 중학생 아들이 집에 불을 질러 부모를 죽게 한 사건이 있지 않았던가? 그런 생각을 하면 예준이가 고맙기까지 하다. 화가 나도 입에서 혼잣말처럼 중얼거리는 정도지 나한테 대놓고 쌍욕을 하는 정도는 아직 아니니까. 그런데 혹시라도 아이의 분노가 터져서 존속살해 사건이 생긴다면? 그래서 부끄럽게 죽는 것도 문제겠지만 살아남은 아이는 또 한평생을 어떻게 살아가야 할까? 이런 생각에까지 이르자 몸서리가 쳐졌다. 세차게 고개를 가로저었다.

집에 와보니 예준이가 하루 종일 컴퓨터게임을 한 것 같았다. 한두 번 당하는 일이 아니라 눈치만 봐도 알 수 있었다. 또 하루 종일 컴퓨터 했냐고 고함을 지르려다 참았다. 이런 상황도 물어보라고 했으니까. 화를 내는 대신 쪽지를 보내려고 안방으로 들어와 노트북을 켰다. 이럴 때 안방에 노트북 컴퓨터가 있는 것이 얼마나 좋은지 모른다. 남편이 노트북을 끼고 살 땐 보기 싫었는데 내가 써보니 편리하긴 하다.

원래 아이와 정한 규칙이 토요일은 엄마와 의논해서 컴퓨터를 하고 일요일은 교회 갔다 와서 자유롭게 하기로 한 것인데 방학이라 평일에도 한 번 컴퓨터를 잡으면 하루 종일 하려고 했다. 정한 규칙을 이야기하면 "바둑 하는 건데요" "mp3 다운받는 것도 안 돼요?" 이런 식으로 빠져 나갔다. 요즘은 아이가 바둑에 빠져 있다. "집엔 저랑 바둑 둘 사람이 없잖아요? 그래서 컴퓨터로 하는 거예요"라고 했다. 게임이 아니라 바둑을 한다는 점에서 딱히 반박할 여지를 찾지 못했지만 마음은 불편했다. 불편한 마음을 그대로 담아 쪽지를 보냈다. 연거푸 닥터지바고의 쪽지 답신이 왔다.

💬 모처럼의 외출을 마치고 혹시나 했던 염려스런 마음으로 집에 돌아갔는데 역시나 사실이 되어 버렸네요. 그렇다 할지라도 아이가 엄마 없는 동안 하루 종일 컴퓨터게임을 하고 놀았다는 것이 기정사

실임을 주지하십시오. 이미 일어난 일입니다. 사건은 사건이니 심호흡하고 거기서 무엇을 선택할 것인지까지를 생각하셔야 합니다.

"넌 어떻게 된 애가 컴퓨터 시간 지킬 줄 모르니?"와 같은 말은 금물입니다. 이런 말은 사람을 공격하는 비난의 언어가 되기 때문에 역반응을 불러일으킬 수 있습니다. 이럴 때는 "엄마가 없는 시간에 네가 컴퓨터 사용 시간을 넘긴 데 대해 화가 나고 실망스러워" 정도만 말하시고 대화하지 마십시오. 혹, 아이가 변명하거나 설명하려 할 때 "지금은 화가 나서 듣고 싶지 않으니 두 시간 뒤에 이야기하자"라고 시간적 공간을 마련하십시오. 피차 감정을 정리하고 생각할 시간을 버는 것이죠.

💬 "mp3 다운받는 것도 안 돼요?"라는 것도 "mp3 다운받는 것이 안 된다는 것이 아니다. 그것도 네가 컴퓨터 사용하는 시간 안에서 해라. 바둑을 두더라도 마찬가지다"라고 한계선을 정하셔야 합니다. **규칙에 대해서는 타협하시면 안 됩니다. 정해진 기준은 지켜야 하고 거기에 대한 보상과 벌의 유무도 엄마가 결정하시면 됩니다. 지금 한계선을 정하는 일이 늦은 감이 있긴 하지만 이제라도 그 작업을 해야 이후에 마음고생 안 하게 됩니다. 아이의 불평이나 원망에 너무 신경 쓰지 마십시오. 당연히 나올 반응이니까요.**

물론, 바둑 같은 활동은 긍정적인 목록에 들어갑니다. 그러나 아무리 좋은 것이라도 관계를 깨뜨리고 다른 사람을 불편하게 한다면 그것은 '중독'의 범위에 들어갑니다. 따라서 그것도 한계를 정하는 것이 중요하죠. 바둑 게임을 하거나 mp3를 다운받는 것과 같은 좋은 것, 일상적인 것들을 거론하면서 엄마를 꼼짝 못하게 하려는 것인데요. 일종의 게임 관계에 돌입한 겁니다. 그래서 엄마로 하여금 지금 게임 중독 상태에 빠지게 한 것이지요. 이해가 안 되죠? 이건 조금 시간이 지난 다음에 알려 드릴게요.

싸가지 팁 4.
자녀에게 무조건 해주지 말고 협상해 오도록 기다려라

부모가 자식에게 "안 돼"라고 말하는 것은 당연하다. 안 되는 것은 죽어도 안 된다는 것을 확인시켜라. 다만 왜 안 되는지에 대한 설명만 해주면 된다. 이것이 부모의 기준과 방침이다. 그 내용이 억지에 가까워도 상관없다. 악법도 법이고 엉터리 기준이라도 기준은 기준이다. 비록 지금 당장은 그 내용을 이해하지 못한다 해도 반드시 설명하라. 그래야 아이가 부모의 권위를 배우게 되고 그 분위기를 익히게 된다. 그럼에도 자기가 원하는 것이 있을 때는 협상해 올 때까지 기다려라. 협상이란 자기가 원하는 것을 얻기 위해 작은 손해와 수고를 감수하겠다는 표현이다. 대가를 지불하고 필요한 것을 얻도록 하는 방법이며 아이가 장차 세상을 살아가는 데 꼭 필요한 기술이다.

최근 베스트셀러인 《어떻게 원하는 것을 얻는가》는 미국 와튼 스쿨의 스튜어트 다이아몬드(Stuart Diamond) 교수가 협상에 대해 강의한 내용을 담은 책이다. 여기서도 핵심은 사람과 기준이다. 즉 사람을 좋아하고 남을 대접하는 사람이 협상을 잘 이뤄 낸다는 뜻이다.

다 큰 자녀도 부모를 사랑하고 부모가 좋아하는 일을 할 줄 알며 그럼으로써 부모의 마음을 사는 법을 배워야 한다. 또한 기준과 원칙을 바탕으로 협상할 때 원하는 것을 얻을 수 있지, 윽박지르거나 물리적인 폭력을 행사하는 것과 같은 방식으로는 절대 원하는 것을 얻을 수 없다는 것을 자녀에게 확실하게 가르쳐야 한다.

싸가지 코칭
준비와 시작
PART 02

심리적 게임 관계에서 벗어나기

상담을 다녀오고 닥터지바고의 지침대로 말수를 줄였다. 아이와 눈을 맞추는 일도 당분간은 피하기로 했다. 최소한 한 달 이상은 이전의 패턴대로 살면 안 된다며 아이에게 휘둘리지 말아야 한다는 게 이유였다. 무슨 '게임'이라는 용어를 사용하였는데, 지금 설명해도 이해하지 못할 것이라며 때가 되면 알려 주겠단다. 그리고 아직은 아이를 어떻게 고치려는 작업을 섣불리 시작하지 말라고 했다.

자식 교육만큼은 나름대로 잘해 왔다고 생각했는데 막상 아이가 ADHD 증상을 갖게 되었으니 변명할 여지는 없지만 늘 마음 한구석에서는 억울한 마음이 자리잡고 있었다. 가끔 〈우리 아이가 달라졌어요〉 같은 텔레비전 프로그램을 보면 아이도 문제지만 부모도 참 문제라는 생각을 했다. 거기에 비하면 우리 부부는 그다지 큰 문제가 없다. 남편은 공부 잘하는 모범생으로 자라 무난히 대학 들어가고 졸업하자마자 금융계 회사에 취직했고, 나 역시 자라 오면서 그다지 큰 문제를 일으키지 않았는데 자식은 왜 이렇게 되었을까? 도무지 풀 수 없는 수수께끼였다.

이전에 하던 잔소리를 하지 않으려니 죽을 맛이다. 예준이는 더 신이 나는 것 같았다. 어떨 땐 아예 대놓고 나를 골려 먹을 작정을 했다는 생각이 들 정도였다. 그럴 때마다 목구멍까지 올라오는 말들을 차마 쏟아내지 못할 때는 정말 답답하기도 했다. 이러다간 아이가 아니라 내가 속 터져 죽을 것 같아 쪽지를 보냈다. 마침 닥터지바고는 하루 종일 책상에 앉아 있다며 바로 답신을 보내 왔고 하루 동안 열 통이 넘는 쪽지를 주고받았다.

💬 예전에 하던 방식을 안 하려니 정말 죽을 지경이에요. 이러다 제가 아이에게 놀아나는 거 아닌가 싶어요. ↵

💬 그러실 겁니다. 제가 전에 쪽지로 민들레 님이 게임 중독 상태에 빠진 것이라고 말씀드렸는데 이해 안 되죠? ↵

💬 당연하죠. 제가 왜 게임 중독인가요? 지금까지 컴맹이었던 사람이 무슨 게임을 해요? 컴퓨터도 지바고 님하고 쪽지 주고받는 것 때문에 시작했고요. 이것도 아직 익숙하지 않은데……. 예준이가 중독이면 중독이지 전 아니에요. 말도 안 되는 소리 마세요. 정말 이해할 수 없어요. ↵

💬 혼란스러울 겁니다. 아이가 게임 중독이 아니라 본인이 게임 중독이라니 말이죠. 충분히 그러실 거예요. 설명 드릴게요. 아이에게 잔소리 많이 하시는데 별 효과가 없었죠? 그리고 가면 갈수록 잔소리의 강도와 빈도수가 더 많아졌고요. 예준이 또한 문제행동은 줄어들지 않고 갈수록 강도와 빈도수가 더 많아졌고요. 그렇죠? 그게 바로 게임 관계라는 겁니다.

💬 좀 더 설명해 주세요.

💬 그러니까 예준이가 어떤 언행을 할 때 엄마가 거기에 반응하게 되죠? 이를테면 컴퓨터를 계속하고 있을 때 엄마가 소리를 지르면 내가 한 잘못된 행동에 대한 죗값 계산을 끝낸 겁니다. 그래서 다음에 그 행동을 또 할 수 있지요. 물론, 그때도 엄마가 소리를 지를 것이니 그 행동에 대한 죗값을 치르게 될 것이고요.

💬 아직 어려워요. 이해가 안 돼요.

💬 즉, 문제행동을 일으켜 조금만 욕먹고 나면 결국 원하는 것은 얼마든지 얻을 수 있다는 무의식적 생각에 젖어 문제행동을 반복한다는 뜻입니다. 욕을 먹는 방법을 통해서라도 얻을 것을 얻는 방식입니다.

그러니까, '잔소리꾼 엄마와 말썽꾸러기인 나, 결국 내가 말썽꾸러기가 된 것은 다 엄마의 잔소리 때문이다'라고 생각하는 방식입니다. 엄마가 컴퓨터 하지 말라고 고함을 지르는 한 나는 컴퓨터를 계속하겠다는 것이지요. 결국 내 문제가 아니라 상대방이 문제라는 것을 계속 보여 주는 겁니다.

💬 말뜻은 조금 이해되네요.

💬 또 다른 예를 들어 설명하죠. 민들레 님 또래 성도 되시는 여성 분이 상담을 다녀가셨는데요, 늘 남편에 대한 불만을 입에 달고 살았습니다. 자기는 에어로빅을 배우고 싶은데 남편이 가부장적인 사고를 가지고 있어서 절대 허락해 주지 않는다고 불평했습니다. 남편에게 아내를 위해 부부 상담을 하자고 부탁했더니 흔쾌히 상담에 와 주었어요.

아직 대한민국에서 상담사가 상담 오란다고 와 주는 남편 많지 않습니다. 이것만 봐도 그 남편 꽤 괜찮은 사람이죠. 아내의 불만 사항을 이야기해 주고 그 자리에서 3개월 에어로빅 수강권을 약속했습니다. 물론 보는 앞에서 비용도 지불하고 서면으로 약속하라 했지요.

드디어 그 여자 분은 에어로빅을 배우게 되었는데요, 막상 해보니 너무 불편하고 이상한 겁니다. 사실 자기는 남들의 시선이 있는 곳, 또 넓은 장소에서 춤추는 것을 매우 두려워한다는 것을 알게 되었죠. 결국 에어로빅을 포기하게 되었는데요, 사실은 본인의 두려움인데 그것을 남편이 자신을 가로막았다고 여기며 불평했던 겁니다. 늘 남편에 대해 불평하고 사는 것에 중독된 것이지요.

💬 제가 게임 관계에 있는지 아닌지를 어떻게 알 수 있나요?

💬 지금 자신을 위해서 하고 있는 일이 무엇인지를 살펴보는 일이랍니다. 민들레 님은 뭐가 있죠?

💬 나를 위해서 하는 일이라면…….

나는 말끝을 흐렸다. 딱히 나를 위해서 하는 일이라는 게 별로 없었다. 아이가 건강해지는 것보다 더 급한 일이 어디 있다고 자신을 위해 투자한단 말인가? 게임 중독이란 말이 이해가 되면서도 슬슬 화가 났다. 그러면서 지난 5년 동안 도대체 나는 무엇을 했나 싶었다. 오로지 머릿속엔 예준이 생각으로 가득 차 있었고 그 외의 모든 활동은 접었다. 아닌 게 아니라 그저 생물학적인 나이만 다섯 살 더해진 느낌이었지 성장이나 내면적인 성숙 따위는 없었다.

독서할 여유를 갖거나 호젓하게 여행을 다녀오거나 마음 편히 가족 외식을 해본 일이 없었다. 어쩌다 외식 기회가 있어도 예준이 신경 쓰느라 어디에 갔는지 무엇을 먹었는지 기억도 나지 않는다. 나는 멈춰 있었던 것이다. 예준이도 ADHD 진단을 받은 시점부터 지금까지, 나도 그때부터 지금까지 둘 다 성장이 멈춰 있었던 것이다. 아뿔싸! 이를 어째.

💬 그럼 제가 예준이 치료되기 전까지는 아무것도 못한다며 늘 불평하고 원망하고 한탄하며 살아온 것 자체가 게임 관계고 그것에 중독된 상태란 것이네요. ↵

💬 그렇죠. 이런 심리적 게임을 일명 '너 때문이야' 게임이라고 하죠. 그리고 예준이도 마찬가집니다. 그런 엄마를 위해서 지속적으로 아파 줘야 합니다. 특히 ADHD라는 명백한 증거물을 언제라도 들이밀면 부모를 꼼짝 못하게 할 수 있으니 그 재미있는 장난감을 절대 버릴 수 없죠. 그리고 자주 사용할수록 쾌감을 누립니다. 게임이란

재미있거든요. 물론 그럴수록 몸과 마음은 더 망가지고 관계는 더욱 악화되지요.

이해는 되지만 기분 좋은 소리는 아니었다. 허탈해지고 아득한 절망감이 밀려왔다. 그럼 결국 내가 그동안 아등바등 애쓰고 노력했던 게 썩 효과적이지 않았다는 뜻 아닌가? 매주 수요일 오후마다 아이를 데리고 신경정신과를 다녀오는 일, 일이 터질 때마다 학교에 가서 싹싹 빌었던 일이 아무런 효과가 없었단 말인가? 지난 9월에는 학교에서 아이가 퇴학될까 봐 나는 담임교사 책상 옆에서 무릎까지 꿇고 대신 용서를 빌지 않았던가? 그 치욕스런 일조차도 아무런 소용이 없었단 말인가?

심리적 게임 관계라면 그동안 나는 아이의 장난감이었다는 말로 해석해도 된다는 뜻 아닌가? 그동안 ADHD는 예준이에게 면죄부가 되고 있었단 말인가?

💬 하지만 어떻게 아이가 망나니처럼 행동하는데 가만히 있을 수가 있나요?

💬 그렇죠. 그러나 그것이 도리어 더 큰 상처가 된 겁니다. 문제행동은 관계적으로 볼 때 칼을 마구 휘두르는 것과 같습니다. 민들레 님의 망나니라는 말마따나 예준이는 그동안 칼을 빼들고 무차별 공격을 시도했죠.

다른 사람들은 다 피해 가는데 다 피하면 휘두르는 예준이 마음

97

아플까 봐 민들레 님이 온몸을 맡기고 휘두르는 칼에 맞아 줬다고나 할까요? 누가 되었든 상대가 칼을 빼들고 휘두른다면 일단 피해야죠. 칼이 미치지 못하는 거리로 말이죠.

그러면서 내가 사용할 무기를 준비하면 됩니다. 칼을 뽑든 활을 쏘든 말이죠. 활이 좋겠네요. 칼이 미치는 거리를 피한 곳에서 일방적으로 공격할 수 있으니까요.

그동안 아이가 휘두르는 칼을 고스란히 맞고 있었다니……. 이젠 온몸이 만신창이가 된 상황에까지 이른 것이다. 그렇다면 아무렇게나 휘두르는 칼을 굳이 맞을 이유가 없지 않은가?

억울했다. 그동안 해왔던 일들이 아무런 효용이 없었다는 것이 억울했다. 5년 반의 세월을 지내 오는 동안 나날이 지옥이었다. 몸도 많이 망가졌다. 위경련이 생겨서 자다가도 가슴을 쥐어짜며 일어나야 했고, 가슴이 뛰고 식은땀이 나고 온몸이 차가워지는 것 때문에 한의원에 갔더니 기가 다 빠졌다고까지 했는데, 그렇게 보낸 세월이 다 헛것이었단 말이다. 차를 몰고 강변 둔치로 가서 음악을 켜놓고 실컷 울었다. 억울해서…… 또 막막해서…….

싸가지 팁 5.
자녀가 던지는 낚시의 미끼를 물지 마라

심리적 게임은 교류분석(Transactional Analysis, TA) 심리학자 에릭 번(Eric Berne)이 사용한 용어다. 교류분석은 성격의 인지적, 합리적, 행동적 면을 모두 강조하며, 자각 능력을 향상시킴으로써 문제행동을 스스로 개선시켜 나가게 하는 심리치료. 심리적 게임은 자각 없이 행해지는 무의식적 행동이며 늘 유쾌하지 않은 감정으로 끝나는 게 특징이다. 즉, 이성적으로 성립되지 않는 일을 해서 자기를 파괴하는 동시에 관계를 악화시키는데, 이렇게 되면 결국 상대방은 쌓였던 부정적 감정을 폭발하게 된다.

컴퓨터게임에 중독되듯 심리적 게임도 중독 관계로 발전한다. 그래서 끊임없이 문제를 일으키는 사람과 그 문제를 끊임없이 해결해 주는 사람이 평행선 관계가 되고 만다. 심리적 게임을 하는 이유는 게임을 하는 동안은 두려운 상황을 피할 수 있기 때문이다.

자녀의 문제행동에 즉각 민감하게 반응하면 자녀가 던진 낚시의 미끼를 덥석 무는 꼴이 되고 만다. 부모가 미끼를 무는 한 자녀는 계속 낚시를 던질 것이다. 예를 들어 컴퓨터게임을 할 때마다 잔소리를 하면 아이는 게임을 그만두기보다 욕을 얻어먹으면서도 계속하게 된다. 컴퓨터게임과 엄마의 잔소리가 게임 관계에 들어가는 것이다. 그래서 잔소리는 절대 행동을 변화시키지 못한다. 잔소리 대신 굵은 소리를 해야 하는데 굵은 소리란 부모의 원칙과 기준이다. 그러니 아무리 큰일이 생기더라도 이미 발생한 하나의 '사건'일 뿐이니 냉정을 유지하고 부모의 기준과 방침을 점검하고 대처하라.

Yes But, Yes How라는 이름의 방패

게임 관계에 들어가지 말라고 해서 일단 잔소리를 줄였다. 그러니 예전보다 더 답답해졌다. 그 상황을 쪽지로 보내면 아직은 냉정을 유지하라는 말만 되돌아왔다. 그런 사이에 남편과 예준이의 갈등도 심해지고 고래 싸움에 새우 등 터진다는 말처럼 작은아이도 형 때문에 마음고생을 많이 하고 있었다. 좀 더 속 시원한 방법이 없을까 싶어 닥터지바고에게 면담을 신청했다.

"그러니까 오늘 바로 검술을 가르쳐 달라고 말씀하러 오셨군요?"

"네? 무슨 말인지……."

"하하! 무협 영화 보면 스토리가 똑같잖아요? 주인공이 어린 시절 행복하게 살고 있는데, 악당들이 와서 부모님을 죽입니다. 어린 주인공은 유모나 충복을 통해 구사일생으로 도망가는 데 성공하죠. 원수를 갚을 능력이 안 되는 주인공은 무술을 닦기 위해 사부를 찾아갑니다. 그래서 아무도 못 찾는 은밀한 곳에서 무술 수련을 받습니다. 근데 사부가 곧장 무술을 가르치지 않죠? 한시 바삐 무술의 달인이 되어서 부모님의 원수를 갚아야 하는데 시키는 것이라고는 밥하고 빨래하는 일이죠. 아침마다 몇 킬로미터나 떨어진 곳에 가서 물을 길어 와야 하고 나무를 패서 땔감을 만드는 허드렛일만 잔뜩 하게 합니다. 결국 못 견디겠다며 무술은 언제 가르쳐 주냐고 항변할 때 사부는 빙긋이 웃기만 하거나 아니면 제자의 말 따위 안중에 없고 오히려 제자의 뒤통수를 후려갈기며 시키는 일이나 계속하라고 고함지르죠. 그러던 어느 날 우연찮게 저잣거리로 나갔다 동네 깡패들과 싸움이 붙었는데 통쾌하게 이기죠. 자기도 모르는 사이에 무술의 기본이 형성되어 있었던 겁니다. 그 허드렛일이 허드렛일이 아니었던 게지요. 기초를 다지는 과정이었으니까요."

"그럼 저도 검술 배우기 전에 기초를 다지는 과정이 필요한가요?"

"그럼요. 그동안 아이랑 싸우면서 소진된 몸과 마음을 추스르는 시간부터 먼저 가져야 합니다. 전쟁에 나가려면 항상 전열을 가다듬어 두어야 합니다. 싸움을 하려면 공격하는 법도 중요하지만 방어책을 확실히 해 놓는 것이 우선입니다. 유도를 배울 땐 공격이 아니라 낙법부터 배우죠. 공격 받아 떨어질 때 안전하게 떨어질 수 있어야죠. 그 기초가 부모의 개똥철학이랍니다."

"개똥철학?"

"네. 부모가 개똥철학이라도 가지고 있어야 자식을 바로잡을 수 있습니다. 그래서 허용형 부모, 방임형 부모보다 똥고집으로 똘똘 뭉친 권위적 부모가 차라리 낫습니다. 물론, 권위와 허용이 적절하게 조율된 민주적인 부모가 제일 좋긴 하지만요. 사실, 개똥철학을 조금 고상한 말로 하면 패런트십(parentship)이라고 합니다. 우리말로 '부모 됨'이라고 할 수 있죠."

"그것이 때론 원칙주의자처럼 보이는 거 아닐까요? 전 어릴 적 아버지가 그런 분이어서 정말 싫었거든요. 한 번 정해진 원칙은 틀린 게 뻔히 드러났는데도 끝까지 고집을 피우셨어요."

"네. 얼마든지 그럴 수 있죠. 때론 어릴 적 부모의 모습이 싫어 그와 정반대로 자식을 대하는 사람이 꽤 많습니다. 그러나 원리 원칙은 타협이나 협상의 여지가 없습니다. 기준이 엄격해도 상관없습니다."

닥터지바고의 말을 들으니 아버지에 대한 생각이 새롭게 정리되었다. 어릴 적 우리 6남매가 붙인 아버지의 별명은 '머인가'였다. 약주를 하고 오신 날에는 자식들을 전부 집합시켜서 '사람은 머인가'로 시작되는 일장 훈시를 하셨다. 그땐 아버지의 술 냄새가 역겹고 취기 어려 어눌해진 말투가 싫고 잠자는 걸 깨우는 것이 지겹도록 싫었다. 그런데 사십을 넘어서면서 그때 하신 아버지의 말씀들이 구구절절 맞았다는 것을 인정하게 되었다. 아버지 나름의 철학이고 주관이었으며 집안을 이끌어 오던 정신적 나침반이었다.

"그럼, 검술은 언제 가르쳐 주시나요?"

"때가 되면 가르쳐 드립니다. 오늘은 방어책부터 배운다고 했죠?

제대로 방어해야 강력한 공격으로 연결됩니다. 권투가 아니라 유도를 배우는 것이지요. 유도라는 운동은 본인의 힘만 쓰는 것이 아니죠. 권투가 자신의 힘을 주로 사용한다면 유도는 상대방의 힘을 역이용할수록 고수라고 보면 됩니다. 오늘 배우는 일은 그것입니다."

"그게 무엇이죠?"

"Yes, but 화법입니다."

"Yes, but 화법이라고요?"

"네. Yes, but 화법의 포인트는 Yes입니다. 예준이가 무슨 말을 하든지 무조건 'Yes'부터 하는 겁니다."

"아무리 말도 안 되는 소리를 하고, 부당한 요구를 한다 해도요?"

"그렇죠."

"왜 그렇게 해야 되죠?"

"말의 심리학 때문입니다. 사람이 말을 하는 이유는 누군가에게 파워를 행사하기 위해서입니다. 그래서 사람은 말을 하고 싶어 하고 그 말을 누군가 진지하게 들어주고 반응해 주면 그 파워가 전달되기 때문에 기분이 좋습니다. 반대로 들어주지 않거나 딴짓을 하거나 말을 잘라 버리면 기분이 확 나빠지죠."

"네, 그건 충분히 이해돼요."

"그때의 심리적 메커니즘은 '거절감'입니다. 사람은 거절당할 때 분노가 일어납니다. 그래서 누가 무슨 말을 하든지 일단 들어주는 것이 중요합니다. 이것은 '그냥 듣기(just listening)'라고 합니다. 사실 심리적 상처의 대부분은 말을 들어주지 않아서 생겼다고 보면 됩니다. 인간은 자신의 말을 아무도 들어주지 않는다고 느낄 때 가장 깊은 좌절감을 느끼게 됩니다. 자살하는 사람에게도 문제의 크기나 절박성이 아니라 주변에 아무도 없다는 느낌이 크게 작용됩니다. 그럴 때 누군가 진득하게 그 사람의 이야기를 들어주는 것만으로도 그 사람은 살아갈 용기를 얻게 되죠."

"끊임없이 문제를 일으키는 아이는 상황이 좀 다르지 않나요?"

"아이가 문제를 일으키면 사람들은 늘 그 문제에 대해서만 집중하죠. 문제행동인지 아닌지 말이죠. 또 문제가 발생하면 거기에 대해서 추궁하거나 언급하기 때문에 아이의 속마음은 늘 외면당하게 됩니다. 그럴수록 아이는 자기 마음을 표현할 방법을 잊게 되고요. 결국 아이는 심리적 고립감을 느끼고 사랑받지 못하는 존재라고 생각하게 됩니다. 사랑을 빼앗긴 아이는 그에 따른 반작용으로 비행이 늘어납니다. 관계의 악순환으로 이어지는 거죠."

"들어주면 아이가 요구하는 걸 다 해줘야 할 것 같은 부담감이 들어요."

"그렇죠? 그래서 부모의 기준이 중요한 겁니다. 말한 내용 자체는 무조건 들어주시고요. 내용의 시행 유무는 부모의 기준을 제시하면서 Yes와 No를 선택하시면 됩니다. Yes는 들어줄 것이니까 문제없고, No를 해야 할 때는 No에 대한 이유를 알려 주시면 됩니다. 이때 But이 사용되죠. 이 과정에서 때론 똥고집을 피워도 되고 쓸데없는 권위를 내세우셔도 됩니다."

"그러면 아이가 상처받지 않나요?"

"Yes하고 난 후에 But을 했고, But에 대한 충분한 설명이 전달되면 상처받지 않습니다. 또 상처받는다 할지라도 그 정도 상처는 받아도 됩니다. 그런 상처는 약이 될 것이니까요."

"그렇게 했는데도 아이가 계속 고집을 피우거나 윽박지르면요?"

"그럴 때는 '무슨 말인지 알았다'라고 대답하세요. 그럼에도 또 따지고 들거들랑 '아직 생각중이니 기다려라'라고 하시면 됩니다. 그랬는데 계속 따지고 고집을 피울 땐 화를 내셔도 됩니다. 물론, 이때는 충분히 설명해 주고 기준을 알려 줬음에도 고집을 피우는 부분에 대해서 화가 났다는 점을 말씀해 주셔야 합니다. 화내지 않는 방법은 Yes, how 화법입니다. 충분히 Yes한 후에 How를 아이에게 물어 주는 방법이죠. 이런 과정을 통해서 아이가 예의를 갖추고 협상하는 법을 배우게 할 겁니다."

"그런데 자녀교육 세미나를 들어 보면 아이에게 '공감'해 주라고 하는데요, 공감하지 말라는 말인가요?"

"공감 좋지요. 감정 표현을 잘 못하는 어린 자녀에게는 공감이 절대적으로 필요합니다. 그러나 다 큰 아이는 자신의 감정을 충분히 표현할 수 있으니까 굳이 공감하지 않아도 됩니다. 그러니 말 자체를 충분히 알아들었다는 것만 표시하시고 아까 말한 것처럼 '그냥 듣기'만 하세요."

돌아오는 길에 내내 '공감하지 마라' '협상'이라는 말이 번갈아 가며 맴돌았다. 공감하라고만 들었지 공감하지 말라는 말은 처음 들었다. 정말 공감하지 않아도 상처받지 않는 것일까? 그리고 협상이라는 말은 기업들이 무슨 인수 합병 같은 거 할 때나 쓰는 용어 아닌가? 부모 자식 사이에 무슨 '협상'이 필요할까? 그래도 일단 방패라고 하니 안심은 된다. 아이가 무슨 말을 하든지 "그래?" "알았다, 무슨 이야기인지"라고만 하라고 했으니까.

집에 돌아오니 예준이가 와 있었다. 나를 보자 대뜸 "엄마 물!"이라고 한다. 안 그래도 자기 때문에 지금 상담을 다녀오는 길인데 인사도 없이 물 달라는 말에 부아가 치밀어 올랐지만 꾹 참았다. 'Yes, but' 화법을 쓰라고 했으니까. "물 달라고? 그런데 엄마 지금 옷부터 갈아입어야 하는데……. 그리고 물은 네가 정수기에서 직접 받아서 먹어라"라고 하고는 방에 들어와 버렸다.

조금 있다 안방으로 와서는 "엄마 우리 집 컴 똥컴이야. 좀 바꿔줘"라고 한다. 그래, 그래도 'Yes, but'이다. "컴퓨터 바꿔 달라고? 무슨 이야긴지는 알겠어. 근데 그건 아빠랑 의논해서 결정할 사안이니 아빠랑 먼저 상의하고 말해 줄게. 그리고 엄마 나갔다 와서 옷 갈아입고 있는데, 다 큰 녀석이 노크도 없이 함부로 들어오는 건 기분 나빠. 담부터 안방에 들어올 땐 반드시 노크해라."

예준이도 처음 당하는 엄마의 반응이 아직은 어리둥절한지 자기 방으로 돌아가며 중얼거렸다.

"아이씨~ 똥컴 하나 바꾸는 게 뭐가 그리 복잡해? 아빠가 돈을 못 벌어? 우리 집이 빚더미에 앉아 있길 해? 졸라 짱나!"

아이가 방으로 들어간 것을 보고 나도 낮은 목소리로 말했다.

"짜증난다고? 그래, 무슨 말인지 알았다."

싸가지 팁 6.
그 어떤 표현을 하더라도 마음만은 언제나 수용하라

인간은 거절당했을 때 심리적으로 큰 상처를 받는다. 왕따 문제에는 물리적 폭력, 심리적 폭력도 문제겠지만 당하는 아이가 느끼는 심리적 거절감, 홀로 있다는 느낌, 버림받은 느낌, 무리 중에 끼어들지 못한다는 느낌이 더 문제가 될 수 있다. 심리적 거절감은 인류 최초의 살인사건이 존속살해였다는 점에서 인간의 가장 원초적인 감정인 것이다. 카인은 거절감으로 인한 분노를 통제하지 못해 결국 동생 아벨을 죽이는 데까지 이르렀다.

가정폭력 문제도 그 이면에는 심리적 거절감이 자리하고 있다. 가정은 거절이 아니라 수용의 공간이어야 한다. 어떤 생각과 느낌을 표현하더라도 수용할 수 있어야 한다. 그렇다고 내용을 수용하는 것은 아니다. 생각과 느낌은 절대 수용해야 하지만 내용에 대해서는 기준과 원칙이 있어야 한다.

예를 들어 자녀가 최신 휴대폰을 갖고 싶다고 할 때 휴대폰을 갖고 싶어 하는 마음, 그것이 욕심이 되었든 변덕이 되었든 그 자체를 받아 주라는 것이다. 그러나 그것을 사주고 안 사주고에 대한 기준은 부모가 갖고 있어야 한다. 약정기간을 채워야 한다거나 휴대폰 구입비용의 일부를 보태라거나 아니면 휴대폰 사용시간에 대한 기준 등을 설정하라는 말이다. 특히 어린 자녀들은 요구사항이 많다. 그 모든 요구를 들어줄 필요가 없다. 마음만 받아 주면 대부분은 포기하거나 욕심을 내려놓게 된다. 그리고 부모가 마음에 대해서는 언제라도 받아 준다는 것을 경험하면 내적 자존감이 생긴다.

'기준'과 '원칙', 양날 선 검

'Yes but, Yes how' 화법을 사용하면서부터, 또 아이가 무슨 짓을 하든 즉각적으로 반응하지 않으려 노력했던 결과인지 예준이의 요구에 대해 일정한 공간이 생겼다는 느낌이 들었다. 그리고 무슨 말을 해도 일단은 그 말 자체를 받아 주면 되니까 내가 스트레스를 받을 필요가 없었다. 말도 안 되는 요구를 하던 아이도 내 반응에 따라 끝까지 고집을 피우거나 신경질을 내던 버릇이 조금은 준 듯했다. 예전에는 즉각 반응하지 않으면 바로 짜증을 냈었다.

서너 번 닥터지바고를 만나고 나니 이제 아주 편해진 느낌이었다. 상담실에 들어서자 닥터지바고가 먼저 반갑게 인사를 건넸다.

"오늘은 지난번보다 더 밝아 보이는데요?"

"그래요? 하지만 여전히 속은 답답해 죽겠어요. 그나저나 오늘은 검술을 가르쳐 주실 거죠?"

"네, 검술을 가르쳐 드려야죠. 부모의 검은 기준과 원칙입니다. 언제라도 날이 시퍼렇게 서 있어야 합니다."

"비록 엉터리 원칙이라도 끝까지 밀어붙여라. 개똥철학이라도 가져라 이거죠?"

"그렇죠. 부모역할의 가장 기본 원리입니다. 마음에 대해선 언제라도 받아 줘야 하지만 행동에 대해선 기준이 분명해야 합니다. 그렇게 해야만 아이를 건강하게 키울 수 있습니다. 지금 다소 늦은 감이 있지만 어차피 시작한 코칭이니 지금부터라도 그 일을 해봅시다."

"원리 원칙이 왜 그렇게 중요한가요? 아이들은 사랑으로 키워야 하는 거 아닌가요?"

"사랑을 주더라도 원칙이 있어야 합니다. 부모의 원리 원칙은 건물의 기초와 같습니다. 사람에겐 척추와 같다고 할 수 있죠. 기초가 부실하면 아무리 인테리어를 잘 해도 무너질 수밖에 없고 척추가 부실하면 아무리 튼튼한 근육을 가졌다 할지라도 무용지물이 되죠."

"그러면 아이들이 반발하지 않을까요?"

"당연히 반발하겠죠. 그래도 너무 걱정 마십시오. 반발도 일종의 의사표현입니다. 아이들의 반발이 논리정연하다면 좋은 의견이 되기도 합니다. 그럴 때는 아이들과 조율할 수 있지요. 또 사람은 정해진 규칙, 그것도 본인이 스스로 말한 규칙은 더 잘 따르게 되어 있죠.

거기에 규칙을 지켰을 때의 보상과 규칙을 지키지 않았을 때의 벌에 대한 기준을 피차 명시해 놓으면 더 명확하지요."

"솔직히 아이들이 반발하는 거, 실망하는 거 보기 힘들어요."

"그렇지요. 그래서 사랑은 두 종류랍니다. 뜨거운 사랑이 있고 차가운 사랑이 있지요. 지금 시기는 뜨거운 사랑을 줄이고 차가운 사랑을 줄 때랍니다."

"뜨거운 사랑과 차가운 사랑?"

"엄마들은 대부분 목숨까지 내놓는 뜨거운 사랑을 하지요. 동화 《아낌없이 주는 나무》처럼 말이죠. 세상엔 엄마가 자식을 위해서 목숨까지 내놓았다는 그런 감동적인 이야기가 많죠. 몇 해 전 중국 쓰촨성 지진 때도 아기 엄마가 아기를 품에 안고 죽은 사진이 있었죠. 아이는 기적처럼 생존해 있었고요. 그런 사랑, 목숨과도 바꾸는 그런 전적인 사랑이 바로 뜨거운 사랑이죠."

"엄마라면 당연히 뜨거운 사랑을 해야 하는 거 아닌가요?"

"물론, 당연히 해야지요. 그러나 뜨거운 사랑만으로는 안 됩니다. 적절한 시기가 되면 차가운 사랑도 해야 합니다. 차가운 사랑(tough love)이란 어떤 행동을 교정할 때 방향과 지침을 주는 사랑이지요. 예를 들면 알코올중독자를 치료하는 과정에서 치료사들은 가족들에게 차가운 사랑을 실천하라고 요구합니다. 술로 인해 생긴 문제들의 대가를 스스로 치르게 놔두는 것이지요. 만약 이때 뜨거운 사랑으로 뒷수습을 다 해주면 중독은 계속 반복됩니다.

중독자 치료에서 가장 중요한 것은 본인 스스로가 '나는 괜찮지 않다. 내가 환자다'라는 의식을 갖도록 하는 겁니다. 그 '자각'이 있어야 자발적으로 치료에 임하게 됩니다. 그러려면 가족들이 차가운 사랑을 해야 합니다. 가족들이 자기의 삶에 충실하여 중독자에게 휘둘리지 말아야 합니다."

"그럼, 한석봉 어머니의 사랑은 차가운 사랑인가요?"

"맞습니다. 그 어머니인들 글공부하러 간 아들이 엄마 보고 싶다며 돌아왔을 때 버선발로 뛰어나가 맞이하고픈 마음, 그냥 함께 오손도손 살고 싶은 마음이 왜 없었을까요? 그러나 그녀는 차가운 사랑을 선택했습니다. 무소의 뿔로 아들을 사정없이 들이받았고 석봉이는 정신이 번쩍 나서 다시 글공부에 매진하여 후에 큰 인물이 되었죠. 결국 차가운 사랑이 있어야 아이가 홀로 독립해서 자기 인생을 살아갈 수 있습니다."

"솔직히 ADHD보다 더 큰 걱정은 아이가 대학이나 갈 수 있을까, 또 나중에 독립해서 살아갈 수 있을까 하는 걱정인데, 그동안 전 뜨거운 사랑만 한 것이군요."

"차가운 사랑을 위해 기준과 원칙을 세우는 것은 결국 부모의 '권위'를 세우는 작업입니다. 권위라는 말이 구시대의 케케묵은 가치관인 것 같죠? 그러나 진리가 변하지 않듯 자녀교육의 기본 원칙은 결코 변하지 않는 법입니다.《엄한 교육 우리 아이를 살린다》라는 책에서는 권위가 아이에게 불안을 조성한다는 주장이 2차 세계대전 이후에 있었던 가장 커다란 오류 중의 하나로 판명되었다고 말하고 있죠. 오히려 정당하게 행해지는 권위는 불안감을 만들기는커녕 아이와 부모 사이에 신뢰를 구축한다는 사실을 강조하고 있답니다.

 이 말을 다르게 해석하면 부모의 권위가 땅에 떨어졌을 때 오히려 아이가 불안감으로 동요하며 갈팡질팡하게 된다는 겁니다. 그러니 엄마와 아빠가 자신의 위치를 정확하게 설정하고 무게중심을 잡아야 할 이유가 거기에 있죠. 바다낚시를 하려면 고기를 잡는 것보다 중요한 것이 자신의 몸을 안전하게 묶어 두는 겁니다. 혹시나 파도에 몸이 휩쓸리거나 실족하여 바다에 빠지는 경우에도 다시 나올 수 있도록 말이죠. 권위는 그런 안전장치입니다. 또한 아이를 과실나무에 비하자면 가지치기와 열매를 솎아 내는 작업이라고 할 수 있죠."

 "그러고 보면 저희 집은 기준과 원칙이 언제든 깨졌네요. 예준이가 ADHD를 거론하면 모든 것이 통과되었으니까요. 저로선 하루라도 빨리 이 문제에서 벗어날 수 있다면 뭐든 해주고 싶었고요. 때론 심하다 싶은 것도 그냥 넘어간 적이 많았네요."

 "네. ADHD는 ADHD고, 아이가 그 나이에 맞는 행동을 나이에 맞게 해야 합니다. 그것이 원리 원칙이고 기준이지요. 이제부터 그 검을 사용할 겁니다. 날이 선 검이니 잘 사용하셔야 합니다. 평소에 늘 칼집에 넣어 두고 위급한 상황이나 꼭 필요할 때 꺼내서 사용하십시오. 사용해야 할 자리에선 용단을 내리시구요. 자, 이제부터 시작입니다."

 "기준과 원칙을 어겼을 때는 호통을 쳐도 좋다는 뜻으로 해석해도 되나요?"

 "네, 당연하지요. 호통을 쳐도 됩니다."

"아이가 심하게 행동한다 싶을 때 호통을 치고 싶지만 혹 ADHD가 더 악화될까 봐 못했거든요. 또 아이를 심하게 꾸중하면 상처받는다고 해서 선뜻 큰소리도 못 내겠더라고요. 예준이도 꾸중 듣는 걸 정말 싫어하거든요."

"꾸중 듣는 것을 좋아할 아이는 하나도 없죠. 아이들은 전 세계 어디를 막론하고 자기가 하고 싶은 일을 마음대로 하고 싶어 하는 욕망덩어리입니다. 규율, 규칙과 같은 단어는 쓰레기통에 처박기를 갈망하죠. 어쩌면 《어린왕자》나 《말괄량이 삐삐》《빨간 머리 앤》과 같은 것들이 그런 희망을 담아낸 것일 겁니다. 그러나 분명히 알아야 할 것은 꾸중과 비난의 차이점입니다.

비난은 사람을 공격하는 것이고 꾸중은 행위를 공격하는 것이지요. 호통을 쳐야 할 자리에서는 눈물이 쏙 빠지도록 호통을 쳐야 합니다. 아동교육 전문가인 제임스 돕슨(James Dobson)은 '자녀를 꾸짖지 못하는 부모는 결국 자녀에게 벌을 주는 것이다'라고 했지요."

싸가지 팁 7.
좋은 습관을 갖도록 자녀를 훈육하라

자녀를 꾸짖는 것은 자녀가 '자기통제력'을 갖도록 하는 과정이며 궁극적으로는 좋은 자원을 마련해 자녀를 성공으로 이끌어 주는 것이다. 자기를 조절할 수 있는 사람이 습관을 정복할 수 있다. 사무엘 스마일스(Samuel Smiles)는 "생각을 심으면 행동을 거두고, 행동을 심으면 습관을 거두고, 습관을 거두면 성품을 거두고, 성품을 심으면 운명을 거둔다"라고 말했다. 오늘날 부의 대명사로 불리는 워렌 버핏(Warren E. Buffett) 역시 "습관의 고리는 도저히 깰 수 없을 정도로 무거워지기 전까지는 너무 가벼워서 느끼지 못한다"라고까지 하였다. 마이크로소프트사의 CEO 빌 게이츠(William H. Gates III)도 "다른 사람의 좋은 것을 취하여 내 습관으로 만들어 왔다"라고 했다. 부모는 자녀가 좋은 습관을 형성할 수 있도록 이끌어야 할 의무가 있다.

습관에 대한 다음의 글을 써서 벽이나 문에 붙여 놔도 좋겠다.

　　나는 항상 당신과 함께합니다.
　　나는 당신을 가장 잘 도와주기도 하고 가장 무거운 짐이 되기도 합니다.
　　나는 당신을 성공으로 이끌어 주기도 하고 실패로 끄집어 내리기도 합니다.
　　나는 전적으로 당신의 명령을 따릅니다.
　　내가 하는 일의 절반쯤을 당신이 나에게 맡긴다면
　　나는 그 일들을 더 빠르고 정확하게 처리할 수도 있습니다.
　　나는 쉽게 관리할 수 있습니다.
　　그저 나에게 엄격하게 대하기만 하면 되지요.

당신이 어떻게 하고 싶은지만 알려 주세요.

몇 번 연습하고 나면 그 일을 자동적으로 처리할 수 있을 겁니다.

나는 모든 위대한 사람들의 하인이고 또한 모든 실패한 사람들의 하인입니다.

위대한 사람들은 사실 내가 위대하게 만들어 준 것이지요.

실패한 사람들도 사실 내가 실패하게 만들어 버렸고요.

나는 기계가 아닙니다. 기계처럼 정확하고 인간의 지성으로 일하긴 하지만 당신은 나를 이용해 이익을 얻을 수도 있고 망해 버릴 수도 있습니다.

당신이 어떻게 하든 나한테는 별로 상관이 없는 말이지요.

나를 택해 주세요.

나를 길들여 주세요. 엄격하게 대해 주세요.

그러면 세계를 제패하게 해주겠습니다.

나를 너무 쉽게 대하면, 당신을 파괴할지도 모릅니다.

나는 누구일까요?

나는 습관입니다.

―출처: 《성공하는 10대들의 7가지 습관》 중에서

첫 번째 승리:
기상 시간 지키기

아침마다 전쟁이다. 학기 중에 학교를 보내려면 매일 아침 수십 번은 깨운다. 지각이라도 할까 봐 노심초사한다. 이미 몇 번이나 지각해서 벌을 서기도 했다. 그래도 아이는 언제나 태연하다. 지금은 더구나 방학이라 오전은 항상 잠이다. 내일 모임에 나갈 일이 있는데, 오전은 고사하고 하루 종일 방에서 뒹굴 상상을 하니 속이 부글거린다. 그런 날이면 약도 먹지 않는다. 밥도 제대로 먹지 않는다. 그러다 일어나면 하루 종일 컴퓨터게임을 하든지 아니면 밖으로 나가서 친구들과 싸돌아다니다 밤늦게 들어온다. 이놈의 걱정 병이 문제긴 하다. 내가 생각해도 조금 심하다 싶을 때도 있지만 어쩔 수 없다. 이럴 땐, 닥터지바고에게 쪽지를 보내는 게 상책이다.

💬 전 걱정이 많은 엄마인가 봐요. 낼 모임 가야 하는데 예준이가 안 일어나면 어떻게 하나, 약 안 먹으면 어쩌나 벌써부터 걱정돼요! 신경정신과 선생님이 약을 먹여야 큰 사고는 막을 수 있다고 하셨거든요. 약을 안 먹이면 제가 꼼짝 못해요. 저의 내일 스케줄을 얘기하고 도움을 청할까요? ↵

💬 걱정이 많은 엄마…… 맞네요. 늘 '예준이가 안 일어나면 어떡하나' '뭘 안하면 어떻게 하나' '이러면 어떻게 하고 저러면 어떻게 하나'를 늘 걱정하니 그렇게 될 수 있지요. 그런데 누구에게 도움을 요청하는 건가요? 예준이에게요?

예준이에게는 도움을 요청하는 것이 아니라 명령을 해야 하는 거지요. 내가 아이의 모든 것을 제공해 주는 쪽인데 요청, 부탁이라니요. 지금은 부모의 명령을 들어야 할 나이입니다. 부모의 권위에 복종할 시기라는 뜻이죠. 물론 그런 것이 싫으면 스스로 독립해서 자유를 얻어야겠지요. 그 자유를 얻기 위해선 경제적인 독립이 필수조건이구요. ↵

먼저 온 쪽지를 읽고 있는데 두 번째 쪽지가 도착했다.

💬 특히 마땅히 해야 할 일, 그러니까 지금 걱정하고 있는 '아이가 제 시간에 일어나는 일' 같은 기본적인 생활에 대해선 협상이나 타협을 하지 않으셔도 됩니다. 내일 모임 가는 시간을 정확하게 전해주시고요. 약 먹을 시간도 알려 주시고 시간되면 그냥 나가셔야 합

니다. 그때 "약 안 먹을까 걱정스럽다" "챙겨 먹긴 할 거지?"와 같은 부정적인 말, 의심이 섞인 말은 삼가세요. 굳이 말하고 싶거들랑 "난 네가 잘할 거라 믿는다" 정도만 말하고 나가십시오. 궁극적으로 아이를 위한 작업이기도 합니다. 부모와의 관계에서 수직체계를 잘 배운 아이가 사회에 나가서도 잘 적응할 뿐 아니라 수평적인 인간관계도 잘 맺을 수 있습니다.↵

지침대로 했지만 아이는 일어나지 않았다. 닥터지바고가 일러 주는 대로만 하면 아이가 벌떡벌떡 잘 일어나 줄 것으로 기대했는데 적잖이 실망도 되었다. 아이를 깨우려고 음악까지 틀어 놨는데도 꼼짝도 하지 않았다. 아이가 일어나지 않는다고 쪽지를 보냈더니 즉각 답신이 왔다. 당연한 일이니 너무 성급하게 굴지 말라며 계획된 등산이나 다녀오라는 것이었다. 모처럼의 친구들과의 등산이라 주저하다가 나선 길이었다. 사실, 이번 등산도 상담을 다녀오지 않았더라면 실행하지 못했을 외출이었다. 집에 있으면서 예준이 약 먹는 거 챙겨야 하니까.

닥터지바고가 걱정 말고 다녀오라고 했으니 혹시라도 아이에게 변화가 없다면 시키는 대로 했는데 왜 결과가 반대로 나왔냐고 닥터지바고에게 책임을 전가할 수도 있다는 안도감도 살짝 생겨났다. 조금 비겁하다고 생각하면서도 등산이라도 해서 콧구멍에 바람이라도 넣어야지 이대로는 죽을 것 같아 무작정 따라 나섰다. 어느 산을 가는지조차 모르고 그냥 당일치기로 다녀온다는 말만 믿고 나섰다. 모처럼의 산행이 기분 좋긴 했지만 내내 걱정되었다.

그 걱정은 여지없이 또 현실로 드러났다. 아이는 집에 없었고 약도 그대로였다. 모처럼 등산 갔다 와서 좋은 기분이 엉망이 되었다. 집에 오자마자 옷도 벗지 않고 바로 상황을 설명하고 예준이 돌아오면 뭐라 말해야 할지 묻기 위해 쪽지를 보냈다. IT강국이라는 것을 실감하듯 답신이 바로 날아왔다. 그동안 나는 컴맹으로 살았으니 하루 종일 컴퓨터로 일하는 남편이 볼 땐 한심한 여자이기도 했을 거란 생각이 들었다.

💬 불안한 마음이 현실로 드러났을 때 실망 많이 하셨죠? 그러나 너무 절망하지 마십시오. 이제 본격적인 시작일 뿐입니다. 아이가 들어오면 "결국 엄마 나간 뒤에 바로 일어나지도 않고 약도 안 먹었네? 실망스럽다. 하지만 네가 약을 먹지 않은 건 너 스스로 통제할 자신이 있기 때문에 그랬다고 믿어" 이 정도로 짧게 말하시고 약 먹지 않은 것이 아무것도 아닌 것처럼 말하셔야 합니다. 부탁하거나 애원조로 말하지 마시고요.

기상 시간에 대해서도 부모가 기준을 말씀해 주십시오. "너와 동생 아침 기상 시간은 7시 30분이다. 아빠 엄만 더 일찍 일어나. 아빤 출근해야 하고 엄만 아침 준비해야 하니까. 너희들도 그 시간에 일어나고 아침 식사는 7시 40분이고 시간 지나면 치우겠다"라고요.

기상 시간을 이야기해 주고 "아침에 안 일어나면 밥도 없다"라고 했더니 예준인 "앗싸!" 소리를 내면서 좋아했다. 하도 기가 막혀 이 상황을 닥터지바고에게 알렸다. 쪽지 답신이 왔다.

💬 요즘 아이들에게 밥을 먹지 않는 것이 혐오자극이 아니라 선호자극이 되어 버렸지요. 먹는 것조차 귀찮아하는 시대가 되었어요. 예준이는 아침 식탁에 나오지 않는 대신 그 시간에 잠을 더 잘 계산을 하고 있을 겁니다. 또 그때 일어나지 않아도 배고픔을 해결할 수 있는 방법이 얼마든지 있을 땐 더더욱 일어나지 않을 겁니다.

혹, 식탁에 예준이 밥을 남겨 놓는 건 아닌지요? 나중에 일어나면 데워 먹으라고 안내방송 하는 건 아닌지요? 아니면 주방에 과일, 과자류, 라면 같은 간식이 항상 있는 건 아닌지요? 밥을 챙겨 줄 때는 아이가 아프거나 아니면 불가피하게 밤샘 작업을 해서 늦게 일어나야 한다거나 아직은 기상 시간이 아닌데 엄마가 일찍 나가야 할 상황 같은 때 해당되지 보통 때는 아닙니다.

아침 식탁에 모이는 것과 같은 일은 부모가 정한 기준으로 제시하셔도 됩니다. "네가 밥을 먹든 안 먹든 상관없지만 우리 집 가족은 아침 7시 40분에 식탁에 모이는 게 규칙이다"라고 말씀하십시오. "그런 게 어딨어요?"라고 반응하면 또 "그건 엄마 아빠가 정한 우리 집 규칙이야. 그게 싫다면 네가 독립해서 나가면 된다. 독립한다는 말은 네가 자유를 얻되 경제적인 면이나 모든 면에서도 일체의 지원을 포기한다는 말도 되지. 그럴 능력이 안 된다면 엄마 아빠가 정한 규칙을 따라야 해!"라고 하세요. ↵

그러고 보면 집엔 늘 먹을거리가 있었다. 빵은 집 앞 제과점에서 항상 구입해 두고 있다. 온 식구가 모닝 빵을 좋아해서 집 안에 모닝 빵이 떨어질 날이 없다. 예준이가 빵 봉지를 아에 옆에 놓고 컴퓨디를 하는 것도 보았다. 과자류도 기본으로 두었다. 라면은 말할 것도 없다.

아무리 먹을 것을 치우라고 하지만 그게 정말 예준이에게 효과가 있을지 의심스러웠다.

💬 그렇게 말했는데도 계속 안 일어나면 어떡하죠? ↵

💬 그렇게 말했는데도 안 일어날까 걱정되시죠? 당연히 그렇게 나올 수도 있습니다. 기한을 정하십시오. "앞으로 일주일을 지켜보겠다. 그래도 네가 일어나지 않고 식탁에 나오지 않는다면 네가 누릴 권리의 일부를 포기해야 할 거야"라고 하시면 됩니다. 그것은 아이가 좋아하는 선호자극을 제거하는 겁니다. 컴퓨터 사용 시간을 줄인다든지, 또 사용 시간을 지키지 않을 경우는 컴퓨터라는 매체 자체를 없애 버리면 됩니다. 아니면 용돈을 줄인다든지……. 아이가 누리는 권리를 박탈하는 겁니다. 무조건 뺏는 것이 아닙니다. 해야 할 일을 하면 다시 찾을 수 있는 권리들입니다. ↵

💬 이렇게 하는 건 결국 싸우는 거 아닌가요? 그동안 지겹도록 싸웠는데 또 싸워야 하나요? ↵

💬 싸움이 아닙니다. 경우에 따라선 싸움으로 볼 수 있겠지만 싸움이 아니라 원리 원칙을 말하는 것이고 부모가 수직체계의 위에 있

다는 것을 알려 주는 것일 뿐입니다. 또 말씀하신 것처럼 싸움이라 할지라도 어차피 시작된 싸움이라면 무조건 이겨야겠죠? 손자병법에 '싸우지 않고 이기는 싸움이 최상의 싸움이다. 그러나 피치 못해 싸우게 되었을 때는 모든 수단을 동원해서 무조건 이겨야 한다'라는 말이 있습니다. 또 지금까지의 싸움이 전투 위주였다면 이제부터는 전략을 사용할 겁니다. 궁극적인 승리를 얻기 위해 작전을 짜고 장기적인 안목을 가지고 시작한 일입니다. 용기 내십시오. 궁극적으로 아이를 위한 일이며 온 가족의 행복을 위한 일이니까요. 홧팅!↵

닥터지바고의 쪽지에서 알려 주는 대로 예준이에게 말했다. 심장이 뛰고 다리가 후들거렸다. 쪽지를 몇 번이나 읽고 또 읽었다. 따옴표로 보내온 말을 화장실에 들어가서 연습까지 했는데도 막상 아이 앞에 서니 떨렸다. 그래도 내색하지 않으려 애쓰며 기준을 말해 주고는 나와 버렸다.

3일 만에 예준이가 아침 식탁에 나왔다. 이렇게 싱겁게 끝나 버린 건 남편이 개입한 덕분이다. 간밤에 조금 일찍 퇴근한 남편에게 지금까지의 상황을 이야기해 주었더니 남편이 예준이 방으로 가서 몇 마디 한 모양이었다. 맨날 잔소리로 끝나던 것이 아버지의 목소리가 들어가니 금세 해결되는 것이 신기하면서도 '진작 이렇게 해주었으면 좀 좋아?'라는 말이 목구멍까지 올라왔다. 모처럼 만에 보는 기분 좋은 아침 풍경이었다. 덕분에 밥상을 세 번 차렸던 것을 한 번으로 줄였다. 온 가족이 아침 식탁에 모인 것을 보니 마음이 흐뭇했다.

며칠 전에 차를 타고 가다가 어느 라디오 프로그램에서 박목월 시인의 아들 박동규 시인이 출연해서 나눈 이야기가 생각났다. 박목월 시인은 항상 아침 식탁에서 자식들의 머리를 쓰다듬고 "됐다"라는 말을 한 후 아침을 함께 먹었단다. 지방 출장이라도 있어 새벽밥을 먹어야 할 때는 자식들이 졸린 눈을 비비면서도 밥상머리에 앉아야 했다는 것이다. 그땐 정말 짜증나고 싫었는데 나중에 나이 들어서야 그 의미를 제대로 깨닫게 되었다는 박동규 시인의 말을 들으면서 우리 집도 그랬으면 좋겠다는 막연한 소망을 가졌는데 그것이 지금 이뤄진 것이다.

일주일 되는 날 아이가 늦게 일어나 식탁에 나오지 않았다. 방에 들어가 보니 이불을 뒤집어쓰고 누워 있었다.

"네가 지금 누워 있을 이유가 없어. 몸이 아프다거나 간밤에 잠을 못 잤다거나 하는 아무런 이유 없이 이렇게 누워 있는 건 허락해 줄 수 없어. 지금 일어나지 않으면 이불을 걷어 버릴 거야."

"에이 씨~ 졸라 짱나"라며 아이가 이불을 걷고는 통통 부은 얼굴로 한마디 했다.

"엄마, 나 ADHD야! 또 지금은 방학이잖아?"

"알고 있어. ADHD와 네가 늦잠 자는 건 별개 문제야. ADHD가 있든 없든 방학이든 아니든 우리 집 기상 시간은 변동 없어. 그러니 일어나."

아이가 벌떡 일어나더니 옷을 주섬주섬 챙겨 입고 밖으로 나가려고 했다. 아침밥을 먹지 않겠다는 시위다. 씩씩대며 나가는 아이 뒤통수에 대고 큰소리로 말했다.

"네가 나가는 건 네 자유이지만 너도 거기에 대한 책임을 져야 할 거야."

오전에도 오후에도 저녁이 되어도 아이는 들어오지 않았다. 문자를 보냈더니 친구네 집에 있다고 답신이 왔다. 아무리 늦어도 11시 전까지는 들어오라고 문자를 보내려다가 안내방송이 아니라 기준과 원칙을 말하라고 했던 게 생각났다.

'우리 집 현관문은 밤 12시에서 새벽 6시까지는 잠근다. 식구의 휴식을 위한 시간이다. 네가 그 시간에 출입해야 한다면 사전에 허락을 받고 행선지와 사유를 정확하게 알려 줘야 해.'

그리고 10시가 넘은 시간에 아버지가 귀가하셨으니 조용히 들어오라고 문자를 보냈다. 12시가 되기 전에 현관 번호키를 누르는 소리가 들렸다. 아침 식탁엔 아무 일 없었다는 듯 나와 앉았다. 그것도 아침 7시 30분 정각에 눈을 비비면서……

싸가지 팁 8.
말은 언제나 명확하고 단호하게 하라

    엄마들은 집에서 안내방송 위원회 아나운서다. 자녀가 마땅히 해야 할 일까지도 일일이 따라다니면서 알려 준다. 그러나 엄마의 '안내방송'을 들으면서 그대로 따라 할 자녀는 없다. 오히려 귀찮다고 여기고 그런 엄마를 향해서 경멸의 시선을 보내거나 심하면 반항하는 손짓이나 발짓을 한다. 그 발길에 차여 멍이 들거나 갈비뼈가 부러지는 큰 상처를 입기도 한다.

    이럴 때 해야 할 일은 긴 설명이 아니라 짧고 단호한 명령어다. 사람들은 짧고 분명한 명령어를 들을 때 즉각적으로 반응하게 되어 있다. 웃음치료 강사들도 명령어의 달인들이다. 그런데도 사람들은 명령을 들었다는 기분 나쁜 느낌을 갖지 않는다. 어중간한 초보일수록 "자! 다 같이 손을 머리 올려 주세요. 거기도요. 예쁘게 올려 주세요"라고 하지만 유능한 강사는 설명과 실행을 구분하여 나눈다. "자! 손을 머리 위로 올리는 겁니다. 손 머리 위로 올렷!" 이 말을 듣고 반말을 했다고 기분 나빠 하는 사람은 아무도 없다. 오히려 반사적으로 손을 머리 위로 올리게 되어 있다.

    다 큰 자녀에게도 설명어와 실행어를 구분해서 말해야 한다. "우리 집 아침 기상 시간은 일곱 시 반이다. 시간 맞춰 일어나라." "컴퓨터 사용 시간은 두 시간 이내다. 만약 두 시간을 넘길 경우 네 다음 컴퓨터 시간을 제한할 것이다. 시간 지켜라."

내가 괜찮지 않아도 괜찮아

코칭을 시작한 후 부쩍 예준이와 남편의 충돌이 잦아졌다. 그동안 그런 충돌하는 장면이 보기 싫어 늘 중재자 역할을 해왔던 것을 내려놓았기 때문이었다. 어쨌든 집에서 큰소리 나는 것은 보기에 좋지 않았으니까 두 사람 사이에서 내가 완충지가 됐던 것이다. 남편도 욱하고 성질나면 무섭게 돌변하는 스타일이라 가급적 남편의 심기를 불편하게 하지 않으려고 했다. 그래서 예준이가 무슨 일을 벌려도 실제보다 축소해서 전달해 왔다. 있는 그대로 이야기했다가는 난리가 날 것 같아서였다. 실제로 작은 일에도 버럭 화내는 일이 잦았다. 이전에 남편에게 몇 번 도움을 청했다가 오히려 더 난리를 치는 황당한 결과를 본 이후로는 도움을 지레 포기하고 살았다.

그래서 오늘 외출한다며 옷을 입는 아이에게 내 선에서 한계를 정했다. "늦어도 밤 10시까지는 들어오너라." 그 말에 예준이는 "내가 애냐고요?"라며 삿대질까지 하고 있는 성질을 다 부렸다. 완전히 내속을 뒤집었다. 하도 속이 상해 남편에게 좀 위로받고 싶은 마음에 이야기를 꺼냈더니 남편은 대뜸 이렇게 말했다.

"그 새끼를 가만 뒀어? 나 같으면 밟아 버렸을 텐데……. 당신이 예준이에게 엄격하게 하지 않는 훈육 방법이 틀렸어!"

그 말을 이해하고 인정하기도 하지만 밖에만 나가면 늘 혼나는 아이를 집에서까지 혼내고 다그치면 어떻게 하라는 말인가? 그동안 되도록이면 칭찬과 격려로 이끌려고 노력했다. 그럴 때 "그랬어? 당신 많이 속상했겠다"라고 하면 어디가 덧날까?

솔직히 엄부자모(嚴父慈母)라는 말은 우리 집엔 해당되지 않는다. 적어도 아버지와 어머니의 역할 분담이 잘 되어 있다는 기본 전제에서 그 말을 사용할 수 있을 테지만 그동안 내가 한 역할은 자모(慈母)의 역할이라기보다는 중재자(仲裁者)였다. 가정의 평화를 위해서 고군분투하는 사람이란 뜻이다. 그래서 두 남자가 충돌하지 않도록, 아이들끼리도 충돌하지 않도록 양쪽 입장을 잘 설명해야 하고 혹 충돌이 생기면 단시간에 빨리 해결하는 것이 상책이라는 소신으로 살았다.

솔직히 남편은 아이들 양육에 대해서는 어쩔 수 없는 방임자였다. 새벽별을 보고 출근했다가 밤이슬 맞고 퇴근하는 것이 다반사였다. 그나마 일요일에 출근하지 않는 것도 이삼 년밖에 안 된 최근의 일이었다. 아이들의 중요한 행사 때마다 남편은 없었다.

　남편은 유복한 가정에서 자랐다. 어릴 때부터 부족한 것이 없었다. 게다가 초등학교 때부터 공부를 잘해서 어딜 가나 칭찬을 받았다. 초중고 시절에는 말 그대로 '공부의 신'이었다. 고등학교 때는 전교생 조회 시간에 맨 앞에 나오게 해서 남편의 이름을 부르며 공부는 누구처럼 해야 한다고 할 정도였다. 어딜 가나 인정받고 사랑받는 사람, 1등을 기본 사양처럼 알고 있는 남자였다.

　솔직히 세 남자의 틈바구니에서 살아오는 동안 몸과 마음 다 망가졌다. 지난 설에도 버럭쟁이 남편 때문에 위경련이 일어나 죽을 고생을 했다. 사실 예준이도 아빠랑은 부딪치지 않으려고 꽤 많이 노력하고 있다. 그래서 아버지 앞에선 조마조마하는 모습이 보인다. 남편도 예준이랑 부딪칠까 봐 조심한다. 그런 광경을 지켜보는 나는 지옥이다. 겨울방학, 봄방학으로 이어지는 두 달 내내 매일매일 지옥을 살았다.

　"그렇게 나간 놈은 집에 못 들어오게 문을 잠가 버릴까 보다"라고 성질부리는 남편을 보면 정나미가 떨어진다. 그럴 때 진득하게 아버지 역할 좀 해주면 좋으련만 도리어 남편을 달래야 하는 일이 서글퍼지고 분노가 치밀어 오른다. 오늘도 버럭쟁이 남편 달래느라 진땀을 뺐다. 괜히 말했다. 제발 오늘 밤 잘 넘어가야 할 텐데…….

　안방에 들어오니 남편이 우울 모드로 전환되어 있었다. 한숨을 폭폭 쉬었다.

"솔직히…… 나도 예준일 어떻게 키워야 할지 모르겠어……. 에고…… 나도 죽고 예준이도 죽으면 그만이지. 나도 사람이라고……."

'우리 집에 폭탄이 하나 더 있구나'라며 가슴을 쓸어내렸다. '그럼 나는 사람 아니어서 이렇게 살고 있어?'라는 말이 목구멍까지 올라왔지만 참았다. 솔직히 이럴 때 든든하게 기댈 수 있는 남편이 있었으면 좋겠다. 딴 여자들은 그런 남편하고 사는 것 같고 딴 남편들은 그렇게 해주는 것 같은데 우리 집은 그런 것하고는 거리가 멀다. 아 피곤하다 피곤해! 아무래도 나는 동네 북인가보다.

그전에도 예준이 얘기만 나오면 부부 싸움을 했다. 그럴 때마다 등을 돌리고 잤다. 하루 종일 맘이 지쳐 남편에게 위로받고자 말을 꺼냈다가 위로는커녕 도리어 상처에 소금 뿌린 꼴이 되었다. 그것이 예준이가 주는 고통보다 더 컸고 그럴 때마다 마음은 천 길 낭떠러지로 떨어졌다. 내가 자기 엄마도 아닌데 맨날 위로해 주고 칭찬해 줘야 하고, 잘했다고 당신이 최고라고 치켜세워 줘야 하고……. 나도 가끔 위로받고 싶은데 어디 가서 위로받는단 말인가? 답답한 마음에 닥터지바고에게 쪽지를 보냈다.

💬 요즘 남편이 조금 달라진다 싶어 예준이에 대한 이야기를 꺼냈더니 한심한 말만 골라서 하네요. 자기가 더 죽겠답니다. 말 꺼낸 제가 잘못이죠. 실컷 그래 놓고 금방 코골며 잠자리에 드는 저 별종 인간과 근 이십 년을 살아왔는데도 아직 이해를 못하겠어요. 어젠 열불이 나 바람이라도 쐴까 싶어 밖으로 나갔지요. 이대로 확 사라졌

으면 좋겠다 싶더군요. 그러다 금세 들어왔지만요. 어디로 사라지기 전에 추워 죽겠더라고요……. 차마 안방엔 들어가기 싫어 거실에서 새벽까지 뜬눈으로 있다 잠이 들었지요. 근데요, 아침에 이놈의 인간이 출근하면서 "나 안 안아 줄 거야?" 이러잖아요? 매일 아침 출근할 때마다 안아 주며 기도해 주는 것이 일과인데 그런 건 꼭 해달래요. "이런 기분에 해주고 싶겠냐?"라는 말이 목구멍까지 올라왔지만 꾹 참고 해줬네요. 저 철부지를 도대체 어떻게 해야 할까요 정말? 예준이가 문제인지 남편이 더 문제인지 헷갈립니다. 헷갈려. 아 불쌍한 내 인생!

💬 속상하셨겠네요. 두 남자 사이에 중재자 역할까지 해야 하니 그 마음 더더욱 무겁기도 하고요. 자식은 감싸 안아야 하고 남편은 절제시켜야 하고. 천 길 낭떠러지에 떨어지는 그 마음 얼마나 아득할까요? 그래도 인정할 건 인정하는 게 지금 해야 할 일입니다. 내가 지금 괜찮은 상태가 아니라는 점, 지금의 남편은 나에게 아무런 도움이 못 되고 있다는 점, 두 남자, 아니 세 남자의 틈바구니에서 내가 샌드위치처럼 끼어 있다는 사실을 액면 그대로 그냥 받아들이십시오. 이제부터 할 일은 문제를 문제로 파악했다면 그 문제를 어떻게 풀어갈 것인지에 대해 생각하는 것이고 그 생각을 통해 대안을 마련하고 시행해 보는 겁니다. 그 시행의 결과를 가지고 앞으로 또 어떻게 해야 할 것인가를 생각할 것이고요.

그리고 자신을 불쌍히 여겨 주고 스스로 위로해 주는 일부터 하라고 덧붙였다. 비록 지금 힘든 상황일지라도 너무 서둘러 상처를 봉합하려 하지 말고 그냥 먼지를 뒤집어 쓴 채 있어 보란다. 볼썽사납게 보이더라도 일정기간은 그렇게 있으라고 한다. 몸에 난 종기를 치료할 때 적당히 곪도록 기다려 속에 있는 뿌리까지 완전히 뽑아내는 것과 같단다. 그래! 이왕 시작한 거 안내해 주는 대로 가보자. 5년 반이나 지내 왔는데 까짓것 몇 개월이 대수일까?

싸가지 팁 9.
너무 서둘러 상처를 봉합하려 하지 마라

때로는 상처를 너무 빨리 봉합하려는 것도 문제다. 정신분석 심리학자 앤 율라노프(Ann Ulanov)는 너무 이른 해석으로 상처를 서둘러 봉합하기보다는 그대로 열어 두고 기다려야 하며 재를 뒤집어 쓴 채 거기에 앉아 있어야 한다고 하였다. 우리가 감옥에 갇히고 벌거벗기고 수치를 당하는 바로 그 고통의 자리에서 치유의 불꽃이 발생한다는 것이다.

병의 치료는 내가 환자라는 사실을 받아들이는 것에서 시작한다. 관계의 치유도 내가 괜찮은 사람이 아닌 것을 냉정히 받아들이는 게 중요하다. 그것 덕분에 새로운 삶의 주인공이 되기도 한다.

세상에서 가장 영향력 있는 사생아라는 별칭을 가진 미국의 유명 방송인 오프라 윈프리(Oprah Winfrey), 그녀는 가난한 흑인 사생아로 태어나, 9세 때 사촌 오빠에게 강간을 당하고, 14세 때 임신을 하고, 20세에는 남자 때문에 마약 복용으로 수감된 전과자였다. 게다가 100킬로그램의 뚱뚱한 몸매로 수치 속에서 살아왔다.

그러나 그녀는 그것을 숨기지 않고 인정했다. 남들이 손가락질 할 때마다 "So?"라고 반문하면서 말이다. 우리말로 "그래서 어쨌단 말이야?"이지만 필자는 "배 째!"라고 번역한다.

    장기적인 전쟁에선 작은 전투에 일희일비하지 않는다. 이길 수도 있고 질 수도 있다. 이기든 지든 가장 먼저 해야 할 일은 전열을 가다듬는 일이다. 이긴 쪽도 전열을 정비해야 다음 전투를 대비하고 진 쪽도 전열을 정비해야 다음 전투를 준비할 수 있다. 그때 냉정하게 나의 상황을 분석하고 인정하기 싫은 패배도 담담하게 받아들여야 한다. 그래서 마침내 윈-프리가 되어라. win-free!!!

내 잘못 때문 아닐까?

코칭을 받는 것이 좋긴 한데, 큰 죄인이나 심각한 문제를 가진 사람 같다. 솔직히 좋은 부모가 되고 싶었다. 그리고 난 지금껏 살아오면서 이렇다 할 말썽도 부려 본 일이 없었다. 공부를 비롯해서 무엇 하나 모자란 것이 없었는데 자식은 왜 이렇게 되었을까? 그런 생각을 하면 괜히 부끄러워졌다. 그런 마음도 표현하라 했으니 닥터지바고에게 쪽지를 보냈다.

💬 지금 예준이 행동을 보면 늘 마음에 불편한 것이 있어요. 임신 중일 때 정말 힘들었거든요. 남편은 새벽에 나갔다 집에 늦게 들어왔기 때문에 전 항상 혼자였어요. 임신중독증까지 있는데다 그땐 시

집에서 분리되어 나오지도 못했어요. 철없는 시어머니 때문에 얼마나 스트레스를 많이 받았는지……. 혹, 내가 그때 너무 많은 상처를 받은 것 때문에 예준이에게 ADHD가 생긴 건 아닌지 죄스러워요. 태교가 그렇게 중요하다 그러던데……. 얼마 전 교회에서 내적치유 세미나를 들었는데 아기가 태중에 있을 때도 상처를 입는다 하더라고요. 정말 하늘이 노래지면서 덜컥 내 이야기구나 싶었어요. 그날 그 강사가 그러더군요. '문제 부모는 있어도 문제아는 없다'라고 말이죠. 저 어떡하면 되죠?

💬 갓 태어난 아기와 엄마의 관계 경험이 어떤가에 따라 그 아이의 성격, 인생관, 자아상 같은 것들이 결정된다는 것을 대상관계 이론이라고 합니다. 따라서 이때의 엄마는 절대적인 사랑을 부어 주어야 합니다. 아이의 탄생을 환영하고, 웃든 울든 있는 모습 그대로 받아 줍니다. 질편하게 똥을 싸질러 놓았을 때도 콧노래를 부르며 치워 주어야 하고, 밤낮없이 나를 부려먹어도 불평 한마디 없이 즉각 기쁜 마음으로 달려가야 합니다. 그래야 정신건강이 좋은 아이로 성장합니다.

만약 민들레 님이 쪽지에서 말씀하신 것처럼 아이를 임신했을 때나 출산 후 살면서 엄청난 스트레스를 받았다면 그것이 예준이에게 좋지 않은 영향을 미쳤을 가능성을 배제할 수 없습니다. 그러나 한 가지 염두에 둘 것은 그런 좋지 않은 영향을 받은 아이가 다 나쁜 결과로 드러나는 것은 아닙니다.

💬 하지만 그 생각에서 자유로울 수가 없거든요. 어쨌든 상처를

준 건 틀림없잖아요?

💬 사람은 그렇게 단순한 존재가 아닙니다. 모든 생명체는 자신의 생명을 유지하는 능력과 일정한 수준을 유지하려고 하는 것, 또 상해를 입거나 상처를 입었을 때 건강한 모습으로 돌아오려는 자기복원력을 가지고 있거든요.

💬 아무리 그렇다고 해도 지금의 예준이를 보면, ADHD라는 문제가 명백하게 드러났는데 어떻게 아니라고 부정할 수 있어요?

💬 제가 걱정하는 건 민들레 님의 그 생각입니다. 오히려 그것 때문에 예준이에게 '환자'라는 꼬리표를 붙이는 건 아닐까요? 이마에 딱지를 붙이는 것 말입니다. 이 시점에서 엄마가 예준이를 '정상', 그것도 '지극히 정상'으로 보는 시각이 더 필요하다고 봅니다.

예준이가 ADHD 진단을 받고 한 2년 동안은 치료에 도움이 될 수 있다면 어디든 달려갔다. 그때 집 가까운 상담센터에서 개최하는 '대상관계 이론'이라는 심리학 강의를 들었다. 부모의 사랑과 관심이 부족하면 아이들은 심리적인 기아 상태, 심리적 죽음을 경험하게 되는데 이것을 피하기 위해 상한 음식이라도 먹듯 미운 행동을 해서라도 부모의 관심을 받으려고 한다는 것이었다.

강의를 들으면 들을수록 죄책감이 들었다. 아무리 부인하려 애를 써도 명백한 내 잘못이란 점을 부인할 수 없었다. 나만 그랬던 게 아니다. 참여한 인원이 20여 명 정도 되었는데 다들 하얗게 질리는 얼굴이었다. 젊은 사람들은 자신이 그런 좋은 엄마를 갖지 못한 것에 대해 안타까워했고, 나이든 사람들은 그런 과정을 거치지 못한 채 커버린 자식들이 안타까워 울었다. 강연자는 사랑으로 치유되지 못할 것은 없다고 누차 강조했었다.

💬 사실, 대상관계 이론은 저도 6개월 동안 공부했던 적이 있어요. 엄마의 사랑이 절대적이라는 내용이던데 지금이라도 예준이에게 '사랑'을 듬뿍 부어 주어야 하는 것 아닌가요? 혹시라도 둘째 아이가 태어나면서 사랑을 뺏겼다고 느끼는 건 아닐까 해서요.

💬 예준이가 사랑을 적게 받았을까요? 되물어 보죠. 아이에 대한 사랑이 정말 부족했나요? 아이를 방치했나요? 태어나자마자 남의 손에 맡겨 키웠나요? 산후 우울증이 심해서 아이를 돌볼 여건이 안 되었나요? 아니면 아침 일찍 출근하고 저녁 늦게 퇴근하는 직장 때문에 아이와 접촉할 시간이 턱없이 부족했나요? 이미 저와 면담을 통해서 그런 부모는 아니었다는 것을 보았습니다. 오히려 사랑의 양을 줄여야 할 때도 지속적으로 공급해 줘서 심리적 당뇨병에 걸린 것이 아닐까 싶네요.

💬 그럼, 예준이에게 사랑을 주지 않았어야 했다는 뜻인가요?

💬 사랑 자체는 문제가 아닙니다. 사랑만 주는 것이 문제란 뜻입니다. 또 지금 엄마가 사랑을 주지 못한 부분에 안타까워하는 일이 도리어 아이를 두 번 죽이는 결과가 된다는 사실입니다.

💬 아이를 늘 걱정하고 사랑해 주려고 애쓰는 것이 두 번 죽이는 결과가 된다고요? 정말 이해할 수 없는 부분이네요.

💬 앞에서 '뜨거운 사랑'과 '차가운 사랑'에 대해서 이야기했지요?

💬 네. 그건 충분히 이해하고 있어요.

💬 대상관계 심리학자 중에 위니컷(D. Winnicott)이란 학자가 있는데요, 소아정신과 의사로서 오랫동안 엄마와 아이의 쌍을 연구했습니다. 그런데 놀랍게도 그는 아이를 망치는 엄마는 'perfect mother'라고 했습니다. 완벽한 엄마가 되려고 하는 것이 도리어 아이를 죽이는 결과를 가지고 온다는 것을 발견한 겁니다. 그의 이론은 그 당시 엄청난 충격이었죠. 그렇다면 정말 좋은 엄마는 어떤 엄마일까요? 위니컷은 'perfect mother' 대신 'good enough mother'가 되라고 하였습니다. 사랑도 주지만 적절한 좌절도 주는 엄마, 즉 뜨거운 사랑을 줄 때와 차가운 사랑을 줄 때를 아는 엄마를 말합니다.

💬 저는 그동안 좋은 엄마가 되려고 애쓰며 살아왔는데요…….

💬 그것 자체가 나쁜 건 아니죠. 다만 다 큰 자녀에겐 좋은 엄마가 되려고 애쓰지 않는 것이 좋습니다. 위니컷의 'good enough mother'의 번역을 일반적으로 '충분히 좋은 엄마'라고 하는데요, 저는 '그냥 그런 엄마'로 번역합니다. 그렇고 그런 보통의 엄마가 최상의 엄마라는 뜻이지요. 이제 민들레 님도 '좋은 엄마 병'에서 벗어나야 본인도 예준이도 다 살게 됩니다.

💬 그럼 제가 그냥 그렇고 그런 엄마가 돼도 괜찮다는 뜻인가요?

💬 네, 특히 민들레 님은 그냥 그런 엄마가 될 필요가 있어요. 사실

심리학은 사회과학입니다. 과학이란 원인과 결과의 관계를 실험을 통해 증명하고, 그 사실을 기초로 하는 학문이죠. 교회에서 들었다는 내적치유 역시 그런 관점에서 생겨났습니다. 그러니까 지금의 어떤 현상, 이럴 테면 숫기가 없다, 부끄럼이 많다, 게으름이 많다, 두려움이 많다, 집중력이 떨어진다, 폭력적이다, 불안하다, 겁이 많다 등등 다양한 성격의 원인이 과거의 어떤 상처 때문에 생성된 것이라는 논리입니다. 그런 관점에서 보면 문제아 이면엔 반드시 문제 부모가 있습니다.

💬 정말 가슴 아픈 말이에요. 누가 문제 부모가 되고 싶겠어요?

💬 영화에서도 이런 인과론적인 관점들을 설정하죠. 연쇄 살인범이나 폭력 강간범이 되는 강력 범죄자는 어린 시절 학대당한 경험을 가지고 있기 때문이라고 설명하며 그가 피해자이기 때문에 어쩔 수 없이 그랬다는 것이죠. 자칫 범죄자를 동정하고 두둔하는 결과를 낳기도 합니다.

💬 끔찍하네요. 그러고 보니 오래 전에 본 〈양들의 침묵〉이나 〈한니발 라이징〉이란 영화도 그런 관점이네요.

💬 맞습니다. 그 두 영화는 딱 그런 관점이지요. 한때 행동주의 심리학자들은 행동수정 기법을 통해서 소위 '맞춤형 인간'을 만들어 낼 수 있다고 자부했죠. 그러나 그 결과는 행복을 느끼지 못하는 기계 같은 냉혈한을 양산하는 어리석음으로 드러났습니다. 인간은 기계적으로 조절되는 존재가 아니라는 것을 새삼 확인하게 된 거죠.

사람은 훨씬 더 감성적이고 접촉을 필요로 하며 의미와 가치에 따라서 행동하는 존재라는 것을 뒤늦게 깨달은 것입니다. 이런 것을 바탕으로 후에 인본주의 심리학이나 실존주의 심리학이 탄생되기도 했고요.

💬 참, 자식 교육에 대해선 부모의 힘만으론 어쩔 수 없는 부분이네요.

💬 맞아요. 그러니까 예준이 문제가 민들레 님의 잘못이라고 말할 수 없습니다. 자식에 대해서만큼은 콩 심은데 콩 나고 팥 심은데 팥 나는 인과율이 적용될 수 있는 영역이 아닙니다. 오히려 그저 '은혜'라고 표현하는 것이 어쩌면 더 적절할지도 모르겠네요.

부모는 정말 인품이 훌륭하고 모든 면에서 탁월한데 자녀는 아주 형편없는 개망나니가 되어 그런 자식 뒷바라지 한다고 마음고생을 하는 경우도 얼마든지 많습니다. 반대로 부모는 정말 기준치 미달인데, 자식은 아주 탁월하고 인품도 훌륭하고 모든 면에서 다른 사람의 귀감이 될 만한 사람으로 성장하는 예도 얼마든지 있고요. 사람이란 선택하는 존재이며 '선택'은 성숙된 인간의 특징이죠. 싸가지 코칭은 그런 사람을 만드는 일이라고 할 수 있죠.

어깨를 짓누르던 큰 짐을 내려놓은 것 같았다. 심호흡을 했다. 가슴속 깊이 신선한 공기를 마음껏 불어넣어 주고 싶었다. 그동안 스스로 만든 죄책감에 눌려 왔던 자신이 한없이 가련했다. 내 잘못만은 아니다. 내가 의도했던 것도 아니다. 지금 상태가 어찌되었든 그건 나의 몫이다. 그래, 욕하려면 욕해라. 나도 오프라 윈프리가 그랬던 것처럼 "배 째!"라고 외칠 테니까. 나는 한국의 오프라 윈프리다 왜!

싸가지 팁 10.
사랑은 충분히 주었으니 너무 마음 아파하지 마라

인간은 기본적으로 잘해 준 것은 기억하지 않는 망각의 동물이다. 오히려 상처가 되었던 것들만 가슴속에 고이 기억하고 살아간다. 자식은 지금까지 살아오면서 부모가 해주었던 수많은 일을 망각한다. 기껏 "어릴 적 장난감 갖고 싶었는데 그것 사주지 않아서 상처받았다"는 식의 상처를 쏟아내는 이기적인 존재다. 지금의 내가 있기까지는 부모의 헤아릴 수 없는 헌신이 깔려 있다.

임신하려고 무던히 애를 썼던 일, 임신해서 심한 입덧으로 먹지 못해 반쪽이 됐던 일, 기력이 없어지는 것, 심한 몸살감기로 고생하면서도 아기 잘못될까 봐 약도 먹지 않고 버티었던 일, 출산의 고통, 밤낮이 뒤바뀌어 잠을 설쳤던 일, 밤새 열이 끓어 해열제 먹이고도 안심할 수 없어 뜬눈으로 밤을 지새운 날들, 내려놓기만 하면 우는 아기를 업고 꼬박 서서 밤을 지새웠던 일, 새벽잠을 설친 것, 병 낫게 하겠다고 용감하게 뭔가를 구해 왔던 일, 때론 절약하고 아끼면서도 아이를 위한 일이라면 아낌없이 투자했던 일, 열이 펄펄 끓는 아이 들쳐 업고 병원으로 뛰었던 일, 손가락 베이고 머리가 찢어져 피 흘리는 아이를 싸안고 병원으로 뛰어 갔던 일, 콧구멍에 구슬이 들어가 기도가 막힐까 하늘이 노랗게 되었던 일, 뜨거운 물을 엎질러 화상을 입은 아이를 돌보던 일, 수없이 토해낸 젖, 엎지른 물, 아수라장을 만들어 놓은 방, 질펀하게 싸지른 똥을 맨손으로 만졌던 일, 먹다 남은 음식을 대신 먹어 주었던 일, 아이 돌보느라 싸늘하게 식은 밥과 국을, 그것도 아기 먹을 젖이 잘 나오도록 꾸역꾸역 먹었던 일……. 그 외에 유치원 다닐 때, 초등학교, 중고등학교, 대학교까지 이어지는 수많은 세월 동안 수고했던 것을 어떻게 기억하고 있을까? 기억하려고 되짚어 보기나 했을까?

자녀들은 그런 것은 기억하지 않는다. 아니 모르는 경우가 더 많다. 그러니 자녀들이 불평해 올 때 "네가 그렇게 생각한다면 거기에 대해서는 미안하다" 정도로 말해 주고 잊어도 좋다. 자녀가 나에게 상처받았다며 불평할 정도의 식견을 가졌다면 충분히 잘 키웠다. 그런 정도 아이면 절박한 일을 만났을 때 얼마든지 살아남는다. 자녀의 사지백체가 멀쩡하다면 그것으로도 최상의 선물을 주었다. 제발 아무것도 줄 것이 없다고 안타까워하는 '아낌없이 주는 나무'가 될 생각 따위는 하지 마라.

심리학도 어설프게 알면 도리어 심려학이 된다. 차라리 모르면 용감하기라도 할 텐데 어중간하게 아는 것이 더 큰 화근이 될 수도 있다. 오히려 심리학을 잘 몰라도 사람됨에 대한 분명한 철학을 가진 사람들이 자녀교육에 훨씬 더 성공했다. 그래서 부모는 자녀교육에 대한 나름의 철학을 가지고 있어야 한다. 좋기만 한 부모보다 좀 못되고 고집스러워도 일관성 있는 부모가 훨씬 낫다는 뜻이다. 그래서 《엄한 교육 우리 아이를 살린다》에서는 어설픈 심리학에 의존하는 것을 경계한다. '우리는 점차 아이들을 도덕적으로 강하게 만들고, 잘못을 인정할 줄 아는 아이로 키우는 교육학으로 돌아가야 한다. 분명한 가르침, 애정 어린 철저함과 엄한 교육 방법을 택한다면 심리학에 의존하는 것이 얼마나 무모한 일인지 알아야 한다.'

두 번째 승리:
컴퓨터 사용 시간을 지키고 동생의 돈을 돌려주게 하다

한계를 정하는 작업을 한 이후 걱정되는 것은 저러다 튕겨나가는 것 아닌가 하는 것이었다. 그러나 닥터지바고는 걱정하지 말라고 했다. 실수를 했거나 잘못한 사람은 자신이 얼마만큼 잘못했는가를 어느 정도 안다는 것이다.

수시로 쪽지를 주고받을 수 있다는 건 정말 행운이었다. 언제라도 물을 대상이 있다든 것, 언제라도 방향을 알려 주는 좋은 대상자가 있는 건 기분 좋은 일이었다.

💬 예준이가 아침 식탁에 몇 번 빠지긴 했지만 어느 정도는 습관이 되고 있는 것 같아요. 이전에 없던 일이라 신기하기도 한데 며칠

이나 갈까 걱정도 되네요. 암튼 뭔가 변화가 시작된 것만은 틀림없네요. 그런데 아이를 궁지에 몰아넣는 건 아닌지 걱정되기도 해요.

💬 그렇게 볼 수도 있지요. 그러나 궁지에 몰아넣는 것이 목적은 아닙니다. 오히려 궁지에 몰리면 새로운 방법, 새로운 소통이 이뤄진다고나 할까요? 예준이는 궁지에 몰려 본 적이 없기 때문에 새로운 통로를 모릅니다. 그동안 엄마가 모든 통로가 되었으니까요.

이순신 장군이 '궁즉통(窮卽通)'이라고 했습니다. 궁하면 통하게 되어 있다는 겁니다. 때로는 스스로 자신을 궁한 상황에 몰아넣고 새로운 길을 모색하는 사람들도 있지요. 또 작은 '궁(窮)'을 통해서 '통(通)'을 경험하는 횟수가 많아질 때 자신감도 생겨나고 융통성도 있고 두루두루 원만한 사람이 될 수 있습니다. 아이가 불편을 겪을까 하며 너무 안타까워 마시기를…….

예준이의 컴퓨터 사용 시간이 부쩍 늘었다. 자기 말로는 컴퓨터 바둑을 둔다고 한다. 내가 보아도 다른 걸 하는 것 같지 않았다. 매일 두 시간 정도를 둔다고 하는데, 내 기준으로 볼 때는 두 시간을 훨씬 넘었다. 지난 일요일은 낮 12시에 시작해서 밤 10시 30분까지 꼬박 한자리에서 컴퓨터를 했다. 예준이는 뭐든 그렇게 빠지면 미친 듯이 하는 애다. 몰입의 차원에서 좋게 해석을 해야 하는지 아니면 중독의 차원에서 걱정을 해야 하는 건지 아직도 갈피를 잡을 수 없다. 컴퓨터에 관한 한 아이는 한계를 도무지 지킬 수 없을 거라고 생각했다. 코칭을 시작하면서 컴퓨터 사용 시간에 대한 지침을 귀에 못이

박히도록 이야기해 주었다. 단지 금지 차원만으로 해결될 문제는 아니란 생각이 들어 사용 시간 목록을 만들어 보기로 했다.

백지에 도표를 만들었다. 날짜, 컴퓨터 사용자, 시작 시간, 마친 시간, 사용한 내용, 비고 이렇게 칸을 만들었다. 그리고 예성이에게 부탁해서 컴퓨터로 출력하게 하고 파일에 철을 했다. 그리고 두 아이를 불러서 컴퓨터 사용에 대한 내 기준을 설명했다.

"우리 집 컴퓨터는 개인 물품이 아니라 가족 공용이야. 안방에 있는 아빠 노트북은 아빠 업무상 필요한 것이니 너희들과는 상관없고 거실 컴퓨터는 공용이니까 함께 사용해야 해. 오늘부터 이 파일을 컴퓨터 옆에 둘 거야. 너희가 컴퓨터를 얼마나 많이 사용하고 주로 어떤 용도로 사용하는지 기록하는 거야.

컴퓨터를 과도하게 사용하는 건 중독이란 걸 너희들도 잘 알지? 또 컴퓨터의 용도가 단지 게임 같은 오락을 위한 것만은 아니야. 워드를 배운다든지, 파워포인트를 익힌다든지, 특별한 것을 공부하는 차원이라면 시간을 늘려 줄 수 있어. 그러나 게임으로만 시간을 보낸다면 컴퓨터 사용에 대해서 다른 조치를 할 거야. 물론, 너희들이 사용 시간을 잘 기록하고 시간을 지켜 준다면 주말엔 가족 외식을 할 수 있을 거야. 거기에 합당한 대가도 있을 것이고······."

내가 이렇게까지 나올 것이라고는 생각하지 못했는지 예준이가 황당해하는 것 같았지만 이전과는 사뭇 다른 표정이었다. 내 목소리에서 비장함이 느껴지기도 했을 것이다. 이렇게 정해진 것이라면 어떤 경우라도 그대로 실행할 마음이었으니까. 물론 내가 보이지 않을 때 시간을 넘기거나 엉터리로 기록할 수도 있을 것이다. 그런 일이 생긴다면 아이들 마음이 더 불편할 것이다. 또 그런 정도의 위험 부담 없이는 아무런 일도 할 수 없을 것이다. 일단 믿기로 하자. 믿어 보자. 이를 악물고라도 믿어 보자.

"그리고 특히 예준이……. 컴퓨터로 바둑 게임 하는 건 충분히 인정해. 그래서 바둑을 할 때면 하루 두 시간까지는 엄마가 허용해 주겠어. 매일 기분 좋게 해. 하지만 만약 그 시간을 넘긴다면 엄마가 다른 조치를 취할 생각이야. 엄마가 예전처럼 호락호락하게 넘어가지 않을 테니까 마음 단단히 먹길 바란다."

예전 같았으면 "호락호락하지 않으면 어떻게 할 건데"라며 말꼬리를 잡고 늘어질 텐데 아무런 대꾸도 하지 않았다. 많이 달라진 느낌이 들었지만 순간적으로 돌변하는 것이 걱정되기도 했다.

며칠이 지났다. 예성이는 컴퓨터를 사용할 때마다 또박또박 사용 내용을 적었다. 예준이도 적긴 적었는데 글씨가 얼마나 엉망인지 누가 보면 예준이 글씨가 동생 것이라고 오해할 것 같았다. 그래도 그렇게 기록했다는 것이 기특하고 사용 내역을 보니 두 시간 이하로 되어 있었다. 어제는 한창 하고 있다가 시계를 보더니 컴퓨터를 끄고 자기 방으로 들어갔다. 오늘은 "엄마! 오늘도 두 시간만 할게"라고 하더니 두 시간이 채 되기 전에 컴퓨터를 껐다. 그러고는 "엄마, 두 시간 전에 껐어. 잘했지? 잘했지?"라고 한다. 나보다 키도 더 큰 녀석이 귀염을 떨어 대는 모습을 보니 약간 징그럽기도 했지만 그래도 아직은 귀여운 구석이 남아 있었다. 그런 모습은 조금만 해놓고도 엄청나게 생색을 내는 자기 아버지랑 똑같다. 아무튼 남자들이란.

"그래, 잘했어. 대견하다. 네가 그렇게 약속을 지킬 줄 알았어. 약속대로 주말엔 가족 외식하자. 이번 외식은 순전히 예준이가 컴퓨터 시간을 잘 지킨 덕분에 갖는 거다."

"앗싸!"

아이는 아이다. 최근에 보기 드문 행동들이다. 늘 사고를 칠까 염려했는데 이렇게 미소를 띠게 하는 일도 생기는구나 싶었다. 이 변화를 빨리 알려 주고 싶어서 닥터지바고에게 쪽지를 보냈다.

💬 예준이가 컴퓨터 시간을 지켰어요. 얼마 만인지 모르겠어요. 아이가 은근히 컴퓨터 사용 시간 잘 지켰다고 칭찬받고 싶어 하는 눈치라서 잘했다고 칭찬해 주니 기분 좋아하네요! 아이가 좋아하니 저도 기분 좋고요.

그런데 산 넘어 산이라고 또 하나의 문제가 생겨나네요. 요즘 고딩들은 담배 피우는 애들이 많나 봐요. 예준이도 피워요. 발암물질이 들어 있어서 담배를 피우면 암 발생률이 높아지고 암은 완치되기 힘들다고 몇 번이나 이야기를 해주었는데도 여전히 끊지 못하더라고요. 오늘 아침에도 빨래하려고 옷을 정리하는데 주머니에서 라이터가 나왔어요! 근데 신기한 것은 제가 덤덤해진 거였어요. 옛날 같으면 화들짝 놀랐을 텐데 그렇게 놀랍지 않더라고요. 앞으론 무슨 일이든 예민하게 반응하지 않으려고요. 사실 닥터지바고 님이 알려 주신 대로 객관적으로 가깝지도 멀지도 않게 대하려고 하는데 참 힘들

때가 많아요! 어차피 장기 싸움이니 포기하지 말고 가야겠죠?↵

💬 잘하셨습니다. 민들레 님이 표까지 만들어 컴퓨터 시간을 적게 할 줄은 몰랐네요. 그렇게 하시면 됩니다. 단지, 감시 차원이 아니라 스스로 돌아보고 점검하자는 피드백 차원인 셈이죠. 담배 문제도 너무 호들갑 떨지 마시고 조금씩 접근해 가세요.↵

닥터지바고로부터 온 답신을 채 읽기도 전에 또 작은아이가 울먹거리며 달려왔다. 자기 용돈을 형이 뺏어간다는 것이다. 연이어 쪽지를 보냈다.

💬 예성이가 학원서 돌아오더니 저를 보자마자 7,000원이 없어졌다고 하네요! 용돈을 자기가 관리한다고 했는데 어찌 알고 형이 찾아냈나 봐요. 그전에도 그런 일이 있었는데 자기가 안 가져갔다고 해서 믿어 주고 제가 만 원을 채워 준 적이 있어요. 근데 이번엔 예준이가 자기가 가져갔다고 하면서 용돈 받으면 준다고 했다네요. 예성이가 형 땜에 많이 시달려서 힘들 거라 생각해요. 어떡하죠? 예성이하고만 얘기하고 자기들이 해결하게 해야 하나요? 아님 용돈 줄 때 예준이보고 예성이한테 직접 건네주라 할까요? 어떻게 해야 할지……. 그전에도 용돈 받으면 준다 하고 안 줬다고 예성이가 속상해 하더라고요!↵

💬 민들레 님 표현대로 산 너머 산이라고 계속 문제는 생기네요. 돈 문제는 조금 더 난감하죠? 작은아이가 형으로 인해 속상한 마음

을 표현할 때 두 마음을 다 살펴야 하니 마음이 더 불편할 겁니다. 일단은 추궁하거나 지침을 주지 마시고요, 선택권을 줘 보십시오. "예성이를 통해서 용돈에 대한 이야기를 들었다. 동생이 많이 속상해하더라. 엄마가 직접 본 상황이 아니라 지금은 뭐라 말을 못하겠다만 이 일을 어떻게 하면 좋겠니?" 정도까지 말하고 대답은 조금 기다려 보십시오. 몇 시간 지나거나 하루 이틀 지난 후에 그 일을 어떻게 생각하고 해결할지를 물어보십시오. 문제를 만든 당사자가 해결하는 것이 가장 이상적입니다. 또 직접 선택권을 아이에게 주면 스스로 생각하게 되거든요. 어떻게 처리하는가에 따라 보상과 벌을 선택하시면 됩니다.

생각 같아서는 예준이에게서 용돈을 뺏어다 작은아이에게 주고 싶었다. 그러나 쪽지를 보내고 답신을 받은 후에는 지침대로 따르기로 했다. 선택권을 준다는 의미가 무엇일까? 나는 그동안 아이에게 선택권을 주었나? 거듭 생각해 보았다. 그러고 보면 언제나 나는 해결사였고 갈등의 중재자였다. 예준이로 인해 예성이가 속상해하면 작은아이에게 무언가 보상을 해주었다. 늘 형에게 괴롭힘을 당하는 작은아이가 불쌍해 뭐라도 더 해주고 싶었던 것이다.

닥터지바고가 일러준 대로 하고 하루 지난 다음에 예준이에게 어떻게 되었는지 확인했다.

"줄 거야."

"고맙다. 그래 언제까지 줄 건데?"

"그건 알아서 할게."

"그 대답은 믿을 수가 없어. 언제까지 줄 거라고 분명하게 대답해."

그러자 아이가 입을 닫았다. 궁지에 몰리면 늘 이런 식이었다. 침묵으로 일관하며 무슨 말을 해도 반응하지 않거나 내 말을 무시하고 자기 방으로 들어가 버리곤 했다. 끝내 대답을 하지 않고 자기 방으로 들어가는 아이를 방문 앞까지 따라가 방에다 대고 말했다.

"그럼, 내일 이 시간에 다시 엄마가 물을 거다. 내일 이 시간에도 해결하지 않았다면 너한테 더 실망할 것 같아. 그때까진 해결했으면 한다."

나오는 뒤통수에 혼잣말이 날아와 꽂혔다.

"씨발, 하면 될 거 아냐."

모른 척하고 나왔다. 과연 아이가 지킬 수 있을까? 혹 이 일 때문에 동생을 더 힘들게 하지는 않을까? 걱정이었다. 그날 밤 아이를 불러 말하려다 그냥 문자로 보냈다. '네가 컴퓨터 사용 시간을 지켰을 때 엄마는 정말 기뻤다. 네가 원래 약속을 지키는 아이였다는 것을 새삼 알게 되었고……. 이번 용돈 문제도 잘 처리할 거라고 믿는다'라고.

하루가 채 지나지 않았는데 작은아이가 기쁜 표정으로 달려왔다. 형이 돈을 갚았다는 것이다. 그것도 7,000원이 아니라 3,000원을 보태 만 원을 돌려주면서 "미안해"라고까지 했다는 것이다.

모처럼 느끼는 흐뭇한 마음에, 그리고 지난번 컴퓨터 사용 시간 지킨 것에 대해 약속한 대로 예준이가 좋아하는 패밀리 레스토랑에서 가족 외식을 했다. 이렇게 기분 좋게 외식을 한 때가 언제였는지 가물가물하다. ADHD가 발병한 초기에는 가급적이면 외식을 하지 않았다. 물컵을 쏟는 것은 기본이었고 그릇을 깬 일도 몇 번 있었다. 또 식당에서 부딪힌 아이와 싸워 그 집 부모들에게 사과했던 일도 있었다. 그 이후로 가끔씩 외식을 하긴 했지만 솔직히 마음 놓고 먹지를 못했다.

남편도 기분이 좋은지 예준이가 요구하는 등갈비 요리와 스테이크를 기분 좋게 주문해 주었다. 그리고 오기 전에 적당한 기회에 예준이를 칭찬해 주라고 귀띔해 두었더니 남편이 말했다.

"컴퓨터 사용 시간을 지켰다는 이야기와 예성이에게 돈을 돌려주었다는 이야기 들었어. 고맙다. 그런 이야기 들을 때 이 아빠 정말 기분 좋아. 네 마음 바탕이 따뜻하다는 것을 진작부터 알았지만 이번 일을 통해서도 다시 알게 되었다.

넌 명절에 할아버지 할머니를 뵈면 감동시키는 아이였어. 지난 설에도 유심히 보았지. 친척들이 너를 보고 '점잖고 예의 바르다'고 칭찬하면 아빠 기분이 정말 좋아. 이번 설에도 할머니께서 세뱃돈을 따로 더 주고 싶은데 못 줘서 미안하다고 하셨는데 그때 네가 '할머니! 마음만 고맙게 받을게요'라고 말해서 할머니를 감동시켰잖아. 아무튼 오늘은 기분 좋다. 오늘은 예준이 덕분에 회식하는 거다. 우리 박수 한 번 칠까?"

밥이 입으로 들어가는지 코로 들어가는지 잘 몰랐다. 식사 자리에서 이렇게 기분 좋게 밥 먹기는 정말 오랜만이다. 한껏 기분 좋은 마음에 집으로 돌아와 이 상황을 쪽지로 보냈다. 이내 답신이 왔다.

💬 잘하셨습니다. 침착하고 차분하게 잘하셨습니다. 엄마가 냉정을 유지하고 있다는 점이 제게 큰 희망으로 다가옵니다. 또 아이의 바탕이 악하지 않고 선하다는 것도 알 수 있었습니다. 칭찬하고 적절한 보상을 하신 것도 잘하셨습니다. 아빠도 역할을 잘해 주셨고요. 온 가족 파이팅입니다. ↵

싸가지 팁 11.
자발적 행동을 유발하는 레테르 효과

칭찬은 고래도 춤추게 한다. 칭찬의 중요성은 아무리 강조해도 지나치지 않다. 그러나 근거 없는 칭찬은 자칫 싸가지 없는 고래로 만들 가능성도 있다. 칭찬할 때는 반드시 근거가 있어야 한다. 자기 방 하나 치운 것 가지고 "역시 우리 아들 멋지다. 넌 역시 최고야"라는 식의 칭찬은 위험하다.

그리고 칭찬은 먼저 상황을 이야기하고 거기에 대한 느낌을 말해 주어야 한다. "방을 깨끗하게 치웠네. 고맙다. 그런 너를 보니 내가 기분 좋다." 물론 여기서, "봐! 청소하니 좋잖아. 앞으로도 죽 해라"라고 하면 효과는 말짱 꽝이다.

혹 아이를 꾸중할 일이 있을 때도 잘하려 했던 의도를 먼저 파악하고 칭찬을 먼저 한 후에 잘못된 행동을 지적해야 한다. 가령 기침하는 엄마에게 물을 주려고 물을 떠오다 쏟았을 때 경솔함에 대해서 꾸중할 수 있다. 그때 꾸중만 하면 의도나 동기까지도 한꺼번에 꾸중을 듣게 되어 상처를 받거나 의욕을 잃게 된다. "엄마에게 물을 주려고 했구나. 고맙다. 근데 물을 쏟은 건 네가 조금 성급하고 조심성이 부족했던 것 같다. 앞으로 조심하렴"이라고 해야 한다.

앞으로 자녀에게 바라는 것이 있을 땐 그 특성을 먼저 말하는 방법이 있다. 이것을 '레테르 효과'라고 한다. 사람을 대할 때 그 사람의 어떤 특성을 말해 주면 상대는 내가 바라는 성격이 되어 주는 것을 말한다. 예를 들면 아들이나 딸이 우유부단한 성격의 소유자라면 "너는 결단력이 있어 보인다"라고 말하고, 조금 차갑다면 "너는 참 친절할 것 같다"라고 말하는 방법이다. 이렇게 말하면 상대방은 "역시 너는 내 생각대로 결단력이 있다" "역시 넌 참 자상하고 친절하다"라고 칭찬받고 싶어진다. 이렇게 이미지를 부여해 놓으면 거기에 반대되는 행동을 취할 수 없다. 왜냐하면 "너는 내가 생각하고 있는 사람이 아니구나"라는 말은 듣기 싫기 때문이다.

문제아가 가장 큰 피해자라고요?

닥터지바고에게 거의 3주 넘게 쪽지를 보내지 않고 있다. 그저 일상적인 시간이 흐르고 있다. 매일 소소한 일이 생겨나고 있지만, 말 그대로 소소한 일일 뿐이다. 남편은 여전히 출근하고 때가 되면 퇴근하고, 예준이와 예성이도 학원 잘 다녀오고 있다. 그 사이에 예준이는 머리를 한 번 더 깎았고 컴퓨터 사용 시간을 넘겨 혼나기도 했다. 컴퓨터 사용 시간을 넘겼을 때 컴퓨터 본체를 아예 경비실에 사흘 정도 맡겨 놓기도 했다. 처음엔 황당한 표정을 짓더니 이내 적응하는 듯했다. 하긴, 어릴 때 뭘 사달라고 그렇게 떼를 쓰던 것도 막상 사주고 나면 이틀을 못 넘긴 예준이였다. 그래서 남들 준 장난감도 부지기수다.

처음 코칭을 시작했을 때와 비교하면 최근 3주의 시간이 마치 폭풍의 눈 속에 있는 건 아닐까 불안하기도 하다. 그러니까 폭풍의 반경을 지나오는 시간이 지났고 이젠 폭풍의 눈 속에 있어서 아주 고요한 상태인 것 같은……. 이제 나머지 반경을 지나야 하는 엄청난 일이 있을 것만 같았다. 불안한 마음에 교회에 가서 기도를 했다. 그리고 닥터지바고에게 너무 오랫동안 연락을 취하지 않은 것 같아 쪽지를 보냈다.

💬 오랜만에 연락드리죠? 잘 지내고 있어요. 이전만큼 힘든 일도 많지 않고요. 그렇지만 마음은 늘 불안해서 요즘은 아이를 위해서 기도하고 있어요. 하루 빨리 건강한 상태로 회복되게 해달라고요.↵
💬 그러셨군요. 잘 지내셨다니 다행이네요. 웬만한 일은 민들레 님이 처리할 수 있을 거라고 믿긴 했지만 내심 걱정이 되긴 하더군요. 그런데 지금 하는 그 기도는 그만하시는 것이 좋을 듯한데…….↵
💬 왜요?↵
💬 민들레 님이 아이를 문제아, 건강하지 못한 아이로 생각하고 있다는 뜻이니까요.↵
💬 맞긴 맞지만……. 아직도 아이는 ADHD로 문제를 일으킬 소지를 다분히 갖고 있는 건 틀림없잖아요.↵
💬 부모가 문제를 가진 아이를 문제아로 보고 있으면 문제가 해결되기 어렵습니다. 이미 예준이 이마엔 언제나 ADHD라는 딱지가 붙어 있죠. 이를 스티그마 효과(stigma effect)나 낙인효과(labelling effect)

라고 합니다. 다른 사람들로부터 부정적인 낙인이 찍히면 계속 그 낙인이 찍힌 쪽으로 변한다는 것이죠. 그러니까 부모가 계속 ADHD를 가진 아이라고 말을 하면 아이는 계속 그 방향으로 간다는 뜻입니다.

💬 그래도 어떻게 문제로 안 볼 수 있나요?

💬 그렇다 할지라도 아이가 보는 앞에서는 절대로 언급하시면 안 됩니다. 이제부터 어딜 가든 누구를 만나든 우리 아이 ADHD라고 이야기하지 마십시오. 지극히 정상인 것처럼 말하고 예준이에게 그렇게 대해 주셔야 합니다. 또 문제는 그냥 문제일 뿐입니다. 겉으로 드러나는 현상에 불과하죠. 예준이가 가장 큰 문제아 맞죠. 그러나 어떤 면에선 예준이가 집안의 공로자이기도 합니다.

💬 공로자라고요?

💬 네. 가족치료(family therapy)에서는 문제아를 I.P(Identified Patient, 지정된 환자)라고 하죠. 가족의 모든 문제를 도맡아 드러내는 존재라는 뜻입니다. 겉으로 보기엔 끊임없이 문제를 일으키는 '트러블 메이커'인데, 어떤 면에서는 문제를 일으켜 줌으로써 다른 가족구성원들이 기능하도록 돕는 역할을 한다는 뜻에서 '공로자'라는 또 다른 별칭을 얻게 되죠.

💬 설명이 필요해요.

💬 예준이가 ADHD 증세를 보이는 동안 온 가족들의 소원은 오로지 예준이가 정상 아이가 되는 것이죠. 그러나 가족 메커니즘에서 예준이는 쉽게 정상이 될 수 없는 구조를 가지고 있습니다. 끊임

155

없이 악역을 맡아야 다른 가족들이 각자의 기능대로 돌아가기 때문입니다. 이 때문에 어떤 면에서 자신의 성장을 포기하고 가족을 위한 공로자 역할을 하고 있음에도 표면적으로 나타난 결과 때문에 늘 가해자란 딱지, 문제아란 딱지가 붙어 있게 되죠. 더 큰 문제는 아이가 그런 역할을 하는 동안 정작 자기 자신을 위한 성장이 멈춰 있었다는 점입니다. 그러니까 한 번 더 말하면 ADHD라는 딱지를 붙이는 순간부터 예준이의 심리적 성장은 멈춰 있었다는 겁니다. 그때의 관점으로 세상을 살아갑니다. 사람들과 관계를 맺는 것도 그렇지요.

💬 심리적으로 초등학교 5학년…….

💬 지금 또래에 걸맞게 살기엔 너무도 어려운 현실이죠. 아이가 지속적으로 전학시켜 달라고 조르는 심리 이면에는 실제로 느끼는 두려움이 있습니다. 다 또래들인데도 그들은 자기보다 훨씬 큰 아이들인 거죠. 초등학교 5학년이 고등학교 2학년을 보는 느낌 그대로랍니다. 그럴수록 ADHD를 붙들고 있어야 하죠. 나를 보호하는 하나의 안전장치니까요. 또 언제든 들이밀기만 하면 먹을 것, 입을 것, 잘못된 행동에 대해서 면죄부가 주어지는 암행어사의 마패와 같은 파워를 가진 것이니까요.

💬 심리학은 알면 알수록 무섭네요.

💬 또 예준이가 심리적으로 영양실조 상태라고 하면 이해될까요?

💬 그건 또 무슨 소린가요?

💬 예준이가 일으키는 문제행동은 가족들과 다른 사람들에게 불

편을 주게 되죠. 그 불편을 당하는 다른 사람들은 예준이에게 보내야 할 사랑, 관심, 따뜻함, 우정, 배려, 격려 등과 같은 것들을 더 이상 주지 않고 멀어지게 되고요. 그럴수록 아이의 내면은 점점 더 공허해집니다. 그럴수록 문제행동은 더 증가되고 커지는 문제행동에 반비례해서 받아야 할 것들은 더욱 더 적어지는 관계의 악순환이 이어지게 되죠. 결국 예준이가 가장 큰 피해자가 됩니다. 가해자가 피해자가 되고 피해자가 가해자가 되는 관계죠.

💬 아…… 그럼 어떻게 해야 하나요?

💬 ADHD가 분명한 문제인 건 맞지만 그것이 '문제'가 아니라 '현상'이란 점을 염두에 두어야 합니다. 또 문제라 할지라도 그 문제의 경중을 따져서 거기에 맞는 적절한 대안을 선택하면 됩니다. 아울러 문제행동을 금지하는 것과 동시에 문제행동에 반대되는 긍정적인 행동을 증가시킴으로써 근원적으로 치유해야 합니다.

예준이의 행동이 이해가 되었다. 아무리 문제행동을 일으킨다 하더라도 존중 받을 자리에서는 존중 받아야 한다는 것도 깨달았다. 끊임없이 문제를 일으키고 있는 예준이도 사실은 자기 나름의 힘겨운 싸움을 하고 있는 것이다. 지금도 자신의 욕구를 제대로 표현할 줄 모른다. 협상하는 법도 모른다. 자신의 필요를 오로지 유아기적인 태도와 방식으로만 고집한다. 그러면 그럴수록 그 아이는 심리적으로 배가 고플 것이다. 그동안 나는 아이를 제대로 이해하지 못했다.

문득 '정용철의 초록물고기'를 읽다 내 수첩에 옮겨 적었던 "사랑이란, 서로 아는 것이 아니라 서로 이해하는 것"이라는 글귀가 생각 났다. 결국 내가 예준이를 제대로 이해하지 못했다는 건 제대로 사 랑하지 않았다는 말이기도 했다. 생각이 여기까지 이르자 얼굴이 뜨 거워지고 미안한 마음이 뭉게구름처럼 피어 올랐다. 그랬다면, 예준 아, 엄마가 미안해. 정말 미안하다……

집에 돌아왔다. 예준이 방문을 살짝 열었다. 마침 예준이가 책상에 앉아 책을 보고 있었다. 가끔씩 저렇게 책상에 앉아 책을 읽을 때도 있었는데, 오늘 그 모습이 새삼스러워 보였다. 방으로 들어가 아이를 뒤에서 껴안았다. 그냥 눈물이 왈칵 쏟아졌다. 그동안 미워했던 아이가 한없이 불쌍하게 느껴졌다. 영문도 모르는 예준이가 "엄마 왜 그래?"라고 되묻는데, 이렇게 지금 내 품에 안겨서도 어색한 몸짓을 하는 아이에게 미안한 마음도 들었다. 갓 태어났을 때는 품 안에 안고 있는 것만으로도 행복했던 시절이 있었다. 예준이의 옹알이에 내가 "엄마라고 불렀다"며 온갖 호들갑을 떨었던 일도 기억났다.

"미안하다 예준아! 그동안 네가 ADHD라고 늘 원망하고 꾸중만 했던 것 같아. 엄마가 상담 받으면서 네가 그동안 얼마나 힘든 시간을 보내왔는지 이제야 알았어. 네가 그나마 ADHD라도 붙들고 있어야 원하는 것들을 얻을 수 있다는 것을 말이야. 그래서 네가 무의식적으로는 차라리 환자라는 딱지를 달고 사는 편이 훨씬 더 편하다는 것을 알았어……."

예준이가 어깨에 힘을 빼고 순한 양처럼 가만히 있었다.

"네게 붙은 딱지가 얼마나 싫었을지, 친구들 사이에서 지내다 보면 너 자신이 얼마나 내적으로 어리고 미숙한지 느낀다는 것을 말이야. 그러면 그럴수록 사람이 싫어지고 뭔가를 새롭게 시작하기가 얼마나 힘든지를……. 네가 지금 지극히 정상이라서 속마음에선 고등학교를 졸업하고 나서 대학에 가지 못하면 더 이상 학교라는 울타리가 없어진다는 것을 알고 있대. 대학을 가고는 싶지만 성적이 받쳐주지 않고 그동안 뒤떨어진 공부 따라잡기도 힘든데다 그나마 너 자신을 지키려면 늘 화가 나 있어야 한다고 들었어.

학교에서는 '문제아'라는 딱지가 붙어 있어야 다른 사람들이 건드리지 않으니까 계속 문제를 일으키지만 속마음은 지극히 정상적으로, 지극히 평범하게 살고 싶어 한다고 말이야. 미안해. 그동안 그런 것도 모르고 너를 원망만 하고 구체적으로 도와줄 생각은 하지 못했던 것 같아. 정말 미안해……."

예준이의 어깨가 조금씩 움직였다. 아이도 울고 있었다. 나는 그만 아이의 의자를 돌리고 아이의 무릎에 얼굴을 묻고 펑펑 울었다. 아이의 눈물이 내 머리에 떨어지고 있었다.

싸가지 팁 12.
모든 행동은 나름 최선의 선택이다

NLP 심리학(신경언어학 프로그래밍, Neuro-Linguistic Programming)의 기본 전제는 '모든 인간은 최선을 선택한다'다. 누구나 자기 입장에서는 최선의 방법을 선택한다는 것이다. 따라서 그 선택이 효과가 있는지를 되돌아보게 하면서 더 나은 선택, 효과 있는 선택으로 대체하자고 주장한다.

아이들의 비행도 살아남기 위해서 선택한 최선의 선택이다. 건강한 방식, 소통의 방식이 아니라 병리적 방법, 관계를 깨는 방식, 자신의 입지나 위치를 도리어 망가뜨리는 미숙한 방식을 사용한다는 것이 문제일 뿐이다. 그렇게 본다면 산만하고 다른 친구들을 공격하고 욕설을 퍼붓고 아무렇게나 행동하는 아이, 누가 봐도 구제불능이라는 딱지를 붙이고 싶은 아이, 또 그 부모가 교육을 어떻게 시켰기에 애가 저 모양 저 꼴이냐를 생각하게 하는 아이라 할지라도 그 아이는 자신의 상황에서 최선을 선택하고 있는 것이다. 즉 그들의 선택은 살아남기 위한 처절한 몸부림이며 상황에 적응하려는 행동이라는 것이다. 따라서 그들에게는 행동 자체를 없애기보다는 좀 더 나은 방향을 제시하는 것이 훨씬 더 현명하다.

반항을 하는 아이는 에너지가 있는 아이들이다. 연료 탱크에 연료를 가득 채운 고성능 스포츠카다. 어디로든 가고픈데 다만 목적지가 설정되지 않아 요란한 엔진소리만 내고 있을 뿐이다. 그들에게 방향과 목표만 제시되면 그들은 누구보다 빠른 속도로 질주할 것이다.

터진 전쟁이라면 무조건 이겨라

PART 03

부부의
동맹관계부터
구축하라

닥터지바고로부터 연락이 왔다. 남편과 함께 올 수 있냐는 것이었다. 예전 같으면 선뜻 따라나서지 않을 남편인데 내가 코칭 받고 있다는 것을 알고 있고, 가끔씩 예준이 행동에 대해서 본인도 갈피를 못 잡을 땐 빨리 쪽지를 보내 보라고 재촉하는 것으로 봐서 어느 정도 신뢰를 하고 있는 것 같았다. 남편에게 이야기했더니 흔쾌히 가겠다고 했다.

K시에서 A시로 가는 길은 참 편하고 좋았다. 휴일 오후 시간인데도 차도 별로 없고 한적한 느낌이었다. 선루프를 열고 손을 내밀어 바람을 맞았다. 2월 초순이라 아직 쌀랑하긴 해도 오늘 같은 오후엔 춥지 않았다. 이대로 한 며칠 실컷 차 타고 여행을 다녔으면 좋겠다.

"엄마들은 '아이를 위해서'라며 자신의 불행을 참고 견딥니다. 아버지들은 그저 열심히 일만 하면 되는 줄 알고 죽을힘을 다해 일만 하죠. 부부관계의 행복쯤은 포기하고 삽니다. 그러나 불행을 참고 견디는 것과 누려야 할 행복을 포기하는 것은 어리석은 선택이요 최악의 선택입니다.

내 자녀가 행복해지기를 원한다면 내가 먼저 행복한 사람이 되는 것이 가장 중요합니다. 먹고사는 문제에서 이제는 '같이'의 '가치'를 추구하는 쪽으로 에너지를 전환해야 합니다. 부부의 결속은 자녀들과의 관계도 강화시켜 줍니다. 부부는 무슨 일이 있어도 동맹관계라는 사실을 잊으면 안 됩니다. 그동안 아내 혼자 너무 많은 짐을 지었으니 이젠 남편께서 도와주셔야겠습니다."

코칭을 받는 내내 남편은 순한 양 같았다. 버럭쟁이 남편이 닥터 지바고 앞에서는 비굴하리만치 고분고분해지는 것을 보면서 한편으로 화도 나고 한편으로는 측은하기도 했다. 저런 모습으로 회사생활을 하는 건 아닐까? 때론 저렇게 쥐죽은 듯 미동도 않고 고스란히 상사의 모진 욕설을 참아 내는 건 아닐까? 게다가 자식까지 지속적으로 문제를 일으키니 살맛이 안 날지도 모른다.

"혹시 군대 다녀오셨나요?"

"그럼요. 육군 병장 만기 제대했습니다."

"군대 생활은 어디서 하셨죠? 저는 강원도 철원에서 했는데."

"그래요? 저는 강원도 인제에서 했습니다."

남편의 목소리가 고조되었다. 남자들은 군대 이야기만 나오면 다들 저렇게 호들갑을 떨 수 있을까 싶다.

"나중에 예준이가 군대 갈 나이가 되면 군대 보내실 건가요?"

"당연하죠. 적어도 남자라면 군대는 다녀와야죠."

"왜 남자라면 군대를 다녀와야 한다고 생각할까요?"

"그래야 사람 되니까요."

"후후, 맞습니다. 사람 된다는 표현, 그것이 바로 두 번째 탄생을 말합니다. 일종의 통과의례죠. 그전까지는 마냥 남자아이였다면 군대를 다녀온 이후에는 완전한 남자로 인정해 줍니다. 군대가 두 번째 탄생을 하게 한 곳이죠. 두 번째 탄생이란 엄마 품에 있던 아이를 뺏어서 아버지 품으로 오게 하는 과정입니다. 이 과정을 지나고 나면 아이는 어른으로, 엄마는 어머니로, 아빠는 아버지로 신분이 바뀌게 됩니다. 엄밀히 따지면 아이 양육이 엄마의 몫이라면 교육은 아버지의 몫이라 할 수 있죠. 그래서 '아이 교육 어떻게 시켰어?'라고 고함지르는 남자는 직무유기에 해당되죠."

"아이고, 가슴이 뜨끔했습니다. 제가 사실 그런 아버지였습니다. 그저 돈만 열심히 벌어 주면 된다고 생각했습니다. 금융 계통의 일이라 새벽에 나가서 밤에 들어오고 휴일 근무도 기본이었지만 연봉은 남들 두세 배 되었거든요. 그래서 전 제 역할을 잘하고 있다고 생각했네요. 부끄럽습니다. 다시 키울 수도 없고……."

"아닙니다. 이 땅의 아버지들이 대부분 그렇게 생각하죠. 그리고 다시 키울 수 있습니다. 오늘부터 예준이를 새롭게 키운다고 생각하시면 됩니다. 예준이는 ADHD라는 문제를 갖고 있는 동안 신체적으로는 성장했지만 심리적으론 어린아이에 머물러 있는 고착(fixation) 상태입니다. 그 단계에서 출발할 겁니다. 거듭 말씀드리지만 이건 양육이 아니라 교육이란 점을 염두에 두세요. 아버지로서 가르쳐야 할 것들을 마땅히 가르치겠다는 각오를 하시면 됩니다. 아내만의 힘으론 어렵다는 것을 아시고 적극 도와주셔야 합니다."

"자녀교육에 아버지의 역할이 중요하다는 것을 너무 막연하게 알고 있었네요. 다시 키울 수 있다는 말에 희망이 생겨요. 저도 최선을 다해 아내를 돕겠습니다."

"엄밀히 따지면 이번 과정은 무슨 특별한 상담이나 심리치료가 아닙니다. 부모로서 마땅히 가르쳐야 할 것들을 알아가는 과정일 뿐입니다. 당연히 해야 할 것들을 학교에 맡긴 채 방임했을 수도 있고, 직장에 매여 너무 많은 시간을 빼앗긴 결과일 수도 있습니다."

"그렇게 큰 문제가 아니란 뜻입니까?"

"그렇게 생각하셔도 됩니다. 문제라기보다는 결핍이란 말이 맞지요. 아버지를 통해 부성성을 경험해야 할 시기에 그것을 받지 못했다고 보면 됩니다. 제가 부부학교나 아버지학교에서 숱한 아버지들을 만나 보면 다들 공통적으로 하는 말이 있습니다. 자녀의 재능을 찾아 키워 주겠다, 대화하는 시간을 많이 갖겠다, 튼튼한 몸과 강인한 마음을 갖도록 하겠다, 근검하고 절약하는 생활 습관을 가르치겠다, 효도와 우애를 가르치겠다 등이죠. 지극히 평범한 것들이에요. 그 평범한 것들을 가르치지 못해 상담사의 도움을 받고 심리치료사의 도움을 받는 겁니다. 이 땅에 평범을 가르치는 부모가 늘어난다면 저 같은 상담사들은 필요 없겠죠."

나를 천 길 낭떠러지로 떨어지게 하던 남자가 정말 이 남자 맞나? 도움이 안 되던 사람이 천군만마와 같은 지원군이 되어 돌아왔다. 든든했다. 그러고 보면 나도 솔직히 남편에게 도움을 요청하지 않았다. 늘 집에 없는 것, 아이들에게 무관심한 것에 대해 불평만 했다. 입으로 표현하진 않았지만 속엔 늘 불만이 차 있었다. 이 남자의 자원을 끌어들일 생각조차 하지 않았다. 늘 내 인생에 도움 안 되는 작자라고만 여기고 살았다. 닥터지바고가 말한 대로 나는 남편과도 게임 관계에 있었다. 또 한 번 소름이 끼쳤다.

상담을 마치고 일어서려는데 닥터지바고가 인쇄된 종이를 하나 주었다. 다이애나 루먼스(Diana Loomans)의 시 〈내가 만일 다시 아이를 키운다면 If I Could Raise My Children Over Again〉이었다. 남편은 몇 장 복사해 달라고 하더니 안방 침대 머리맡에 붙였다. 그리고 사무실 책상에도 붙여 놓겠단다.

만일 내가 다시 아이를 키운다면
먼저 아이의 자존심을 세워 주고
집은 나중에 세우리라
아이와 함께 손가락 그림을 더 많이 그리고
손가락으로 명령하는 일은 덜 하리라

아이를 바로잡으려고 덜 노력하고
아이와 하나 되려고 더 많이 노력하리라
시계에서 눈을 떼고
눈으로 아이를 더 많이 바라보리라
만일 내가 다시 아이를 키운다면
더 많이 아는 데 관심 갖지 않고
더 많이 관심 갖는 법을 배우리라
자전거도 더 많이 타고 연도 더 많이 날리리라
들판을 더 많이 뛰어다니고 별들도 더 많이 바라보리라
더 많이 껴안고 더 적게 다투리라
도토리 속의 떡갈나무를 더 자주 보리라
덜 단호하고 더 많이 긍정하리라
힘을 사랑하는 사람으로 보이지 않고
사랑의 힘을 가진 사람으로 보이리라
내가 만일 다시 아이를 키운다면

남편과 함께 상담을 다녀온 후 예준이 보기가 조금 만만해졌다. 남자아이라 굵은 목소리로 화를 내면 무섭게 느껴졌는데 이젠 그렇게까지 무섭지는 않다. 동시에 마음이 놀라울 정도로 차분해졌다. 전에는 노심초사 걱정이 많고 무슨 일이 생길 때마다 가슴이 철렁 내려앉았는데, 마음 졸일 만큼의 걱정도 사라지고 또 무슨 일이 생겨도 그냥 사건 자체로 바라보는 힘이 어느 정도 생겼다. 잠자는 시간이 앞당겨진 것도 큰 변화였다. 이전엔 늘 예준이가 자는 것을 확인한 후에야 잠자리에 들었다. 새벽같이 출근하는 남편 아침밥 챙겨 주려면 하루 잠자는 시간이 서너 시간 밖에 안 될 때가 많았고 아침 출근과 등교를 시키고 나면 파김치가 되어 오전에 두세 시간 정도 수면을 보충해야 했다.

남편이 내 편 되었다 생각하니 이제 숨 좀 쉬고 살겠다는 느낌은 드는데 작은아이 예성이가 형 때문에 힘들어하는 모습이 자꾸 눈에 들어왔다. 나에게로 오던 행동들이 상대적으로 작은아이에게로 옮겨 간다는 느낌이었다. 학교 다닐 때 배웠던 질량보존의 법칙, 에너지 보존의 법칙이나 엔트로피 같은 말을 굳이 들먹이지 않아도, 이 정도는 알 수 있을 것 같았다. 쪽지를 보냈다.

💬 예준이가 휴대폰을 얼마나 힘하게 쓰는지 충전기 꽂는 곳이 아예 망가져 버렸어요. 예성이 핸드폰이랑 같은 기종이라 충전할 때마다 매일 예성이 보고 충전기 달라고 해서 충전해요! 자기 충전기는 배터리까지 학교에 가져갔다 다 잃어버리고 와요. 예준이 생일이 다 가오니 핸드폰을 다른 기종으로 바꿔 줄까요? 남편이 회사에서 알아보고 저번에도 바꿔 줬는데 얼마 안 되어서 액정 화면이 거의 안 보일 정도로 걸레가 됐어요.

우리 부부야 어쩔 수 없다지만 예성이가 시달리는 걸 차마 보기 힘들어 뭔가 방법을 찾아봐야 할 텐데……. 좋은 방법 좀 알려 주세요. 예준이가 제 앞에서 예성이 목을 긁어 상처를 내고 주먹질을 하는 걸 보니 제가 속이 무너집니다! 어제 학교 안 간 것도 남편에겐 말 안 했어요. 매일 그러면 제가 견딜 수가 없어서요.

💬 예준이 때문에 예성이도 힘든 시간을 보내고 있군요. 형이 문제를 일으키는 동안, 자기는 문제를 전혀 일으키지 않는 사람이 되지만 어떤 면에서 형이라는 그늘에 가려 버리는 희생양 같은 존재가 될 수 있습니다. 작은아이 마음도 잘 살펴보시기 바랍니다.

그리고 생일이 되었거나 낡았기 때문에 휴대폰을 바꿔 주는 건 정당한 명분이 될 수 없습니다. 휴대폰 약정기간은 꼭 지키십시오. 예준이에겐 '약정기간이 끝나기 전에는 새 휴대폰을 사줄 수 없다. 휴대폰을 험하게 써서 낡거나 잃어버려서 위약금을 무는 한이 있더라도 새 폰 사는 것은 불가하다'는 원칙을 세워야 합니다. 그리고 동생 물건을 함부로 다루는 부분에 대해서도 "앞으로 동생에게 함부로 대하거나 폭력을 사용할 때는 엄마도 반응하겠다"라고 단호하고 엄하게 말씀하십시오. 그러면서 "나는 네가 형으로서 동생을 잘 감싸 안고 사랑해 줄 거라고 믿는다"라고 말해 주셔야 합니다.

💬 "동생을 함부로 대하면 엄마도 반응하겠다"라고 하면 분명히 "어떻게 할 건데?" 하면서 말꼬리를 붙들고 늘어질 거예요. 길게 말하면 절대 안 되거든요!

💬 그렇더라도 기준과 원칙을 이야기하셔야 합니다. "그건 네가 결정할 영역 아니다"라고만 대답하시면 됩니다. 설명하거나 설득할 필요가 없습니다. 그동안의 경험을 통해서 아시겠죠?

💬 예준이한텐 지바고 님이 말씀하신 대로 "약정기간 2년을 채우

기 전에는 안 된다"라고 하니까 예준이가 또 "나만 이 집에서 나가면 온 식구가 편하니 나가겠다"라면서 공고나 상고로 전학 시켜 달라고 하더군요. 1학년 지내 오는 동안 지금 다니는 학교에서 전학 가고 싶다고 해서 조금만 더 다녀 보자고 설득했거든요. 근데 결국 징계위원회에 불려 가는 일이 생겨서 간신히 수습하고 왔는데 파김치가 된 저에게 한다는 말이 "엄마 저 학교 그만둘래요!"였어요. 그러니 아무리 자식이라도 저 변덕에 미치겠더라고요! 조금만 힘들면 포기해 버리고 2~3개월을 못 버텨요!

💬 그런 말에 너무 개의치 마십시오. 그냥 싫은 것을 표현하는 것뿐입니다. 그저 푸념 정도로 받아들이시면 됩니다. 아이가 어떻게 말하든 부모의 기준과 원칙은 바뀔 수 없습니다.

💬 전학을 하려고 해도 여기는 공고도 인원이 꽉 차 대기자가 100명 가까이라고 하더라고요. 중학교 때도 대안학교로 고등학교를 가보자고 했는데 고집이 워낙 세서 자기가 원하지 않으면 절대 안 해요. 이제 두어 주 후면 2학년 담임과 첫 출발하는데……. 걱정이 많이 돼요.

예준이 ADHD라고 하면서 도움을 구할까요? 말을 안 하고 있다가도 담임이 연락 와서 제가 털어놓으면 예준인 나보고 왜 말했냐며 괴롭혀요! 1학년 때도 말하지 말라고, 지가 한 달만 노력해 보겠다고 했는데 3주 만에 담임한테 연락이 왔더라고요. 예준이가 한번 해보겠다는데 안 믿어 줄 수도 없잖아요. 솔직히 9월에 징계위원회에서 아이가 ADHD라고 공개했다 도리어 자퇴할 뻔했거든요. ㅠ.ㅠ 2학년 땐 좋은 담임 만나야 할 텐데 걱정이에요.

💬 정말 수많은 딜레마 속에 살고 계시네요. 그렇지만 일이 터질 때마다 엄마가 학교로 달려가지는 마십시오. 엄마가 계속 학교에 가서 해결사 역할을 하면 아이는 더더욱 자기 문제를 스스로 해결하지 않습니다. 문제가 생길 때마다 부모가 와서 해결해 주기를 기대할 거예요. 걸핏하면 전학 문제를 거론하는 것도 마찬가지입니다. 휴대폰에 대한 일이 거절될 때 다른 일을 거론함으로써 엄마를 묶는 것이지요. 낚시할 때 고기가 물지 않으니 다른 미끼를 쓰는 것과 같습니다. 그동안 덥석덥석 잘 물어 주셔서 지금 결과가 이렇게 된 것이죠. 아이가 엄마 다루는 것을 우습게 생각하는 겁니다.

그리고 몇 분 뒤에 또 다른 쪽지가 왔다.

💬 앞으로 예준이 입장에서 볼 때, '우리 부모는 학교에서 무슨 일이 터져도 올 분이 아니야'라는 생각이 들 정도는 되어야 합니다. 그리고 학교에서 일어나는 일들은 예준이 영역이니 스스로 처리해야 합니다. ADHD 증상을 가지고 있다고 해서 죄인은 아닙니다. 너무 죄인 취급하지도 말고 본인 스스로도 근거 없는 죄책감에서 벗어나시는 게 좋습니다. 학교의 태도도 그렇게 인간적이진 않네요. 나타난 증상만 가지고 무조건 '환자'라고 딱지를 붙이려 하네요. 정말 속상하겠어요. ㅠ.ㅠ

싸가지 팁 13.
부모는 행복을 가르치는 사람이다

우리가 학교에서 받은 교육은 대체로 언어와 수리, 공간감각, 이성적 사고에 집중된 좌뇌 중심 교육으로 사회에 유용한 사람을 만들어 내는 것이었다. 물론 이런 교육은 일반적으로 직업적인 성취와 성공을 이루는 데 도움이 된다. 그러나 이 뇌를 잘못 사용하면 고등범죄자가 되기도 한다. 지금과 같은 근대적인 학교가 생겨나게 된 배경도 인간성 교육이라기보다 전쟁과 사회 유지에 필요한 인력을 생산하기 위해서였다. 반드시 교육을 받아야 하는 조건을 사회가 만들었다. 이후로 교육은 사람을 가치 있어 보이게 하는 것이라는 인식이 퍼져나갔고 학교가 필수코스가 되었으며 학교를 안 가면 안 되는 것으로 인식되었다.

그러나 학교에서 행복해지는 법에 대해서는 가르치지 않는다. 행복이나 만족은 우뇌의 영역에 속한다. 우뇌는 우리에게 시각적 상상력, 운동과 감각기능, 감정표현, 문학적 사고, 메타포를 사용하고 응용할 수 있는 능력, 그리고 전체를 통해서 통합을 이뤄 내는 영역을 감당한다. 따라서 최근에 행복심리학자들이 연구하는 내용은 대부분 우뇌의 영역이다. 행복하다고 말하는 사람들은 우뇌가 잘 발달된 사람이다. 탁월한 예술가나 발명가 중에는 우뇌가 발달한 사람이 많다. 최근 기업에서도 우뇌가 발달되도록 돕는 환경을 제공하려 애쓰고 있다. 창의력은 기업 생존에 가장 탁월한 수단이 되기 때문이다.

아이들에게 행복을 가르치기 위해선 부부가 행복해야 한다. 그래서 무슨 수를 쓰든 부부가 행복해지는 법을 먼저 배우라. 행복의 물줄기는 거기서 자연스럽게 자녀에게로 흘러갈 것이다.

세 번째 승리:
아이 스스로
머리카락을 자르다

예준이는 머리가 무척이나 길다. 성경에 나오는 삼손이 저랬을까 싶을 정도다. 텁수룩한 머리가 늘 불만이기도 했다. 내 학창 시절 때 교복 입은 남학생들의 까까머리가 차라리 속 시원하다 싶었다. 무슨 놈의 학교가 두발자율화를 하는지, 그 규정이 얼마나 느슨한지 마음에 들지 않았다.

특히나 방학 때의 예준이 머리는 내 인내력을 수양하는 도구이기도 했다. 잠잘 때 가위로 확 잘라 버릴까 하는 생각이 수십 번도 더 들었다. 방학하자마자 노란 물을 들이는 일은 기본이었다. 저번에는 아예 빨간 물까지 들였다.

머리를 단정히 하면 좋겠는데 머리에 관해서는 절대로 말을 듣지 않는다. 이럴 때도 도움을 요청하라 했으니 닥터지바고에게 쪽지를 보냈다.

💬 예준이가 월요일에 개학합니다. 머리가 너무 길어서 보기 좋게 다듬고 학교 갔으면 좋겠는데 자기가 알아서 한다며 영 제 말을 안 듣네요. 예준이 학교는 벌점 20점이면 징계위원회에 불려 가는데 예준이가 현재 16점이어서 위험 수위입니다. 방학 전에도 담임선생님이 "머리 안 자르면 벌점 5점 추가해서 예준이 징계위원회 보낼 테니 잘라 보내세요. 이젠 더 이상 어떻게 할 수가 없네요" 해서 자르게 했거든요. 그때는 예준이가 다니는 유도관 관장님께 도움을 청해 조용히 해결했어요. 관장님 말은 잘 들었거든요.

유난히 중학교 때부터 머리에 예민해요. 머리 얘기만 하면 상관 말라고 해요. 그래서 상관 안 하면 꼭 학교에서 지적받아 연락이 와요. 그전에도 담임선생님이 몇 번이나 경고하던 것을 제가 사정사정해서 벌점을 면했거든요. 예준인 그 누구 말도 안 들어요! 특히 머리에 관해서는요. 유도를 배울 땐 관장님 한마디면 됐는데 지금은 운동도 그만둬서 부탁 드릴 수도 없고 큰일이네요. 학교 규칙을 자꾸 어기면 일이 더 커지는데 어떻게 해야 할지……. ↵

💬 자기가 알아서 하겠다고 말하는 건 우선 상황을 모면하려는 핑계에 불과합니다. 그럴 때도 화를 내거나 실망하는 눈빛을 보이지 말고 원칙만 말씀하십시오. "물론, 네가 중학교 때부터 머리에 민감하다는 건 알고 있다. 그렇지만 지금 네가 머리를 정리하지 않으면

몇 가지 불이익이 생긴다는 게 문제다. 머리 문제로 또 한 번 지적받으면 징계위원회에 가야 하고, 그렇게 되면 너도 많이 불편할 것이다"라고까지만 우선 전달하세요.

엄마가 학교에 가는 것은 아이를 돕는 것이 아니라 해결해 주는 겁니다. 부모가 늘 해결해 주면 아이는 스스로 해결하지 않습니다. 그리고 "네가 머리카락을 자르지 않아 벌점을 받고 징계위원회까지 가게 되더라도 엄마는 이제 관여하지 않을 거야. 학교 가는 일도 없을 거고. 너의 일이니 네 선택에 맡기겠다. 엄마는 네가 한 선택에 따라 무엇을 할지 결정할 거야. 좋은 선택을 했다면 거기에 따른 합당한 보상이 있을 거고 그렇지 못하다면 불이익을 감수해야 할 거야"라고 말하십시오.

💬 그러다 징계위원회에 회부되면 어떻게 하죠?

💬 징계위원회에 회부되더라도 그것 역시 아이가 감당해야 할 몫입니다. 그 일로 인해 마음은 불편하겠지만 냉정을 유지하십시오. 그런 일이 발생하지 않았으면 좋겠지만 벌어진 상황도 미리 생각해 보시고 그 다음에 무엇을 어떻게 할지를 생각해 놓으십시오. 최악의 상황을 설정해 보라는 뜻입니다. 최악의 상황도 막상 정리하고 보면 그렇게 최악이 아닐 수도 있습니다.

닥터지바고의 쪽지에는 냉정하고 침착하게 말하라는 말이 빠지지 않는다. 그동안 나는 냉정하지 못했고 침착하지 못했던 것일까? 하긴, 말을 하는 시간이 줄긴 했다. 이전엔 한참이나 설명하고 아이가 대답할 때까지 끝까지 물고 늘어졌는데, 아이가 대답을 하든 말든 해야 할 말은 정확하게 전달하는 데 조금 익숙해지고 있었다. 닥터지바고가 시키는 대로 했다. 결과는 오히려 역반응이었다.

💬 지바고 님 말대로 예준이에게 말했는데 기분 나빠 해요! 머리 안 자르고 그냥 갔어요. 그래도 엄마 말을 속으로는 생각할 수도 있지 않을까 생각하고 차분하고 단호하게 말했어요. 혹여 끝까지 고집 피우다 또 징계위원회에 가게 될까 걱정이에요. 이 학교는 부모를 불러내서 반론하라고 해요. 반론 시간도 얼마 안 주어요. 선생님들 말이 법이에요! 다 부모가 감당하라고 하더라고요. 어찌나 분위기가 무섭고 차가운지 다신 가고 싶지 않아요. 하지만 피할 수 없는 일이라면 감당해야겠죠! ↵

다행히 징계위원회에 회부되지는 않았다. 아마 개학을 하고 며칠 있다 바로 봄방학에 들어가기 때문에 교사 입장에서도 굳이 그렇게 하고 싶지 않았던 모양이다. 또 3월이 되어 신학기가 시작되면 머리는 어차피 잘라야 하니 그냥 두는 쪽이 낫다고 결론을 지은 것이다. 마음이 답답한 쪽은 나였다. 아이가 지금 당장이라도 머리를 속 시원히 잘랐으면 좋으련만 그럴 기미가 보이지 않았다.

💬 아직도 머리는 자르지 않았습니다.ㅠㅠ 어제 봄방학하고 와서 개학이 언제냐고 물었더니 3월 2일이랍니다. 오늘 아침엔 학교에서

전화가 왔더군요. 오늘 예비소집일인데 왜 안 오냐고 말이죠. 그때 늦었지만 서둘러 보냈습니다. 전에도 그런 날 결석한 적이 있었거든요. 나가는 아이에게 "네가 학교 가는 날은 스스로 알아서 가라" 했더니 듣지도 않고 성질내며 가버렸어요. 이런 일이 처음은 아니라 많이 화가 나고 우울해서 기도하는데 한숨만 나오네요.

💬 얼마나 답답하고 힘들고 삶이 무겁게 느껴질까 싶어요. 예준이와의 관계 속에서 엄마가 종이 되어 있는 느낌이에요. 부모의 자리를 스스로 양보하고 산 것은 아닐까 하는 마음까지 들 정도로 말입니다. 아이는 자율성을 갖고 싶어 하는 마음이 있습니다. 스스로 결정하고 스스로 판단하는 마음 말이죠. 그런데 예준이는 어쩌면 그럴 기회를 차단당했다는 느낌도 듭니다. 그래서 더 화를 내는 거지요. 스스로 생각해도 자신의 판단 기준이 또래 친구들에 비해서 턱없이 부족하다는 느낌이 들 수도 있으니까요.

💬 예준이에게 스스로 결정하고 판단하게 하면 "몰라요"라고 대답할 때가 많아요. 초등학교 5학년 때는 툭툭 한마디 던져 주고 스스로 챙겨가게 했어요. 그렇게 일 년을 안 도와줬는데 담임이 전화를 하더라고요. 이 방법 저 방법 책에 나와 있는 것 중 안 해본 방법이 없을 정도였는데, 사람이 타고난 성품이나 기질이 있는지 아무리 애를 써도 노력한 것에 비해 손에 얻는 게 없더라고요! 내가 지혜가 없고 부족해서라고 속상해하면 교회 구역 식구들은 그런 거 공부하고 자식 키우는 이가 몇이나 되냐며 자기는 그냥 키워도 애들이 다 알아서 하는데 자기가 나였다면 못살았을 거라고 해요. 지금 하는 것

177

이상으로 어떻게 더 하냐고요. 솔직히 전 제 자신을 자책할 때가 많아요. 아무리 해도 안 되고……. 이렇게 해서 뭐하나 체념이 될 때도 있고요. 그냥 내가 포기하지 않고 관심을 갖고 사랑과 격려로 이끌면 때가 되면 좋은 날 오겠지 하며 기다려요.

💬 지금 예준이 행동 자체가 엄마의 속을 뒤집는 것으로 보이겠지만 그것도 예준이가 자신을 표현하는 하나의 방식입니다. 아이가 "몰라요"라는 반응을 자주 보이는 것이 일종의 수동적 공격일 수도 있지만 정말 몰라서 그럴 수도 있습니다. 이 코칭을 시작하기 전 예준이에게 썼던 방식들을 점검해 보셨으면 합니다. 이제 어느 정도 원리 원칙을 아실 테니까 내가 사용했던 방식이 어땠는지를 점검하고 확인하는 것이죠. 기질과 같은 예준이 혼자만의 문제인지 아니면 부모와의 관계 문제인지 아니면 학교나 주변 환경의 문제인지 파악해 보세요. 문제는 크게 그렇게 분류할 수 있거든요. 이 분류 작업이 되어야 거기에 적절한 방법을 찾고 시행할 수 있겠죠.

닥터지바고의 지침대로 예준이 머리에 대해서 신경 쓰지 않기로 했다. 어차피 깎게 될 머린데 내가 잔소리한다고 깎지는 않을 것 같다. 닥터지바고가 누누이 말했다. 잔소리는 효과가 없으니 잔소리 대신 일의 중요성을 설명해 주는 것이 훨씬 낫다고 말이다. 머리를 깎게 되더라도 외부의 강압에 의해서 깎는다면 얼마나 기분 나쁠지를 생각해 보면 그럴 만도 했다.

ADHD 진단을 받은 이후 늘 학교에서 선생님들에게 '문제아' '산

만한 아이'로 찍혀 이리 치이고 저리 치이지 않았던가? 저 정도로 지내 온 것만 해도 충분히 감사할 만한 일이었다. 또 이 시점에 닥터지바고를 만나 코칭을 받을 수 있다는 것도 감사하나. 사람이 사람을 붙들어 준다는 느낌이 얼마나 든든한지 모른다. 쪽지를 보냈다.

💬 항상 사는 게 넘 힘들다고 생각했는데 요즘은 닥터지바고 님의 코칭을 통해서 힘을 얻습니다. 글을 읽을 때마다 내 마음을 알아주는 것 같아 눈물이 납니다. 제 속에 설움이 엄청 많았던 것 같아요. 그동안은 울지 않았는데 이상하게 쪽지를 받을 때마다 울게 되네요.
예준이 키우면서 여기저기 불려 다니며 항상 혼나고 허허벌판에 혼자 있는 느낌이 들 때가 많았거든요. 그럴 땐 '행복하자고 사는 건데 이렇게 힘들게 사는 게 맞는 건가'라는 회의감이 밀려왔더랬습니다. 잠자리에 들 땐 '그냥 이대로 깨지 않았으면 좋겠다'라고까지 생각했던 적도 많아요. 그러면 안 된다는 걸 알면서도 그런 날이 많았죠. 그동안 닥터지바고 님 통해서 힘을 얻었는지 이젠 힘내고 이겨나가려는 맘으로 바뀌었어요. 감사해요. ↵

그리고 최근 생긴 변화는 주변에 아프고 힘들어하는 사람이 눈에 보인다는 점이었다. 내 주변엔 죄다 마음 아픈 사람들뿐인 것 같다. 예준이 일 겪기 전엔 그리 힘든 일도, 나를 끝없이 괴롭히는 일도 없었는데 이 일을 겪다 보니 힘든 사람이 눈에 들어온다. 그래서 나처럼 자식 문제로 힘들어하는 부모를 보면 내 가슴도 아프고 그들을 도와주고 싶은 마음이 든다.

이번 머리 깎는 문제는 예준이에게 맡길 것이다. 나중에 깎지 않아 징계위원회에 가게 되더라도 아이 스스로 책임지게 할 것이다. 아이가 머리 때문에 불편한 쪽은 나니까, 나만 신경 쓰지 않으면 아무런 문제도 없으니까.

그런데 예준이가 머리를 자르고 들어왔다. 그것도 개학을 일주일이나 앞두고 말이다. 개학하기 전날이나 어쩌면 개학 당일에도 덥수룩하게 등교했다가 지적받아 혼나고 벌점을 받을까 걱정했는데, 머리를 깎고 들어오는 모습을 보니 말쑥한 느낌이 들었다. 내 아들이지만 상큼한 느낌도 났다.

"일주일이나 남았는데 머리 깎았네? 보기 좋다. 무슨 결심이 선 거야?"

"하루 전날 깎아서 가는 것보다 지금 깎고 일주일 정도 있다 학교 가는 게 훨씬 더 자연스러워. 엄마 잔소리도 듣기 싫고. 솔직히 머리 깎는 날까지 얼마나 들들 볶이겠어? 아유, 생각만 해도 끔찍해."

퉁명스러운 말투는 여전하지만 녀석의 얼굴에 쑥스러운 미소가 꽤 많이 들어 있다. 자기도 모르게 뒤통수에 손을 갔다 대고 긁고 있다. 어쨌든 머리를 깎지 않았는가? 지금 보기 좋은 얼굴로 내 앞에 있지 않은가? 나는 예준이를 덥석 끌어안았다. 몸을 뒤로 빼는 녀석을 힘껏 깍지를 끼고 안아 버렸다. 못내 쑥스러워 하더니 녀석이 몸의 힘을 뺐다. 생각보다 넓은 가슴이었다. 덩치는 나보다 큰 녀석인데 그래도 내 품에 쏙 들어와 있는 느낌이었다. 이 녀석을 안고 젖 먹이던 때가 바로 엊그제였는데 벌써 이렇게 컸다니…….

싸가지 팁 14.
1퍼센트라도 잘한 부분은 진심으로 칭찬하라

자기가 선택하고 거기에 책임을 지는 것은 부모의 배려와 관심이 있을 때 가능하다. 선택한 일이 늘 좋은 결과를 가져오지는 않는다. 손해를 입어야 할 때도 있다. 그러나 그것도 경험이라는 차원에서 소득이다.

문제를 일으키는 아이로 찍히면 스스로 할 수 있는 것조차도 능력의 유무를 검증받게 된다. ADHD라는 병명이 아이의 모든 행동에 마이너스 부호를 붙이게 되는 것이다. 잘못된 행동을 하면 "ADHD니까"가 되고 잘한 행동을 하면 "어쩐 일로?"가 될 수 있다.

어떤 일도 100퍼센트 잘한 일이란 있을 수 없고 100퍼센트 못한 일도 있을 수 없다. 99퍼센트 잘못에 딸랑 1퍼센트만 잘했다 할지라도 그 1퍼센트의 잘한 점이 묻혀서는 안 된다. 1퍼센트에 대해선 그 자체로 칭찬하고 99퍼센트만큼 꾸중하면 된다. 그래야 1퍼센트가 2퍼센트가 되고 99퍼센트는 98퍼센트로 줄어들어 행동을 조금씩 고칠 수 있다.

아이의 공격에
끝까지 버티기

예준이가 내일 주말이라 서울 가서 놀겠다며 용돈 4만 원을 달라고 했다.

"내일 누구와 어디로 가며 언제 집에 올 것인지 먼저 알려 주면 듣고 결정할게."

"아유, 또 또 따진다 따져. 그냥 주면 되지 뭘 그렇게 따져? 씨발~ 확 죽어 버릴까 보다. 정말 미치겠네. 아휴~ 그래! 나만 없으면 되지? 나만 확 죽어 버리면 되는 거지?"

갑자기 소리를 버럭 지르면서 난리를 친다. 나도 소리를 질렀다.

"어디서 소리를 지르고 있어. 여긴 엄마 방이야. 여기서 나가! 그리고 요구할 게 있으면 예의를 갖춰!"

예전엔 이렇게 떼를 쓰기 시작하면 결국은 두 손 두 발 다 들어야 끝이 났다. 결국 돈을 주어야 했다. 그래야 평화가 유지될 수 있었다. 코칭을 받은 이후로는 안 되는 것은 안 된다고 분명히 말했다. 예전에는 예준이가 욕설을 쓰면 심장이 떨리고 가슴이 후들거렸다. 그렇지만 닥터지바고를 통해서 10대의 아이들은 누군가에게 실망을 느낀 그 순간, 자신을 실망시킨 그 사람에게 직설적으로 말해 버리는 충동을 억제하기 어려워한다는 것을 알게 된 후로부터 그냥 하나의 현상으로만 보기로 했다.

닥터지바고에게 온라인 쪽지를 보내려다 급한 사안인 것 같아서 문자 메시지를 보냈다. 시간이 좀 늦긴 했지만 급하다고 생각해서 미안함을 무릅쓰기로 했다.

닥터지바고의 대답은 예상한 그대로였다. 거절할 땐 거절하되 거절의 이유만 밝히고 절대 감정적으로 동요하지 말라고 했다. 이렇게 답이 오리라는 것을 알고 있었지만 혼자서 용기가 나지 않았던 게다. 그래도 문자를 받고 나니 힘이 났다. 아이를 다시 안방으로 불렀다.

"엄마 아빠는 너희에게 매주 일요일 저녁 용돈을 2만 원씩 준다. 내일 놀러가는 일처럼 어떤 일을 대비해서 미리 돈을 저축해 두었어야 해. 혹여 돈이 없어 불가불 달라고 할 땐 네가 미리 정중하게 요청을 하되 그것도 정확한 용도가 무엇인지 이야기해야 하지. 아니면 다음에 받을 용돈을 미리 당겨서 받는 것도 가능한데 그렇게 되면 다음에는 용돈을 받을 수 없고."

다음 날 예준이가 외출한 직후 닥터지바고에게 쪽지를 보냈다.

💬 밤새 지 뜻대로 안 되니 온 가족 들들 볶다가 그냥 나갔어요. 친구하고 통화하는 내용을 들으니 돈이 없어 멀리 가진 못하고 가까운 곳에서 만나기로 장소를 변경한 것 같아요. 방금 나간 것을 보고 쪽지 드립니다. 힘들지만 이렇게 조금씩 바운더리를 잡아 주면 될 것 같네요. 어제 밤늦게 감사했어요! ↵

💬 잘하셨습니다. 이번 일로 부모로서의 권위를 잘 세웠다는 느낌이 듭니다. 얼핏 사람들에게 '권위를 세우라'고 하면 회초리를 들고 체벌하는 것을 연상합니다. 그러나 '처벌'과 '체벌'은 엄연히 구분됩니다. '처벌(punishment)'은 잘못된 행위에 대한 대가를 지불하는 것입니다. 체벌은 처벌 가운데 가장 낮은 수준으로서 신체적인 아픔을 유발해서 잘못된 행동을 바로잡는 수단이고요.

물론, 체벌은 최후의 수단으로 사용하셔야지 자주 사용하면 효과가 떨어집니다. 이 방법은 잘못한 일에 대해 충분히 설명한 후, 아이의 동의가 있은 후에 사용해야 합니다. 그래서 원래 회초리는 매 맞을 당사자가 준비하는 것이 원칙이었죠. 다 큰 아이에게 체벌은 별로 권장하고 싶진 않습니다.

부모가 권위를 가지고 있을 때 인격적으로 처벌할 수 있게 되고 인격이 바탕이 된 처벌은 자녀를 건강하게 만듭니다. 자녀의 행동거지를 바르게 하도록 가르치지 않으면 행동이 거지같은 자녀를 만들게 된다는 점을 기억하시고 꼭 부모의 권위를 늘 세우시길 바랍니다. 자신감을 가지고 당당하게 행동하시면 됩니다. ↵

하나의 사건이 터지면 어찌되었든 매듭을 짓고 숨을 돌리지만 연거푸 터질 때는 정말 감당하기 힘들다. 예준이가 집에 들어왔다가 또 나가 버렸다. 그것도 새벽 한 시에……. 답답한 마음에 잠도 안 와 쪽지를 보냈다.

💬 지금 새벽 한 시인데 예준이가 말도 없이 나가 버렸어요. 남편이 화가 나서 "어떤 놈을 만나러 갔는지 다 밟아 버린다"고 식식대며 나갔어요. 여자 친구 만나고 12시 넘어 들어왔다가 다른 친구 만나러 다시 나갔다는 걸 알고 저러네요. 불안하고 슬프네요! 남편도 자식도 통제가 안 되니…….↵

다음 날 아침 일찍 답신이 왔다.

💬 그래요. 두 남자 사이에 낀 민들레 님 마음이 어떨지 짐작이 가고도 남습니다. 하지만 곧 안식을 찾을 때가 올 겁니다. 무슨 일이 생겨도 일단 냉정하게 마음을 가라앉히세요. 아무리 상상을 초월하는 일이 생겼다 할지라도 그건 이미 일어난 일입니다. 민들레 님은 다만 일어난 일을 어떻게 처리할까를 생각해야 합니다. 그 이후의 상황이 어떻게 되었는지 알려 주세요. 또 감정적으로 격한 상태에 있을 때는 훈계나 충고, 꾸지람 같은 거 하지 마세요. 그냥 잘 들어와 쉴 수 있도록 해주시고 감정적으로 정리가 된 후에 거론하셔야 합니다.↵

쪽지를 받고 나니 다소 여유가 생기고 힘이 났다. 다음 날 아침, 남편은 예준이 방으로 가 대화를 시도했다. 닥터지바고를 만나고 난 후로는 일이 생기면 대화를 하려고 노력한다. 버럭쟁이긴 하지만 이럴 때는 은근히 고맙고 존경스럽기도 하다. 내용은 알 수 없지만 큰소리가 몇 번 나긴 해도 충돌이 생기진 않았다. 교회 가는 차에서도 분위기가 조금 어색했지만 예준인 예준이대로 기분 상했던 부분을 이야기하고 남편도 자기 마음을 표현한 모양이었다.

나중에 남편의 말을 들어 보니 예준이는 "어젯밤에 친구가 보는 앞에서 아빠가 나를 혼내니까 기분 나빴다"고 말했고 남편은 "그 부분은 아빠가 조금 성급했다. 미안하다"라고 사과했다고 한다. 그리고 "12시가 넘은 시간에 나돌아 다니는 것이 못마땅했고, 그래서 친구에게도 부모 허락 받고 나왔냐며 소리를 질렀다"고 했단다. 예준이도 죄송하다고 했단다. 그러고는 남편은 "차후에 12시 이후 외출은 절대 금지다"라고 분명히 못을 박았다고 한다.

저녁에 두 남자를 다 칭찬해 주었다. 예준이가 자기 마음을 그렇게 표현한다는 것도 고마운 일이고, 무엇보다 남편이 냉정하게 아빠 역할을 잘해 주고 있는 것이 고마웠다. 저녁에 예준이가 친구에게 전화하는 목소리가 문틈으로 들렸다. "어제 우리 아빠 때문에 많이 놀랐지? 사실, 너무 늦은 시간이긴 했어. 혼날 만도 했지. 그래도 요즘 우리 엄마 아빠가 말을 걸어오고 있어 좋아. 우리도 앞으로 마음 잡고 좋은 친구로 지내자."

녀석의 마음 바탕이 착하다는 것을 새삼 확인할 수 있었다. 어릴 때 착하고 인정이 많아 가족들에게도 사랑을 많이 받았는데 ADHD 진단을 받은 이후에 그럴 기회조차 많이 없었다. 그러고 보면 저 아이도 자기 입장에선 아주 힘든 시간을 보내 왔는지도 모른다. 그래도 친구를 챙길 줄 아는 아이가 대견스럽고 기특하다. 사람은 누군가가 자기를 챙겨 줄 때, 자기가치감이 높아지고 자기를 챙겨 준 사람에게 호감이 가게 되어 있다고 하는데 그 친구 녀석이 늦은 시각에 예준일 찾아오는 걸 보면 예준일 꽤나 좋아하긴 하는가 보다.

그러고 보니 이렇게 아이 행동이 예뻐 보여 칭찬해 주고 싶었던 때가 언제였는지 가물가물하다. 그동안 늘 금지만 이야기했던 '하지 마 여사'였다. 친구란 그저 얻어지는 것이 아니라 내가 만들어야 한다는 것을 예준이가 배웠으면 좋겠다고 늘 생각했었다. 그런데 힘들어하는 친구들이 집으로 찾아오고, 또 친구들하고 잘 어울리는 걸 보면 그런 부분에선 천만다행이란 느낌이 든다.

예준이가 2학년에 올라간 지 며칠이 지났다. 학기 초라 걱정했던 일들이 여지없이 생겼다. 닥터지바고에게 쪽지를 보냈다.

💬 2학년 새로운 담임선생님이 2학년부턴 보충, 야자 다 해야 한다고 했나 봐요. 그 말을 듣고 오더니 자신이 없는지 또 전학 가고 싶다고 하더군요. 그래서 "무슨 마음인지 알겠어. 그러나 어떤 결정이 되지 않은 상황이라면 그 자리에 충실해야 해. 네가 학교에서 반 분위기를 흐리면 어떤 선생님도 네 편에서 도와주지 않아. 너도 노력해

187

야 할 거야. 노력해도 안 된다면 그때 전학을 알아봐도 늦진 않아. 설령 인문계로 못 가고 실업계로 전학한다 해도 할아버지가 있는 시골에서 학교를 다녀야 해. 엄마 아빠는 너희가 고등학교까지는 같이 있었으면 좋겠어"라고 말해 주었어요. 예준인 자기가 차라리 거기로 가는 게 낫겠다고 퉁명스레 한마디하는데 더 훈계하지 않고 지바고 님이 일러 주신 대로 "일단 무슨 이야기인지는 충분히 알았다. 생각해 볼게"라고만 했어요. 그랬더니 더 얘기 안 하고 학교에 가더군요. 그런데 담임선생님이 아이가 ADHD라는 거 알고 보충, 야자 다 빼주겠다고 했다네요. 건강이 우선이니 건강부터 챙기라 했나 봐요. 기분이 너무 좋아서 집에 왔더라고요! 저도 한시름 놓이고…….

💬 어려움이 있을 때 회피하는 것은 인간의 본능이지요. 보충, 야자 빠지는 것과 전학도 도피 수단으로 사용하려 할 겁니다. 그러나 그 마음도 충분히 받아 주면 사라지고 말지요. 앞에서 말씀드린 것처럼, 전학 이야기를 꺼낼 때마다 엄마가 과민반응을 보이면 게임 관계에 들어간다고 그랬죠? 이번에 예준이 대하는 것을 보니 정말 냉정하고 차분하게 잘 처리하셨네요. 이젠 묻지 않아도 그렇게 할 수 있는 정도의 실력이 된 거죠. 맞죠? 저도 민들레 님에 대해서 한시름 놓이는데요. 하하하.

개학을 하고 난 후 아이와 부딪칠 일이 많아졌다. 오늘 아침에도 천연덕스럽게 사복 입고 강당에 모이라고 했다며 거짓말을 했다. 일단 알겠다고 해놓고 학교 행정실에 확인했더니 그런 일은 없다고 한다.

집에 돌아온 아이에게 확인했다는 사실을 알려 주었고 거짓말한 부분에 대해 꾸중했다. 중학교 다닐 때도 사복 입고 학교에 갔다가 담임선생님으로부터 전화 오게 했던 일도 거론하였다. 규율은 지키지 않고 늘 자기가 좋아하는 것만 하며 살면 안 되며, 차후에 특별한 이유 없이 이런 일이 발생한다면 거기에 합당한 조치를 취하겠다고 차분히 말하였다.

교복 입는 문제도 이전에 코칭 했던 방식대로 똑같이 대하였다. '교복을 입고 안 입고의 문제는 자유지만, 그로 인해 생기는 결과에 대해선 책임을 지라'는 입장을 분명히 밝혔다. 또한 계속 그 일로 문제가 발생되면 권리를 박탈할 것이라는 점도 알려 주었다. 마침 담임교사도 그 부분만큼은 엄하게 말했는지 더 이상 교복 문제로 말썽을 부리진 않았다.

매주 수요일 오후에 신경정신과에 가는데 병원 가는 약속도 두 번이나 어겼다. 이전에는 사정하다시피 했는데 이번에도 냉정하고 단호하게 이야기하였다. 또 약 먹는 횟수가 줄어도 행동상에 큰 차이가 없는 것 같아 나도 굳이 병원에 데리고 가야 할 이유를 찾지 못해 그렇게 강조하진 않았다. 차라리 잘된 일이다.

일요일, 또 한바탕 난리를 쳤다. 그래도 내가 아니라 남편이 감당해 줘서 감사하다. 간밤에 예준이가 밖에 나갔다가 12시 10분에 들어왔다. 12시를 넘기지 않으려고 애를 썼는데 조금 늦은 모양이었다. 조용히 들어가는 느낌이 이상하다 생각했는데 아침에 일어나 보니 예준이가 친구를 데려와서 같이 잔 것이다. 그 친구는 자기 아버지한테 심하게 맞았는지 얼굴과 팔에 멍이 들어 있었다. 남편이 엄한 목소리로 꾸짖었다. 두 녀석 다 무릎을 꿇리고 호되게 꾸짖었다. 추궁하는 과정에서 예준이 친구는 자기 부모님이 초상집에 가서서 3일 동안 집에 못 들어간다고 거짓말까지 했다.

"손님으로 오는 건 얼마든지 허락한다. 하지만 너희들은 간밤에 도둑처럼 밤 12시가 넘어 들어왔고 어른이 집에 있는데도 허락도 없이 잠을 잤다. 그 점은 용서할 수 없다. 거기에 대해서 넌(예준이 친구) 당분간 우리 집에 출입 금지다. 출입 금지령이 해제되면 그때 우리 집에 올 수 있다."

인정이 많은 녀석이 친구가 당한 모양새를 보고 불쌍한 마음에 집에 데리고 온 모양이었다. 그건 기특한데, 친구란 녀석이 죄다 그런 모양이니 한심하기도 하다. 평소에 자주 놀러오는 녀석이라 괜찮게 봤는데 얼굴에 멍든 흔적이며 하는 짓이 마음에 들지 않는다. 아이 엄마 번호를 확인하고 전화를 걸어 아이를 데려가라고 했다. 아침밥 먹이고 나니 그 친구 엄마가 도착했다는 전화가 왔다. 차마 올라오지는 못하겠으니 밖으로 보내 달라고 했다.

예준이가 며칠 사이에 몇 번이나 돈을 요구했다. 친구가 맹장수술을 했으니 문병 가게 용돈을 달라는 등 온갖 이유를 댔다. 그리고 아빠가 근무 중일 때 문자를 보내 전학 보내 달라고 귀찮게 했다. 그때마다 남편은 '집에 가서 이야기하자. 업무 시간인데 이렇게 문자 보내면 네 요구가 아무리 정당하다 해도 들어줄 수 없다'고 한계를 정했단다. 똑똑한 사람이라 코칭 한 번 다녀오니 저렇게 적용도 빠르다.

싸가지 팁 15.
부모의 권위를 무시할 땐 엄히 꾸짖으라

자식이 무섭다는 부모가 늘고 있다. 자식에게 상습적, 지속적인 폭력을 당하는 부모도 많다. 욕설은 기본이다. 천륜이 무너진 것이다. 아무리 못나고 아무리 형편없어도 부모는 부모다. 부모와 자식의 질서가 바뀔 수는 없다. 그래서 자식이 절대로 넘어서는 안 되는 영역이 있다. 그것을 넘어온다면 그때는 물어뜯어서라도 막아야 한다. 폭력을 쓰는 자식을 어떻게 할 수 없어 맞으면서 사는 부모는 외부의 도움을 받아야 한다.

부모를 개 패듯 팬다면 법적인 도움을 요청하라. 경찰서에 신고해서라도 막아야 한다. 주변 사람에게 알려야 한다. 홀로 감당하면 더 위험하다. 오히려 여러 사람에게 알리고 필요시 법적인 구속력이 있다는 것을 알려주어야 한다.

인간은 인간으로서 마땅히 져야 할 책임이 있다. 그것이 싸가지다. 부모가 아무리 엉망이라 할지라도, 부모가 아무리 나에게 학대를 행했다 할지라도 부모를 향해 쌍욕을 해대거나 불을 질러서는 안 된다. 인간은 그런 상황을 만났을지라도 대안적 선택을 하는 실존적 존재이기 때문이다. 그런 부모와 협상하는 법을 배우거나, 나중에 그런 일로 어려워하는 사람을 돕거나 부모의 잘못된 행동을 본받지 않도록 선택하는 것도 그 아이의 몫이다. 적어도 중학생 이상이 되었다면 말이다.

불평은 심리적 미숙아의 전형적인 특징이다. 문제가 발생하면 문제의 원인을 늘 외부에서 찾는다. 주변 사람과 환경이 문제라고 한다. 이렇게 투사(projection)만 하는 사람은 조금만 불편하면 버럭 성질을 내고 남에게 해코지하는 것을 서슴지 않는다. 위아래 개념도 없고 육체적인 쾌락만 알지 정서적인 즐거움(joy)의 개념은 모른다. 한마디로 센스가 망가진 고깃덩어리일 뿐이다.

자식이 불평할 때 부모는 엄히 꾸짖어야 한다. 또한 그만큼 감사를 가르쳐야 한다. 이것은 아무리 무식한 부모라도 할 수 있는 일이다.

한 유대인 어머니는 배우지 못했으나 자식들만은 훌륭하게 키웠다는 일화가 있다. 그 비결을 물으면 그 어머니는 늘 딱 세 가지를 가르쳤다고 한다. 첫째, 모든 일에 감사하라. 작은 일이나 큰일이나 감사하는 사람이 되어라. 둘째, 원망하는 사람과 놀지 마라. 셋째, 감사하는 사람과 친하게 지내라. 바로 이러한 정신 자세가 유대인들을 세계적인 인물로 만들어 내는 비결이 아닐까?

아이의 분노 폭발 –
"엄마 도대체 왜 이래 요즘?"

예준이의 모습에서 양면성이 드러난다. 어떨 때 보면 ADHD 증상이 완전히 사라졌나 싶다가도 어떨 땐 더 악화된 것 같은 느낌이 든다. 악화되었다고 느낄 때는 이전보다 강도가 더 세졌다.

방금 전에도 예성이를 때렸다. 동생을 종 부리듯 명령하고 예성이가 조금이라도 굼뜨거나 자기를 건드린다 싶으면 과도하게 화를 낸다. 조금 전에 예성이가 지나가다 컴퓨터를 하고 있는 예준이의 어깨를 친 모양이었다. "씨발 개새끼 죽여 버린다"며 소리를 지르고 주먹으로 때리고 있는 것을 가서 있는 힘껏 뜯어말렸다.

"너 목소리 낮춰! 누가 엄마 앞에서 동생 때리고 주먹질해? 그만 하지 못 해! 너 맘에 안 들 때마다 엄마가 너 때리면서 얘기하니?"라고 단호하게 말했더니 멈추었다.

"엄만 들어가"라고 하는데 목소리에서 약간 기가 죽었다 싶은 느낌이 났다. "다신 부모 보는 앞에서 그러지 마라. 형제들끼리 치고받고 싸우는 게 가장 가슴 아프다"라고 하고는 방에 들어와 버렸다. 최근에 저 정도까지는 아니었는데 요즘 또 다시 부쩍 심해졌다. 왜 그럴까? 어찌해야 좋을까? 닥터지바고에게 쪽지를 보냈다. 걱정스런 내 마음과는 다른 대답이 돌아왔다.

💬 예상했던 반응이네요. 한동안 뜸했던 일들이 생겨나죠? 아이가 짜증이 늘고 분노를 표현하는 일이 늘어나고 있죠? 당연한 반응입니다. 엄마도 괴롭고 동생도 괴롭겠지만 조금만 견디세요. 조금만 더 지나 보면 무슨 말인지 아시게 될 겁니다. 엄마가 예전 같지 않다는 것을 인식하고 있는 중이에요. 예준이가 자신의 힘이 엄마에게 크게 미치지 못한다는 것을 느끼고 있는 것입니다. 이번에 소리 지르며 혼냈을 때 아이가 멈추고 방에 들어가며 성질을 내긴 내는데 '이전보다 기가 많이 죽었다'라는 느낌을 받으셨다 했죠? 그리고 최근에 잠자는 일도 많이 편해졌다고 했고요.

민들레 님이 심리적 우위를 선점했다고 보시면 됩니다. 이제 곧 전면전을 해야 할 때가 올 겁니다. 나라의 운명을 걸고 하는 전쟁에서처럼 승리냐 죽음이냐를 결정해야죠. 하지만 그 싸움에서 이기고 나면 곧 항복 선언을 해올 겁니다. 그날엔 파티라도 해야겠죠? 후후.↵

닥터지바고의 예상대로 며칠 후 예준이의 분노가 폭발하고 말았다. 아침부터 용돈을 내놓으라고 윽박지르는데 반응하지 않았다. 몇 번이나 그렇게 했는데도 여전히 같은 태도로 반응했더니 자기 딴에는 인내력의 한계점에 도달한 모양이었다.

"엄마 요즘 도대체 왜 이래? 도대체 요즘 나한테 왜 이러냐고?"

안방에서 소리를 지르고 식식대며 주먹을 휘둘러 댔다. 마침 예준이 바로 옆에 있던 전신 거울을 주먹으로 쳐서 박살을 냈다. 오히려 놀란 건 내가 아니라 녀석이었다. 그 사이 나는 정말 많이 냉정해져 있었다. 호들갑을 떨지 않고 유리도 치우지 않고 놔두었다. 아이의 상처부터 살폈다. 다행히 병원 가서 꿰맬 정도의 큰 상처는 아니었다. 구급약 상자를 꺼내 치료해 주었다.

"상처 치료하고 나면 네가 깬 거울이니 네가 치워. 조심해야 할 거야. 빗자루로 쓸어 담고 진공청소기를 돌리고 마지막으로 걸레로 방바닥을 닦아야 해."

"손을 다쳤는데 어떻게 청소를 해?"

"청소 못할 만큼 큰 상처 아니야. 네가 깬 거니까 네가 치우는 게 당연하지. 잔말 말고 치워. 그리고 청소가 제대로 안 되면 다른 사람이 다쳐. 확실하게 청소 안 하면 다시 시킬 거니까 제대로 해라."

마지못해 청소를 했다. 청소하는 걸 보면 꼼꼼한 면이 있다. 천만다행이다. 깨진 거울은 아파트 재활용 쓰레기통에 분리수거까지 하라고 시켰다. 그리고 조용히 불러 말했다.

"네가 화를 내는 건 너의 감정이니까 그럴 수도 있다고 이해하지만 때와 장소와 대상을 가리지 않고 화를 내는 것은 용납할 수 없어. 네 방 물건도 아니고 엄마 아빠 방의 물건을 깨뜨렸으니 이건 네가 보상을 해야 해. 거울을 깬 것에 대해선 책임져야 할 거야. 어떻게 할 것인지 이따 저녁에 아빠 오시면 이야기하자. 그동안 생각하고 있어"라고 한 뒤 돌려보냈다.

아이는 여전히 분이 풀리는 것 같지 않았다. 눈에 눈물도 맺힌 것 같았다. 자기 방으로 가더니 또 "으아~" 하고 소리를 지른다. 모른 척 내버려 두었다. 자기도 지금 마주대하는 내가 예전 같지 않다는 걸 인정하는 것이니까.

남편이 퇴근하기를 기다려 자초지종을 설명하고 아이를 안방으로 불렀다. 처음엔 절대 자기가 깬 거울 값을 낼 수 없다며 건들거리는 태도와 무례한 말투로 이야기했다. 그런 모습을 본 남편이 예준이를 쫓아내 버렸다. 아이도 식식대며 현관문을 쾅 닫고 나갔다. 이 상황을 닥터지바고에게 문자로 문의했다. 닥터지바고가 알려 준대로 '12시경 현관문을 살짝 열어 놓을 테니 들어와 자거라'라고 문자를 보냈다. 그 시간쯤 예준이가 집으로 들어왔다.

아침에 남편이 "누구 맘대로 들어왔냐? 나갈 때도 네 맘대로 나가고 들어올 때도 네 맘대로 들어오냐?"라고 꾸중하니까 군말 없이 "앞으로 잘할게요"라며 학교에 갔다.

그날 저녁에 예준이를 다시 안방으로 불렀다. 그리고 남편이 엄한 목소리로 물었다.

"깬 거울 어떻게 할 거냐?"

"몰라요."

"네가 모른다고 표현한 것은 선택권을 포기한다는 것으로 해석해도 되겠지? 알아보니 거울 비용이 8만 원이란다. 네가 돈을 벌어서 갚으라는 것도 아직은 아닌 것 같고. 앞으로 8주 동안 너의 용돈에서 1만 원씩 갚아 나가라. 용돈 줄 때 만 원을 미리 빼고 주는 게 아니라 너한테 2만 원을 주는 자리에서 만 원을 돌려받을 거야. 너도 용돈이 줄었으니 아껴 써야 할 거야. 그 기간을 단축시키고 싶거들랑 엄마 아빠 입장에서 볼 때 네가 땀을 흘리며 수고한 결과를 보여라. 찾아보면 많을 거야. 대청소를 하든지, 아빠 구두를 닦든지, 설거지를 돕든지. 물론 그 행동 하나가 만 원의 가치와 맞먹지는 않아. 몇 번이고 반복해서 노동의 가치와 금액을 맞춰야 될 거야. 여기에 대해서 할 말 있어? 넌 어떻게 생각하니?"

"……"

"말이 없다는 것도 동의하는 것으로 간주할 거야."

"억울해요."

"억울한 마음은 안다. 충분히 억울할 수 있지. 그러나 이 일은 네 보상 금액이 끝날 때 풀어질 거다. 너도 자유로울 수 있을 것이고."

"안 하면 어떻게 돼요?"

"안 하면 네게 가는 기본적인 것들까지 중단할 계획이다. 네가 자유를 원했으니 자유를 주되, 너에게 식사, 용돈, 빨래, 청소와 같은 엄마의 의무도 뺄 것이다. 물론 컴퓨터도 정리할 것이고……."

"정말 심하네요."

"어쩔 수 없어. 그런 일이 생기지 않기를 바랄 뿐이다. 다만 네가 약속을 잘 이행한다면 그런 일은 생기지 않을 거야."

남편이 가족회의를 소집하였다. 이번 사건에 대한 부모의 입장을 충분히 설명하고 거기에 대해 어떻게 할 것인지에 대해 예준이가 말하게 하였다. 그렇게 말한 내용은 워드로 작업해서 프린터로 출력한 다음 가족 모두의 서명을 받아 냉장고와 식탁, 예준이 책상 앞에 붙여 놓기로 하였다.

1. 거울을 깬 일에 대해서 책임을 지겠습니다.
2. 매주 용돈을 받은 후 1만 원 씩 8주간에 걸쳐 갚겠습니다.
3. 기간 중 동일한 사건이 발생 시 부모님의 어떠한 처벌도 달게 받겠습니다.

첫 용돈을 주는 날, 보는 앞에서 2만 원을 주고 그 자리에서 만 원을 돌려받았다. 그리고 "네가 약속을 지키는 것을 보니 고맙다"라고 짧게 이야기해 주었다.

거울 사건이 있은 후 2주를 지내는 동안 큰 사건은 없었다. 아침에 일어나는 것도 잘하고 있고 대놓고 욕설하는 것도 없어졌다. 욕설을 하더라도 혼잣말로 한다. 가끔씩 친구들과 통화하는 걸 보면 욕을 달고 사는 게 보이지만 직접 대놓고 하는 건 아니니 모른 척하고 있다. 소소한 일들이 있었지만 일일이 쪽지를 보내진 않았다. 그 정도의 일이라면 얼마든지 혼자 처리할 수 있었다. 고민하는 기간이 단축된 것도 변화였다. 그동안 해온 대로 조용히 생각한 후 냉정하게 처리하면 그만이었다.

2학년 올라간 지 벌써 몇 주가 지났는데 예준이는 책 한 권 없이 학교에 갔다. 그러나 잔소리하지 않고 보냈다. 저녁에 예준이에게 책 없이 수업해 보니 어떠냐고 물었더니 시간표 써 왔다며 챙겨 가겠다고 했다. 다음 날 가방에 책을 챙겨서 갔다. 시간표를 챙기는 모습을 보고 아이를 칭찬해 주었다. 녀석도 뒤통수를 긁으면서도 싫어하는 기색은 아니었다. 이제 원리 원칙, 기준과 같은 용어들을 머리에 새겨 두었으니 내가 충분히 예준이를 대응할 수 있겠다는 자신감도 생겼다.

어느 날 예준이로부터 다른 반응이 왔다. 그동안은 주로 예준이의 행동에 대해서 내가 금지하는 일이 많았는데 지금은 예준이가 뭔가 하고 싶다는 의사표현을 해온 것이다. 급히 닥터지바고에게 쪽지를 보냈다.

💬 예준이가 바둑 학원에 다니고 싶다며 수강비를 달라고 합니다. 어떻게 해야 할까요? 지바고 님과 의논하고 나중에 답해 주려고 "알았다. 생각해 보자"라고만 답했습니다. 고 2짜리가 진로를 생각해야

할 시점인데 바둑을 해도 좋을까요?

💬 바둑 학원에 다니는 문제도 이제는 조금 다르게 접근하십시오. 아이가 좋아하는 선호 자극이니 허락은 해주십시오. 과거에는 문제를 일으키던 아이가 바둑 같은 건강한 활동을 한다고 할 때 기쁜 마음에 그냥 해주셨을 겁니다. 그러나 바둑은 선택 사항입니다. **부모의 기본적인 의무가 의식주와 학교 교육 정도라고 할 때 두 분은 의무를 잘 이행해 주고 있습니다. 바둑은 일종의 옵션이기 때문에 그것을 하고 싶다면 대가를 지불해야 합니다. "그래. 네가 하고 싶어 하니까 학원에 보내 줄게. 대신 너는 어떻게 할래?" 하는 식으로 물어보세요. 그러니까 자기가 좋아하는 바둑을 배우기 위해서 뭔가를 해야 한다는 것을 학습시키는 겁니다. 부모가 주는 것이 당연하다고 여기는 아이는 싸가지 없이 자랍니다.**

닥터지바고에게 쪽지를 보낼 일이 줄었다. 문제가 없어서가 아니라 이젠 어떻게 다룰지에 대해 어느 정도 확신이 생겼기 때문이다. 바둑 학원에 다니는 문제는 집에서 컴퓨터 바둑 두는 시간을 늘리는 것으로 대신하기로 결정했다. 일요일 오후부터 저녁까지는 컴퓨터를 마음껏 사용해도 좋다고 조율하였다.

그 후에도 몇 번 쪽지를 보냈는데, 물어보는 것이 아니라 어떤 일에 대해서 내가 하려고 하는 방침이 맞는지 확인하는 차원이었다. 내가 생각한 것과 같은 대답을 들을 땐 좀 더 소신껏 처리할 수 있었고 묻지 않고 처리하는 일도 많아졌다. 무엇보다 남편이 큰 힘이 되고 있다는 건 정말 고마운 일이었다.

며칠 전엔 킥보드를 주웠다며 갖고 들어온 것을 "잃어버린 사람이 다시 찾아갈 수도 있으니 주워 오면 안 된다. 그리고 네가 억울하게 누명 쓸 수 있다"라고 하며 제자리에 갖다 놓고 오라고 했다.

오늘 아침엔 처음 보는 자전거를 타고 나갔다. 그전에도 이런 일이 몇 번 있었다. 예준이가 학교에서 돌아왔을 때 자전거 얘길 꺼냈다. "주차장에 버려진 걸 주워 와도 네가 훔쳤다는 누명을 쓸 수 있고 상대가 어떤 사람이냐에 따라 너는 물론 부모까지 힘든 일을 당할 수도 있어. 네 물건이 아니라면 집에 가지고 들어오는 거 허락 안 한다. 만약 네가 갖고 왔다면 너의 선택이지만 거기에 따른 책임도 네가 져야 해. 엄만 널 믿어!"라고 했다. 아이의 표정은 '내가 알아서 할 텐데 왜 상관하냐'는 것이었지만 그대로 말하지 않고 꾹 참고 있는 것이 보였다.

그때 남편이 "자전거 제자리에 갖다 놓고 와. 이건 아빠 명령이야!"라고 한마디 거들었다. 군말 없이 자전거를 가지고 나갔다가 올 때는 빈손으로 들어왔다. 예전에 비하면 화를 폭발하지 않는 것도 대단한 발전이고 남편의 말에 토 달지 않고 싫든 좋든 하고 오는 것도 대단한 발전이었다.

어젯밤에는 예준이 친구가 인천에서 왔는데 돌아갈 차비가 없다고 해서 남편이 돈 5,000원을 줘서 보냈다. 그리고 그 돈은 예준이 용돈에서 차감하겠다고 했다. 예준이 친구는 무면허로 오토바이를 타고 왔다가 경찰한테 걸려 돌아갈 차비가 없는 상황이었다. 종일 딴 친구랑 놀다가 거절 못하고 맘 약한 예준이에게 부탁한 그 친구가 미웠지만 예상에 없던 지출이니 차감의 이유를 설명해 주었다. 그랬더니 예준이도 "알았다"라고 했다. 선택, 책임, 믿음이라는 단어가 이젠 입에서 술술 나오는 말이 되었다. 그 상황을 닥터지바고에게 알렸다. 도움을 얻기 위한 쪽지가 아니라 그간의 상황을 알리는 쪽지였다. 몇 분 지나지 않아 격려의 답신을 받았다.

💬 물건을 가지고 왔다면 제자리에 되돌려 놓는 것도 아이 몫입니다. 거기에 대한 기준만 이야기해 주시면 됩니다. 이젠 잘 알고 계시네요. 하하. 책임, 믿음, 선택…… 다 맞습니다. 아이가 어른이 되어가는 통과의례 과정이지요. 예준이도 많이 발전했네요. 엄마가 기준과 원칙을 설명하니 알았다고 반응하는 걸 보니까요. 이젠 기쁨의 찬가를 부를 날이 머지않았네요. ↵

싸가지 팁 16.
아직도 늦지 않았다

싸가지 코칭은 지금껏 못했던 지침들을 이제 하나씩 해나가는 것이다. 내 자녀가 중고등학생이든 대학생이 되었든 백수로 지내든, 뭘 어떻게 하고 있든 시작하라. 막상 시작하기만 하면 그 결과는 금세 나타날 것이다. 생각했던 것보다 훨씬 더 짧은 시간에 엄청나게 변하는 자녀도 있을 것이다.

물론 금세 변하지 않는 자녀도 있다. 그런 자녀를 대할 땐 싸가지 코칭을 시작했다고 해서 아이가 한꺼번에 변하리라고 기대하지 마라. 그럴 때는 아이가 스스로 뭔가를 해나갈 수 있도록 기다려 줘야 할 필요가 있다. 다소 어설픈 느낌이 들어도 기다려야 한다.

그럼에도 불구하고 싸가지 코칭은 해야 한다. 혹 내 자녀에게 굳이 싸가지 코칭을 해야 할 필요를 못 느끼는 사람들이라면, 자신의 삶에 주어진 엄청난 복에 감사하라.

마침내
승리의 깃발을 꽂다

계절의 여왕이라는 5월로 접어들었다. 그런 사이 예준이가 거울을 깨뜨린 지 8주가 지났다. 매주 꼬박꼬박 용돈을 주는 자리에서 만 원을 돌려받았다. 오늘은 그것이 끝나는 날이다. 남편과 의논해서 작은 봉투를 만들었다. 그 속에 2만 원을 넣었다. 그리고 쪽지를 동봉했다.

8주 동안 힘들었을 거야. 그럼에도 잘 참아 줘서 고맙다. 엄마 아빠 네가 그렇게 잘 참아 주고 견뎌 내는 모습이 대견하고 흐뭇해. 그건 네가 스스로 책임지려 애쓰는 모습을 보였기 때문이야. 그래서 네가 지불한 8만 원 중에 엄마가 만 원, 아빠가 만 원을 격려금으로 돌려주려고 해. 이 돈은 네가 원하는 대로 사용해도 좋다.

거울 사건 이후에 아이가 정말 차분해진 느낌은 들었지만 덤벙댄 다든지 주의 깊게 생각하지 않는 것은 아직도 남아 있는 버릇이었다. 심부름을 시켰는데 그만 돈을 잃어버리고 들어왔다. 마트 가서 파와 마늘 좀 사오라고 했는데 아무리 기다려도 들어오질 않았다. 늦게 들어와서는 돈이 하수구에 빠져서 찾다가 못 찾고 왔다는데 경비 아저씨한테 부탁해서 찾아보자고 했더니 불손한 태도가 나왔다. 말도 이리 저리 돌리며 짜증을 냈다.

"지금 돈을 잃어버려 엄마에게 죄송하다고 해야 하는 상황이야. 그런데 너 어디서 엄마에게 이런 태도를 보이는 거야? 무릎 꿇고 앉아! 그리고 어쩌다 돈을 잃어버렸는지 차근차근 설명해 봐."

엄한 목소리로 아이를 꾸짖었다. 그랬더니 고개를 숙이며 기어들어가는 목소리로 말했다.

"돈을 들고 가다가 놓쳤는데 그만 바람에 날아간 거 같아. 옆에 계시던 어떤 아저씨에게 같이 찾아 달라고 부탁도 했는데 못 찾았어."

"네가 일부러 잃어버린 거 아니라니까 이번은 엄마가 이해할게. 다음에는 돈 관리 잘해야 한다. 그리고 엄마 심부름한 건 고맙다."

"엄마 나도 힘들어! 엄마가 옛날과 많이 달라졌어! 너무 많이 달라졌어."

"일 년만 지나면 엄마 곁을 떠날 수 있으니 그때까지 엄만 네가 책임감 있게 행동하는 것만은 꼭 가르치고 싶어! 그 부분만 채워지면 예준이는 정말 멋진 아들이 될 거야."

예전과 달라진 엄마라는 말을 들으니 기분이 좋으면서 나 스스로가 대견했다. 내심 기뻤지만 내색하지 않고 한마디 더 해주었더니 조용히 자기 방으로 들어갔다. 그 상황을 쪽지로 보냈다.

💬 잘하셨습니다. 그렇게 하시는 것이 맞습니다. 아이가 스스로 책임을 지게 하는 것이고 부모의 자리를 만들어 가는 것이니까요. 앞으로도 계속 그렇게 하십시오. 많이 부딪히겠지만 그럴 때마다 이젠 아이가 성장하게 될 겁니다. 이전까지는 성장이 아니라 항상 그 자리에 머물러 있는 답보 상태였지요.

그러나 이제는 분명 성장과 진보가 있습니다. 예준이가 많이 자랄 겁니다. 예준인 비정상이 아닙니다. ADHD라는 것 때문에 배웠어야 할 규범과 규칙, 적절한 좌절 같은 것을 못 배웠을 뿐입니다. 그런 것을 다시 경험하는 과정이니 부모님과 아이 모두 힘들고 어렵겠지만 참고 인내하셔야 합니다. 눈물로 심는 자식은 결코 헛되는 법이 없습니다. 저는 예준이가 누구보다 가슴 따뜻한 사람이 될 거라고 믿습니다. 이미 그런 마음이 보이고 있고요. 이번 일은 정말 잘하셨네요. 제가 봐도 정말로 대견합니다. ↵

칭찬을 받으니 기분이 한껏 좋아졌다. 그런 마음으로 교회를 갔다가 까마득히 몰랐던 일을 알게 되었다. 지난 목요일, 예준이가 서울에 친구랑 놀러 나갔다 시간이 늦어 전철이 그만 끊겨 버린 일이 있었다. 문자로 '엄마 나 데리러 와!'라고 하는 것을 '네가 알아서 들어오너라'라고 단호히 거절했었다. 다른 교통수단을 찾아볼 것이고, 정 안 되면 두세 시간 걸어서라도 집에 와야 했다. 그것 역시 치러야 할 레슨비였다. 걱정은 됐지만 그래도 엄마를 종처럼 부려먹을 생각만큼은 버리게 하고 싶었다. 전화를 끊고 한 시간 정도 뒤에 들어왔다. 택시를 타고 왔거나 늦은 시각까지 다니는 좌석버스를 이용한 줄 알았다.

그런데 알고 보니 교회 고등부 담당 전도사에게 전화로 자기를 데리러 오라고 한 것이었다. 윗사람을 종 부리듯 오라 가라 한 것은 예의 바른 행동이 아니었다. 예전에는 이런 일이 있으면 주일에 가서 송구스런 표정으로 수고비를 대신 챙겨 주었을 것이다. 그렇게 나는 언제나 예준이의 해결사였다.

집에 돌아와 예준이와 이야기를 나누었다. 어찌되었든 문제가 생겼을 때 나름대로 대안을 찾아낸 것 자체는 칭찬할 만한 일이라고 말해 주고 계획 없이 노느라 전철 시간을 놓친 것과 윗사람에게 무례하게 행동한 것에 대해서는 꾸중했다.

그러고 나서 예준이에게 저축해 놓은 용돈에서 일부를 준비하라고 하고 거기에 조금 더 추가해서 봉투를 만들었다. 직접 편지도 쓰게 했다. 번거롭게 해서 죄송하고 앞으로는 그러지 않겠다는 내용이었다. 그리고 담당 전도사 집으로 가 몸으로 무언가를 도와드리라고 했다. 몸으로 귀찮게 했으니 몸으로 봉사하라는 취지였다. 예준이는 군말 없이 담당 고등부 전도사 집에 가 봉투를 전달하고 청소와 책

정리를 도와주고 왔다.

며칠 뒤 상상도 못했던 일이 발생했다. 예준이가 할 말이 있다며 안방 문을 두드렸다. 이전엔 안방 문도 자기 마음대로 벌컥 열고 들어오곤 했지만 코칭을 시작한 다음부터는 안방은 반드시 노크한 후에 허락을 받고 들어오는 것이 규칙이었다. 물론 예성이에게도 동일하게 적용되었다. 들어오더니 무릎을 꿇었다. 놀랐지만 애써 태연한 척했다.

"그래 무슨 일이니?"

"그동안 엄마 아빠 속 썩여서 죄송해요."

나한테는 반말 투로 말하지만 아빠에게는 존칭어를 쓴다.

"뭐가 죄송하다는 거냐?"

"저도 알아요. 그동안 제 ADHD 때문에 부모님이 고생하셨다는 거. 그렇지만 저도 뭘 어떻게 해야 할지 솔직히 모르겠더라고요. 그런데 요즘 엄마 아빠가 많이 달라지셨어요. 특히 엄마는 정말 많이 달라지셨어요. 솔직히 엄마가 무섭다는 생각은 해본 적 없는데 요즘 와선 깐깐하고 무섭다는 생각도 들어요."

"무서워? 우스운 게 아니고?"

"아니요. 무섭다고요."

"그래. 죄송하다는 말 하고 싶어서 온 거니?"

"그 말도 하고 싶었고요. 실은, 도와 달라는 말을 하고 싶어서……."

"도와…… 달라고?"

"네. 그동안 ADHD 때문에 제가 공부나 모든 면에서 친구들에게 뒤떨어진다는 거 알아요. 이제부터라도 해보려고 하는데 솔직히 뭘 어떻게 해야 할지 모르겠어요. 저 좀 많이 도와주세요. 공부도 따라가려면 힘들 테니 엄마 아빠가 도와주셔야 해요. 아빠는 공부 잘하셨잖아요?"

"그래, 네가 이렇게 말해 주니 고맙다. 그리고 대견하다. 넌 지극히 정상이야. 엄마 아빠의 머리와 성품을 받았다면 누구보다 멋진 인생의 주인공이 될 수 있을 거야. 고맙다 아들, 이렇게 말해 줘서!"

남편에게 슬쩍 눈치를 주었다. 이럴 때 가장의 권위가 필요한 것이라고 눈으로 뜻을 전했다. 남편도 알아들었다는 듯 예준이에게 와서 머리에 손을 얹었다. 교회에서 예준이 문제에 도움이 되라며 준 《하루에 한 번 자녀를 축복하라》라는 책을 같이 읽었는데, 막상 실행하기가 멋쩍고 쑥스러워 미루고 있던 차였다. 그 축복하는 기도를 할 시점이 바로 지금이라는 나의 메시지를 남편이 받은 것이다. 남편의 음성이 떨리고 있었다.

"하나님, 우리 아들 예준이 이렇게 잘 키워 주셔서 감사합니다. 그동안 ADHD로 마음고생을 많이 했습니다. 그러나 이젠 그 모든 것을 뒤로 하고 새롭게 출발하려고 합니다. 용기를 내어 저희를 찾아와 도움을 요청하는 예준이에게 복을 주시고 앞으로 부모보다 더 위대한 사람이 되도록 하옵소서. 이 아이가 저희 부부의 기쁨이며 자랑이고 행복입니다. 이 아이를 통해 세상이 더 밝아지게 하시고 이 아이를 통해서 많은 사람들이 생명을 얻고 행복해지게 하옵소서……."

기도가 이어지는 동안 남편의 눈물이 예준이 머리에 떨어졌다. 예준이의 눈물도 손등을 적시고 있었다. 그 광경을 지켜보는 내 눈에도 눈물이 계속 고였다.

싸가지 팁 17.
때론 거짓말도 믿어 주어라

부모는 다 큰 자녀를 전적으로 믿어 주는 것이 필요하다. 거짓말을 하더라도 그 말을 믿어 주면 정작 마음이 불편한 쪽은 자식이다. 사람은 자신을 믿어 주는 사람을 향해 목숨을 건다. 자식은 부모가 자신을 믿어 주기를 기대한다. 박찬석 전 경북대 총장의 일화는 믿어 주는 힘이 얼마나 큰 힘을 발휘하는지를 보여 주는 사례다.

나는 경북의 아주 가난한 시골에서 태어났다. 그러나 아버지는 가정 형편도 안 되고 머리도 안 되는 나를 대구로 유학을 보냈다. 대구중학교를 다녔는데 공부하기가 싫었다. 1학년 8반, 석차는 68명 중 68등, 꼴찌를 했다.

부끄러운 성적표를 가지고 고향에 가는 어린 마음에도 그 성적을 내밀 자신이 없었다. 당신이 교육을 받지 못한 한을 자식을 통해 풀고자 했는데 꼴찌라니……. 끼니를 제대로 잇지 못하는 소작농을 하면서도 아들을 중학교에 보낼 생각을 한 아버지를 떠올리면 그냥 있을 수가 없었다. 그래서 잉크로 기록된 성적표를 1/68로 고쳐 아버지께 보여 드렸다.

아버지는 보통학교도 다니지 않았으므로 내가 1등으로 고친 성적표를 알아차리지 못할 것으로 생각했다. 대구로 유학한 아들이 집으로 왔으니 친지들이 몰려와 "찬석이는 공부를 잘했더냐"고 물었다. 아버지는 "앞으로 봐야제. 이번에는 어쩌다 1등을 했는가베" 하셨다.

"명순(아버지)이는 자식 하나는 잘 뒀어. 1등을 했으면 책거리를 해야제" 했다. 당시 우리 집은 동네에서 가장 가난한 살림이었다. 이튿날 강에서 멱을 감고 돌아오니, 아버지는 한 마리뿐인 돼지를 잡아 동네 사람들을 모아 놓고 잔치를 하고 있었다. 그 돼지는 우리 집 재산 목록 1호였다. 기가 막힌 일이 벌어진 것이다. "아부지……" 하고 불렀지만 다음 말을 할 수가 없었다. 그리고 달려 나갔다. 그 뒤로 나를 부르는 소리가 들렸다. 겁이 난 나는 강으로 가 죽어 버리고 싶은 마음에 물속에서 숨을 안 쉬고 버티기도 했고, 주먹으로 내 머리를 내리치기도 했다.

충격적인 그 사건 이후 나는 달라졌다. 항상 그 일이 머리에 맴돌았기 때문이다. 그로부터 17년 후 나는 대학 교수가 되었다. 그리고 나의 아들이 중학교에 입학했을 때, 그러니까 내 나이 45세가 되던 어느 날, 부모님 앞에 33년 전의 일을 사과하기 위해 "어무이…… 저 중학교 1학년 때 1등은요……" 하고 말을 시작하려고 하는데 옆에서 담배를 피우시던 아버지께서 "알고 있었다. 그만해라. 민우(손자)가 듣는다"라고 하셨다. 자식이 성적표를 위조한 사실을 알고도, 재산 목록 1호인 돼지를 잡아 잔치를 하신 부모님 마음을, 박사이고 교수이고 대학 총장인 나는, 아직도 감히 알 수가 없다.

—출처: cafe.daum.net/funperformance

뻔뻔(fun fun)한
가족 되기

남편과 함께 닥터지바고를 만났다.

"이제 운동 처방이 필요할 때입니다. 아버지가 아이와 함께 운동을 하십시오. 행복한 사람은 대부분 신체를 적절히 움직이는 습관을 가지고 있습니다. 몸을 움직이면 뇌 활성 유도인자(BDNF, Brain-derived neurotrophic factor)가 생성되어 기분이 좋아지고 집중력도 높아지게 되거든요. 몸을 움직이면 자기의 매력도 높일 수 있습니다. 제대로 된 운동 습관을 가진 사람일수록 주위 사람들에게 인기가 있는 이유는 자기 신체를 단련하고 있다는 자신감이 타인의 눈에도 보이기 때문이죠. 예준이에게 필요한 것은 자신감입니다. 운동은 몸도 건강하게 하고 자신감도 얻는 방법입니다."

마침 집에서 걸어서 10분 거리에 시립 체육관이 있고 거기에 32 레인의 대형 볼링장이 있다. 청소년들은 주중 게임 요금이 1,000원으로 아주 저렴했다. 무슨 대회가 있을 때를 제외하고는 오래 기다리는 일도 별로 없다. 남편과 예준이는 아예 볼링 세트를 구입했다. 마침 행사 기간이고 두 세트를 동시에 한다니 할인도 더 많이 해주었다. 이왕 배우는 거 제대로 배우자며 나란히 초급반에 등록했다. 일주일에 두 번은 가야 한다. 그렇게 두 남자가 볼링장에 다니는 것이 보기에도 좋았다.

며칠 후, 나는 닥터지바고가 추천했던 3박 4일의 영성수련 프로그램에 참여하게 되었다. 남자 세 명만 남겨 두고 간다는 게 영 마음에 걸려 내키지 않았는데 닥터지바고가 쪽지를 보내 왔다.

💬 걱정 말고 다녀오십시오. 민들레 님이 바빠서 예준이에게 신경 쓸 수 없는 게 그 아이를 도와주는 겁니다. 예준이 걱정 말고 오로지 본인에게 집중하고 오십시오. 회피하거나 도망하지 말고 직면해서 다양한 경험을 하고 오십시오. 그리고 3박 4일 동안 남자들끼리 알아서 잘 지내라고 해놓으세요. 먹을 것 잔뜩 해서 냉장고에 채워 놓지 말고 알아서 해결하게 하세요. ↵

하긴, 세 남자들끼리 알아서 복작거릴 것이다. 내가 끼어들지 않고 수놈들끼리 있어 봐야 내 존재의 중요성을 인지할 것이다. 내가 없는 동안 숱하게 전화할지도 모른다. 그러나 전화통화는 불가능하다. 입소하는 순간 핸드폰을 다 회수할 테니까. 그냥 기분 좋게 다녀오자. 나를 위한 대접이라 여기고 그냥 집중하자.

3박 4일의 영성수련은 정말 나를 돌아볼 수 있는 기회였다. 마음껏 소리도 지르고 춤도 추고 얼싸안기도 하고, 다른 사람의 상처 때문에 함께 울어 주기도 하고 내가 그동안 살아오면서 예준이 때문에 겪었던 일을 이야기할 땐 다른 사람이 나를 얼싸안고 울어 주었다. 사람대접을 받는 것 같았다.

집에 돌아오니 그렇게까지 엉망은 아니었다. 설거지도 미흡하기는 하지만 잘 되어 있었고 두 아들 영양 상태가 부실해 보이지도 않았다. 내내 외식을 했을까 걱정도 했지만 괜한 기우였다. 때마다 밥을 해 먹었단다. 남편은 전기밥솥도 쓰지 않고 냄비 밥을 했단다. 총각 시절 자취할 때 가끔 해 먹었다는데 결혼 후엔 그런 모습을 한 번도 못 봤다. 하긴, 그럴 시간도 없었다. 집에 있는 시간이 없었으니까. 오죽하면 회사에서 나올 때 인사가 "집에 다녀오겠습니다"였을까?

주말에는 치킨 내기 윷놀이 대회를 열었다. 지난 설에 시골에서 오래된 싸리나무로 만든 윷을 가지고 왔었다. 시골 어르신이 몇 해 전 산에 나무하러 갔다가 발견한 큰 싸리나무로 만든 것이었다. 추석도 아니고 설도 아니라 윷놀이가 어색하긴 했지만 마땅히 다른 게임 할 것도 없고 형제끼리 한 팀을 엮어 주어 친해지도록 하자는 의도도 있었다. 예준이 예성이가 한 팀이 되고 우리 부부가 한 팀이 되었다. 예준이가 말을 쓰고 우리 쪽은 남편이 말을 썼다. 머리가 똑똑한 남편이 이길 거라고 예상했는데 결과는 3대 2로 아이들이 이겼다. 마지막 게임에서 예성이가 연거푸 모를 던지는 바람에 역전 상황이 벌어진 것이다. 예준이가 기뻐하며 동생과 하이파이브를 하고 윷놀이의 달인, '윷달'이라고 별명을 지어 불렀다.

"앗싸~ 이번엔 우리 윷달 님께서 던지십니다. 긴장하십시오. 자! 윷달 님 이번에도 모를 부탁합니다요."

정말 주문처럼 모가 나왔다. 두 형제가 환호성을 지르며 얼싸안고 춤을 추었다.

남편은 기분 좋게 치킨 값을 지불했다. 얼마 만에 이렇게 큰 목소리로 웃는지 까마득했다. 늘 동생을 때리고 휴대폰 뺏고 부려먹던 아이가 동생을 칭찬하고 세워 주는 모습이 좋았다.

안방에 들어와 침대에 누워서 남편과 도란도란 이야기를 나누었다.

"오늘 애들 노는 거 보니까 정말 좋지?"

"그러게 말이야. 그동안 내가 정말 너무 무심했던 것 같아."

"너무 바빠서 제대로 가족 여행 다닐 시간도 부족했어."

"그래도 이젠 조금 여유가 생겼으니 가족 여행 자주 가자고."

"그래, 그거 좋은 생각이야."

"그리고 이번 여행은 예준이에게 선택권을 주는 게 어때? 1박 2일 동안 우리가 쓸 수 있는 예산 50만 원 내에서 기름 값, 왕복 도로비, 식사, 숙박 이런 것 다 본인이 직접 알아보게 말이야."

"잘할 수 있을까?"

"그럼. 잘할 수 있을 거야. 믿어 보자고. 닥터지바고가 그랬잖아. 다 큰 아이는 부모가 믿어 줘야 한다고. 믿어 주는 부모역할이 가장 힘든 거라고."

"그런 걸 다 기억해? 역시 당신은 천재야."

"그건 그렇지. 하하하."

싸가지 팁 18.
가족도 즐거운 시간을 함께해야 친해진다

유대인들의 안식일 인사는 '샤밧 샬롬' 즉 평안한 안식일이다. 그들은 안식일에 평화를 누리기 위해 먼저 자신들이 거룩해져야 한다고 생각한다. 포도주를 나누는 것은 평화의 임재를 위한 성결 의식이다. 평화는 모든 가족 구성원들 사이에 세워져야 하기 때문에 어린아이도 반드시 포도주를 마셔야 한다. 때문에 이스라엘은 어린이를 위한 유아용 포도주가 따로 있다고 한다. 유대인들은 금요일 저녁에 포도주 의식을 치룬 뒤, 즉 화해를 한 뒤에야 밥을 먹을 수 있다. 가족끼리 둘러앉은 식탁에서 화해를 선포하는 일은 가족을 하나 되게 만드는 중요한 일이다. 아무리 바쁘더라도 일주일에 한 번 이상은 온 가족이 밥상에 둘러앉아야 한다. 그래야 가족의 의미도 새롭게 되새기고 평화를 얻으며 아이들이 배워야 할 것들도 배우게 된다.

다 큰 자녀를 둔 부모들의 어린 시절엔 밥상이 교육 장소였다는 말을 누구도 부인하지 못할 것이다. 밥을 먹으려면 상에 앉아 대기해야 하고 아버지가 먼저 수저를 들어야 자식들도 수저를 들고 밥을 먹을 수 있었다. 아버지 밥상이 따로 있더라도 마찬가지였다. 그 밥상에서 수저질하는 법, 반찬을 집어 오는 법, 음식을 입에 넣고 씹을 때 입을 다물고 먹는 것부터 정말 많은 밥상머리 교육을 했다. 할아버지가 있는 집은 더했다.

요즘 아이들의 공중도덕 정신이 흐려진 것은 바로 밥상머리 교육이 제대로 되지 않아서다. 케네디 가문은 케네디 어머니의 식탁 교육으로도 유명한데, 식사 시간을 지키게 하면서 시간과 약속의 중요성을 늘 강조했고, 밥을 먹으면서 자녀들이 자유롭게 토론할 수 있는 분위기를 이끌어 생각과 의견을 논리적으로 말할 수 있게끔 가르치고 훈련했다고 한다.

또 가족은 함께 노는 시간을 가져야 친해진다. 송재현의 《좋은 부모 되기 40일 프로젝트》에서는 추억을 만들기 위해서 시간을 함께 보내라고 제안한다. 추억은 어려움을 극복하게 하는 참 묘한 힘이 있기 때문이다. 결혼생활이 힘들 때 연애시절의 추억을 떠올리면 힘든 과정을 좀 더 잘 극복할 수 있는 것처럼 말이다. 어린 시절의 좋은 추억은 강장제와 같다. 좋은 추억을 만들어 주기 위해 시간을 써야 한다.

돈을 벌기 위해 고민하고 애쓰는 것처럼 좋은 추억도 만들려고 고민하고 애써야 한다. 자녀가 장성했을 때 유산을 많이 남겨 준 부모보다는 좋은 추억을 많이 만들어 준 부모에게 훨씬 감사하며 살 것이다.

스스로 자라게 하는
심리성장 호르몬
'자기효능감'

 장미꽃 향기가 좋은 초여름이 되었다. 우리 집의 분위기도 상큼하다. 남편도 주말엔 어김없이 집에 있으려 한다. 틈만 나면 바깥으로 나돌더니 요즘은 가급적이면 집에 있으려 한다. 온 가족이 함께 볼링을 치러 가는 날도 예전보다 많아졌다. 예준이의 실력도 부쩍 늘었다. 처음에는 남편이 예준이에게 기본 폼을 가르쳐 주었는데, 이젠 남편의 실력을 넘었다.
 잔소리할 일도 부쩍 줄었다. 방 정리하는 것이나 심부름하는 것도 이젠 군말 없이 척척 해낸다. 짜증 소리가 줄어들었다. 어제는 스스로 머리 자르고 오겠다고 하더니 짧게 자르고 왔다. 지난번 자른 머리가 길어 보기 싫었는데 자르라는 소리를 하기도 전에 스스로 자르고 온 것이다. 중학교 때부터 머리에 유난히 예민해서 참 많이 싸웠는데, 이런 모습을 보니 얼마나 대견하고 기특한지 기분이 한껏 좋아졌다. 멋진 행동이라고 칭찬했더니 인터넷 바둑 시간을 한 시간 더 연장해 달라고 한다. 흔쾌히 허락했다. 그런 기분 좋은 변화도 닥터지바고와 나누고 싶어 쪽지를 보냈다.

💬 이번 주 토요일에 예준이가 친구들과 약속이 있대요. 돈은 필요한데 돈 나올 땐 없으니 어젠 청소하고 걸레로 닦고 화장실 청소하고 쓰레기도 비우고 설거지도 하고 빨래도 널고……. 돈 벌려고 열심이네요! 호호! 어른이나 아이나 돈이 좋긴 좋은가 봅니다.↵

💬 예준이가 이전과 많이 달라진 것은 돈이라는 보상 효과 때문만은 아닐 겁니다. 그 속에 있는 스스로의 자원에 조금씩 접촉이 되고 있는 것이라고 할 수 있죠. 앞으로도 내적 에너지인 자발성에 의해 행동할 수 있도록 잘 다독여 주세요. 아이의 자발성은 예준이가 아버지와의 교류, 엄마와의 교류, 동생과의 교류 속에서 내가 꽤 괜찮은 사람이란 느낌을 조금씩 가질 때 생겨납니다. 예준이에게서 자발적인 행동이 늘어났다면 그만큼 아이 마음속에 새로운 에너지가 생겨나고 있다는 증거입니다. 두고 보시면 변화의 속도는 점점 더 빨라질 겁니다.

그리고 이젠 예준이를 더 이상 ADHD와 연결시키지 마십시오. 설령 그것이 문제로 남아 있다 할지라도 외부에서 제거해 주기보다 스스스로 해결해 갈 수 있는 힘을 믿어 줄 때입니다. 스스로의 결단, 책임질 수 있는 능력, 배려와 이타적인 행동, 스스로 정한 기준과 한계도 지켜 내는 성숙한 단계에까지 올라갈 수 있어야 합니다.

나아가 예준이가 잘할 수 있는 일, 좋아하는 일, 하다 보면 푹 빠져 시간 가는 줄 모르는 일, 그런 일에 접촉되게 해야지요. 시카고대학 교수이자 긍정심리학자인 칙센트미하이(Mihaly Csikszentmihalyi)는 'flow'라는 단어로 이를 설명했습니다. 우리말로 '몰입'이라고 번역하죠. 물 흐르듯 자연스럽게 푹 빠지는 경험, 지금의 예준이는 '몰입'할 수 있는 그 무엇을 찾을 때입니다. 일단, 아이가 바둑 같은 것에 다섯 시간이나 꼼짝 않고 앉아 있기도 했다는 것은 아주 좋은 일입니다. 그것이 하나의 통로가 될 수 있을 거예요. ↵

💬 예준이가 앞으로도 이렇게 잘할까요? 정말 믿을 수 없을 정도로 좋아졌다는 것을 보고 있으면서도 안 믿길 때가 있고, 저러다 어느 날 갑자기 돌변하지 않을까 걱정되기도 해요. 아직도 여전히 다른 아이들에 비하면 주의력도 떨어지는 것 같고 과잉된 행동을 하는 것 같기도 해요. ↵

💬 이훈구 교수가 그랬지요. "모든 인간은 자신의 삶을 처리하는 방법에 대한 만족, 자신이 인생에서 성취하는 업적에 대한 만족, 그리고 자신에 대한 만족을 나타내는 차원을 갖고 있다"라고요. 이렇게 어떤 특별한 상황에서 드러나는 구체적인 자신감을 '자기효능감(self-efficacy)'이라고 합니다. 자기효능감이 높을수록 문제에 직면하고 견디는 힘이 커지고 자발적인 행동을 많이 하게 되어 있습니다.

지금 예준이는 자기효능감을 채우는 중입니다. 한계를 정하고 기준을 정해 주는 일을 통해서 금지하고 잘못된 행동을 교정하는 목적도 있지만 잘한 행동에 대해서는 칭찬과 격려를 함으로써 자기효능감을 높여 주는 것이 중요하죠.

💬 생소한 단어인데 참 좋네요. 정말 예준이가 자기효능감을 경험하고 있을까요?

💬 그럴 겁니다. 사람은 밥만으로 사는 존재라기보다 의미를 찾는 존재입니다. 나이가 많든 적든 존재의 이유를 찾은 사람이 행복하죠. 의미요법의 창시자 빅터 프랭클(Viktor Frankle)은 '가능성이 이뤄지지 않는 것이 의미 없을 뿐, 삶 자체는 결코 의미 없지 않다'라고 하면서 인간을 다른 동물과 구별하는 가장 큰 기준이 이상과 가치를 위한 삶을 살 수 있다는 점을 꼽았답니다.

재클린 스몰(Jacquelyn Small)이라는 심리상담가도 '우리는 영적인 존재가 되려고 노력하는 인간이 아니라 인간이 되려고 노력하는 영적인 존재다'라며 인간이 밥만 먹고 사는 존재가 아님을 강조하였지요. 앞으로 예준이는 부모가 기대하는 것 이상으로 성장할 겁니다. 저는 그 아이 속에 있는 자원을 믿습니다.

싸가지 팁 19.

편안해지려면 내비도(道)를 닦아라

자기효능감은 일차적으로 부모를 통해서 생성된 자신감에 바탕을 두고 있다. 아이가 태어날 때부터 엄마가 일관적으로 해야 하는 일이 바로 믿음을 주는 일이다. 유아기에 엄마의 따뜻한 반응은 "우리는 늘 너를 바라보고 있고, 네 말에 항상 귀 기울이고 있단다. 너는 소중하고 의미 있는 존재란다. 우리는 있는 그대로의 너를 좋아해. 네가 말하는 것을 잘 알아듣고 너의 반응을 존중해서 대답해 줄게"라는 것이다.

아이와 교류하는 동안 둘 사이에는 친밀감이 형성되고 깊은 연결 끈이 만들어진다. 깊은 연결 끈은 '소속감'과 연결되어 홀로 있지 않다는 느낌, 언제나 나에겐 든든한 지원군이 있다는 느낌 속에 살 수 있게 한다. 이것은 기본 신뢰감(basic trust)을 경험하게 하여 이후로 폭넓은 인간관계의 밑바탕이 된다. 또래들과 만나 사귀고 더 넓은 세계로 나아갈 수 있게 하는 것이다.

자녀가 다 컸더라도 부모는 믿어 주어야 한다. 지금이라도 충분히 믿어 주어야 한다. 그러한 절대 신뢰를 경험해야 비로소 자신감을 갖고 세상으로 나간다. 자신감(自信感)을 한자의 의미대로 풀어 보면 '자기 스스로를 믿는 느낌'이다. 내가 나를 신뢰하지 못하는데 누가 나를 신뢰할 것인가? 부모인 내가 내 자식을 신뢰하지 못하는데 어느 사람이 내 자식을 신뢰할까? 그래서 눈물을 머금고 이를 악물고라도 믿어 줘야 한다. 가슴이 쓰리더라도 믿어 줘야 한다.

이때 부모는 간섭하지 말고 내버려 둬야 한다. 아이가 '실수'할 수 있도록 옆으로 살짝 빠져 줘야 한다. 실수를 많이 했다는 말은 많이 시도했다는 의미이며 동시에 그에 따른 작은 성취도 경험했다는 뜻이다. 작은 성취 경험은 자신감이 되고 결국 자기효능감이란 성장호르몬이 일정하게 분비되는 건강한 인격체가 될 수 있다.

　그러나 많은 부모는 아이들이 한두 번 시도해 보고 스스로 못하면 타박하고 질책한다. 아무리 사소한 습관이라도 제대로 형성되려면 21일이 지나야 하고 그것이 6개월 이상 지나야 완전한 습관으로 자리매김한다고 한다. 당연히 시간이 많이 걸리고 시행착오도 있다. 여기에 가장 큰 장애물은 부모의 조급증이다.

　한국 부모는 재촉하고 다그치는 데 일인자다. 우물에서 숭늉 찾는 일을 지금도 여전히 하고 있다. 부모역할은 자녀가 나이 들어가면서 점점 더 하기 어려워진다는 것을, 그리고 아이가 완전히 독립하고 난 이후라야 보상이 돌아오고 쉴 여유가 주어진다는 것을 알아야 한다. 따라서 편안하게 살고 싶다면 아이를 최대한 빨리 독립시켜 세상으로 보내라. 그리고 부모는 도를 닦아야 한다. 그 도의 이름은 내비도(道)다.

자녀
부려먹기

막내 동생 부부가 모처럼 우리 집에 놀러왔다. 이제 네 살배기 조카 지민이와 갓난아이인 지수를 데리고 왔다. 한창 힘든 시기를 보내고 있을 때다. 작은아이를 품에 안고 젖 주고 챙기면서 큰아이를 예의주시해야 한다. 잠시라도 한눈팔면 여지없이 사고를 일으킨다. 문갑, 화장대를 비롯해서 손이 가는 곳은 죄다 열어 보고 만져 보고 끄집어내는 통에 아이만 지나가면 전쟁이 끝난 폐허와 같았다.

식구가 늘었으니 식탁에서 식사를 못하고 거실에 상을 펴고 식사를 하기로 했다. 아이를 들쳐 업은 동생이 상을 펴고 있는데 지민이가 달려와서 "내가 할 거야"라며 상을 잡는다. "넌 지금 가만히 있는 게 도와주는 거야. 저리 가 있어!" "아니야 내가 할 거야." "저리 가 있으라니까." "지민이가 할 거야." "얘가 귀찮게 왜 이래?" 둘이서 실랑이를 벌이다 상을 낚아채듯 당기자 그만 지민이가 넘어지고 말았다. 이내 공습경보가 울렸다.

"얘는…… 얘가 한다는데 그냥 하게 두지. 사실 뭐 지가 하는 거야? 우리가 하는 거지?"

울고 있는 조카의 눈빛에서 실망감을 느낄 수 있었다. 편 상을 접었다 다시 펴는 시늉을 하면서 지민이를 불렀다.

"자~ 지민아! 이모가 이거 너무 무거워 잘 못 들겠네. 씩씩한 남자니까 이것 좀 도와줄래?"

아이가 울음을 그치고 와서 상을 잡았다. 상을 펴고는 "그 다음엔 음…… 이모 따라 와. 행주 줄 테니 엄마에게 줘." 종종걸음으로 주방에 따라 와선 행주를 들고 가 "엄마 이거"라고 한다. 잘했다며 아이의 머리를 한참이나 쓰다듬어 주었다.

그러고 보면, 나는 아이들에게 일을 잘 시키지 않았다. 언제부터인가 예준이는 집안일이나 가족행사에서 늘 열외였다. 어딜 가면 항상 말썽을 일으켰으니 같이 가지 않는 것이 가족을 돕는 일이었다. 그러다 보니 뭘 어떻게 해야 할지를 전혀 배우지 못한 채 덜컥 어른의 신체적 조건을 갖춘 나이가 되고 말았다. 뭘 해보려고 해도 말리는 사람이 하도 많아 제지당한 적이 많았다. 한 번 문제아는 영원한 문제아로 낙인찍히는 것 같다. 닥터지바고가 말한 '스티그마 효과(낙인 효과)'라는 말이 이해가 되었다. 예준이에게 일을 시키는 것이 좋은지 쪽지를 보냈다.

💬 이젠 예준이에게 일을 시키려고 해요. 방 정리는 기본이고, 그 외의 집안일도 기본적으로 시켜야겠다는 결심이 섰어요. 지금 시점에서 일 시켜도 될까요?

💬 당연하죠. 자식은 어릴 때부터 적절한 일을 가르쳐야 합니다. 유치원 정도만 되어도 자기 방을 정리정돈 하는 건 기본으로 알고 있어야 합니다. 자녀가 중고등학생이 되고 대학생이 되었는데 여행도 못 가는 부모가 많아요. 아이 밥 챙겨 줘야 한다는 게 이유입니다. 그런 건 사랑이 아니라 자녀의 종이 되기를 자처하는 겁니다.

💬 지금이라도 일을 시키는 것이 궁극적으론 예준이를 위한 것 맞죠?

💬 네. 맞습니다. 전경일·이민경의 《부모코칭이 아이의 미래를 바꾼다》에서도 '요즘 어른들은 아이 대신에 너무 많은 일을 해줍니다. 그렇게 되면 아이는 제 능력을 발휘할 기회를 놓치지요. 아이에게 자신이 가족의 중요한 구성원이며, 가족을 위해 아주 많은 일을 해줄 수 있다는 자신감을 길러 주어야 합니다. 당연히 일을 한 뒤에는 보상과 칭찬이 따라야겠지요. 단, 제 할 일을 잘했을 때만 보상이나 칭찬을 해주어야 합니다'라고 하고 있죠.

💬 자녀들에게 일을 시키지 않는 부모가 많나요?

💬 너무 많죠. 한 이태 전에는 대학 4학년짜리 딸이 가출했다며 도와 달라고 상담을 온 엄마가 있었어요. 바람피우는 아버지가 싫어서 바람피울 것 같지 않은 남자를 골랐는데 그 사람 역시 천하의 바람둥이였대요. 그래서 딸만큼은 그런 남자 만나지 못하도록 여중, 여

고, 여대만 골라서 보낸 엄마였습니다. 대학만 졸업하면 적절한 혼처를 골라 시집보낼 생각이었죠. 그런데 4학년이 된 5월에 딸이 나이가 열 살이나 많고 직업도 일정하지 않은 남자와 사랑에 빠져 버렸대요. 당연히 뜯어말렸죠. 그러던 어느 날 소리도 없이 집을 나가 버렸어요. 그 엄마는 상담실에서 이렇게 통곡하더군요.

"내가 널 어떻게 키웠는데……. 내가 지금까지 널 손끝에 물 한 방울 묻히지 않도록 했는데……. 내가 널 어떻게 키웠는데……." 그 통곡을 지켜보면서 제가 속으로 그랬죠. '어떻게 키우긴 지랄같이 키웠지'라고요. 대학 4학년이 되도록 손끝에 물 한 방울 안 묻힌 건 절대 잘 키운 게 아닙니다. 그 딸은 언제나 집에서 신경질쟁이였다네요. 방은 언제나 엄마가 치웠고 자기가 어질러 놓은 방을 조금이라도 시원찮게 치우면 난리를 쳤다는군요.

💬 정말 싸가지 없는 딸이군요.

💬 하하, 민들레 님도 이제 싸가지라는 말 잘 쓰시네요. 정말 그 엄마가 싸가지 없게 키운 거지요.

적어도 난 그런 꼴 보고 싶진 않다. 지금부터라도 일을 시켜 먹어야겠다. 닥터지바고는 6개월 전에 자기에게 상담을 왔던 D씨 이야기도 들려주었다. 아이의 정리정돈 문제 때문에 죽을 지경이라며 왔는데 그에게 역시 '기준과 원칙'을 설정하고 그 원칙을 지키도록만 했단다. 그 집은 나중에 밥과 용돈까지 주지 않는 사태에 이르렀다고 한다. 물론 주방에는 라면을 비롯한 과자류, 간식이 될 만한 모든 것을 치워 버렸다. 처음엔 저금통을 깨서 용돈으로 편의점에서 먹을 것을 사 먹고 양말과 속옷은 있는 대로 꺼내 입고 몇 번은 세탁도 하겠다고 난리를 피우더니 3주도 안 가서 항복하더란다. 그래! 나도 그렇게 하는 거야. 까짓 거 부딪쳐 보는 거지 뭐. 그동안도 잘해 왔잖아?

"예준아! 음식물 쓰레기 좀 버리고 와라. 지하 1층에 가면 분리수거 하는 데가 있어. 음식은 음식물 쓰레기통에 버리고 비닐은 옆에 비닐수거함에 버리고 오면 돼."
"500원이야."
"그게 왜 500원이냐?"
"심부름 시키니까."
"그건 당연히 네가 할 일이다. 너도 집에서 밥 먹잖니?"
"그럼 예성이 시켜."
"예성이도 가끔씩 해. 네 아빠도 휴일 같은 때는 도와주고. 그동안 너만 늘 열외였지. 그리고 지금 엄마는 너에게 말하고 있고."
"조금 있다 갔다 올게."
"지금 당장 다녀온 후에 네가 하던 일 마저 해라."

몇 번의 실랑이가 있었다. 그동안 귀에 못이 박히도록 들은 말이 '원칙' '기준' 아니었던가? 죽어도 양보하지 않을 것이라는 결심을 아이가 보았고 결국 음식물 쓰레기를 버리고 왔다. 당연한 일을 시키는데도 가슴이 떨리긴 했지만 그래도 이전보다는 나았다. 참을 만하고 겉으로 표시나지 않도록 할 자신이 있었다. 이후 음식물 쓰레기 버리는 일은 우리 집 남자들의 전유물이 되었다. 세 남자가 번갈아 가며 버려 주었고 내가 누구를 지정해도 군말 없이 다녀온다. 일 시켜 먹길 잘했다. 이 기분 좋은 느낌을 담아 쪽지를 보냈다. 닥터 지바고도 기뻐하면서 답신을 보내왔다.

💬 잘하셨습니다. 이젠 싸가지 코칭의 달인이 되셨군요. 사실, 부모라면 누구나 자기 아이가 좋은 품성과 능력을 갈고 닦아 괜찮은 조건에서 편안하고 행복한 삶을 누리길 바랄 겁니다. 많은 부모가 조기교육이다, 조기유학이다, 자녀의 능력을 키워 주기 위해 갖은 노력을 기울이는 것도 바로 그 때문이죠. 그러나 단순히 자녀의 지적 능력을 키워 주는 것만으로는 편안하고 행복한 삶을 보장해 줄 수 없습니다. 적극적이고 주체적이며 당당한 삶을 살기 위해서는 자신을 긍정적으로 바라보는 자존감, 타인과 소통하는 능력, 주체적으로 문제를 해결하고 이끌어 가는 셀프리더십이 가장 중요하기 때문이죠.

이런 능력은 스스로 일을 해보면서 경험하는 것들이라 학교나 학원에서는 키워 줄 수 없습니다. 따라서 부모는 아이에게 맞는 적절한 일을 시켜야 합니다. 아프리카 같은 곳에선 아동의 노동착취가 문제되고 있지만 요즘 한국 부모들은 노동착취라는 소리를 들을 정도는 되어도 괜찮다고 봅니다. ↵

💬 호호, 노동착취라……. 그건 좀 심하지 않나요? ↵

💬 무슨 말씀을요. 세계에서 가장 탁월한 사람들이라는 유대인들

은 3D 업종의 일도 기쁘게 합니다. 어릴 때부터 몸을 움직여 일하는 것을 철저하게 가르칩니다. 그 이유는 2천 년 가까이 나라 없이 살아왔기 때문에 지금 살아가는 것, 지금 보장된 삶을 언제 어떤 이유로 잃게 될지 예측할 수 없기 때문이죠. 혹여 그런 일이 닥치더라도 살아남을 수 있도록 몸을 움직이는 일, 남들이 천히 여기는 직업도 기쁨으로 감내하도록 했습니다. 그리고 남이 천히 여기는 직업을 가졌더라도 먹고살기 위해 불가피하게 하는 일이라고 생각하지 않고 '내가 너희들에게 기여한다'는 자부심을 갖도록 하였습니다. 그런 교육이 직업을 대하는 태도가 달라지도록 만든 이유가 되었죠. 몸을 움직여 일하는 것만큼 정직한 일은 없지요.

싸가지 팁 20.
일을 시키는 건 생존법을 가르치는 행위다

다 큰 자녀는 충분히 일할 수 있다. 그러니 "이런 건 엄마가 다 할 테니까 넌 들어가서 공부나 해!"라는 생각은 때려치우고 공부할 시간을 뺏어서라도 일을 시켜라. 사실, 공부하라고 들여보내도 공부하지 않는다. 공부가 될 리가 없다. 하루 종일 공부만 하는 것보다 다른 일을 하면서 하는 게 훨씬 더 효과적이다. 노동은 다 큰 자식의 마땅한 도리이며 그런 것을 통해서 살아가는 법을 배우는 것이다. 단순히 일이 아니라 생활을 가르치는 시간이다. 그러니 자녀에게 일을 시켜라.

일을 시키기는커녕, 다 큰 자녀의 방을 일일이 치워 준다는 부모도 많다. 심지어 정리정돈이 안 되어 있으면 부모에게 화를 낸다는 자식도 있다. 그런 싸가지 없는 자식을 키웠다면 자식농사를 더럽게 지은 것이다. 지금부터라도 시켜라. 직접 하지 마라. 혹여 방이 돼지우리가 된다 할지라도 직접 정리정돈에 나서지 마라.

　정리정돈도 제대로 하지 않는 사람을 받아 주는 기업은 어디에도 없다. 정리정돈 하는 습관은 성공한 사람들의 공통된 특징이다. 이들은 자기관리의 달인이며 결코 흐트러지는 법이 없다. 가끔 특정한 분야에 탐닉하고 오락에 빠지는 일도 전체 일정 중에서 계획된 것이니 즉흥적이거나 맨날 그렇게 사는 것이 아니라는 뜻이다.

　정리정돈은 짐승도 한다. 필자는 시골 출신이라 어릴 때부터 소를 키우는 것을 보았고 중 3때까지 소에게 풀을 먹이러 다녔다. 집에 돼지우리도 있었다. 사람들은 돼지더러 지저분한 짐승이라고 말하지만 돼지는 절대 그렇지 않다. 얼마나 깨끗한지 모른다. 돼지는 자기 우리에 아무렇게나 똥을 싸지 않는다. 반드시 지정된 공간 안에 싸고 자기를 청결하게 한다. 소도 마찬가지고 개도 마찬가지다. 새들도 끊임없이 깃털을 정리하고 자신을 다듬는다. 하다못해 파리도 끊임없이 앞발을 비벼대며 감각을 유지하기 위해 준비한다. 그러니 당연히 해야 할 것을 부모가 대신 해주는 바보짓은 그만하라.

상처 주기를
두려워 마라

남편이 닥터지바고 부부와 함께 식사를 했으면 좋겠다고 제안을 했다. 쪽지를 보냈더니 그렇게 하자는 답신이 왔다. 남편이 평소에 잘 가는 호젓하고 조용한 레스토랑에서 만났다.

"요즘은 좀 숨 쉬고 사는 것 같아요. 정말 고마워요. 지바고 님 덕분이에요. 원리와 원칙, 그리고 권위를 사용한다는 개념을 이젠 확실히 알 것 같아요. 그동안 아이에게 상처 주지 않으려고만 했던 것 같아요. 안 그래도 ADHD 때문에 힘든 아이에게 상처까지 주면 어떻게 견딜까 걱정했던 것이지요."

"네. 맞습니다. 그게 일명 구닥다리 심리학, 어설프게 아는 심리학 때문이죠. 사실, 민들레 님 세대는 자녀교육에 대한 지침을 어느 때

보다 많이 듣고 배운 세대입니다. 아마 지금 사십대 후반, 오십대 사람들 중 한때 교양 있다고 자부하는 분들 중에 '스포크 박사의 육아법'을 모르는 분은 없을 걸요?"

상식이 많은 남편이 말을 받았다.

"아~ 스포크 박사요? 네, 들은 적 있어요."

"네. 아이를 어렸을 때부터 훈련시킨다며 수유시간도 정해진 시각에 일정한 시간만큼만 하고, 독립심을 키우기 위해 갓난아이를 분리시켜 재우고…… 뭐 이런 것들이었지요. 물론 세월이 지나면서 그게 정답이 아니란 것이 드러나긴 했지만요. 갓난아이에게 대하는 건 대한민국 엄마들이 세계 최고입니다. 한국 엄마들처럼 헌신적인 분들이 어디 있나요? 다만, 아이의 발달 단계에 맞게 분리시켜야 하는데 절대 분리시키지 않는 것이 문제지요. 심지어 장가간 아들까지도 다리통 붙들고 놔주지 않으니까요."

"그런 경우를 대리 배우자, 정서적 혼인관계라고 하죠."

닥터지바고의 아내가 끼어들었다.

"그러니까 태어날 때부터 조강지처가 있는 셈이 되죠. 나이 들어 장가를 가면 시어머니와 며느리는 연적 관계가 되죠. 사실, 고부갈등은 틀린 표현입니다. 시어머니의 일방적인 핍박이죠. 시어머니 입장에서 보면 내가 애지중지 키워 온 멋진 남자를 어느 날 젊고 예쁜 여자가 뺏어갔으니 얼마나 분통이 터질까요? 또 장가간 남자도 힘들 때 자기를 두고 두 여자가 쟁탈전을 벌이고 있으니 이러지도 못하고 저러지도 못하고 그냥 샛길로 새어 버립니다. 보통은 일이라는 첩한

테로 가버리죠."

"이 이야기를 듣는데…… 제가 왜 가슴이 뜨끔하죠?"

남편이 너털웃음을 웃었다.

"하하. 가슴이 뜨끔하신 것을 알면 된 겁니다. 사실 이런 남자를 샌드위치맨이라고 하죠. 중간에 낀 남자. 그러나 원리는 간단합니다. 무조건 마누라 편을 택하면 되죠."

"그러다 천하의 불효자 되는 건 아닙니까?"

"불효자가 되더라도 해야죠. 그리고 어머니는 자기의 본래 남편 찾아가야죠. 하하하. 그래서 최고의 효도는 부모님의 부부관계가 행복해지도록 돕는 것이에요. 또 부모가 자식에게 줄 수 있는 최고의 재산도 행복한 부부의 모습을 보여 주는 것이고요."

"그건 그렇고 앞으로 예준이는 어떻게 될까요?"

"어떻게 되다니요?"

"앞으로 계속 좋아질지, 혹여 문제가 재발하는 건 아닌지……."

"걱정되시는 모양이군요. 좋아질 수도 있고 나빠질 수도 있겠지만 중요한 건 어떻게 대처하는가입니다. 그리고 이 과정의 최종 목표는 아이의 마음속에 있는 자원에 접촉시키는 겁니다."

"마음속에 있는 자원이요?"

"그럼요. 그리고 이번 일을 이 정도로 해올 수 있었던 것 역시 민들레 님의 자원 덕분이었습니다."

"저한테도 자원이 있다고요?"

"모든 사람에겐 자원이 있지요. 사실, 100년이 넘는 심리학의 역사에서 첫 출발의 기본 전제는 '인간은 병리적이다'였습니다. 그래서 주로 어린 시절의 상처, 상실, 가족의 학대, 이혼, 외상, 강박, 중독 등을 주로 연구했습니다. 인간은 온실의 화초와 같은 존재라 절대로 상처를 주면 안 된다는 결론을 얻게 되었고요. 물론 심리학도 사회과학이기 때문에 원인과 결과라는 인과론에 근거하고 있습니다.

그렇지만 최근에 와서 사람이 다 그런 것은 아니라는 사실을 알게 된 겁니다. 오히려 인간은 고통을 견디고 그것을 통해 자신을 성장시키는 역설적인 존재라는 점을 보았지요. 또 인간의 부정적(negative) 측면보다 긍정적(positive) 측면을 보려는 연구가 줄을 잇고 있습니다. 긍정심리학, 행복심리학이란 이름으로요."

"그렇군요. 아이에게 상처를 줄지라도 그렇게 크게 걱정할 필요는 없는 거군요."

"네. 자녀에게 상처를 주었다고 너무 가슴 아파할 필요는 없습니다. 물리적인 폭력, 정서적인 폭력, 성적 폭력, 유기, 무관심 등과 같은 것은 심각한 상처가 맞지만 보통 가정에서 살아오면서 겪는 정도의 상처라면 그건 꼭 필요한 상처입니다. 오히려 그런 상처를 너무 주지 않은 것에 대해서 걱정해야죠. 다 큰 아이는 상처가 도리어 선물이라는 역설의 개념도 이해할 수 있어야 하고 받아들일 수도 있어야 합니다. 사람은 상처를 통해서 더 강하게 된다는 것을 받아들입니다. 금은 강한 불로 제련할수록 순도가 높아지고 다이아몬드도 깎을수록 빛나는 것과 마찬가지죠."

"한 가지 걱정되는 것이 있어요. 저희 부부는 그런대로 잘 산다고 보는데, 그래도 가끔은 아이들 보는 앞에서 싸울 때가 있거든요. 솔직히 부부싸움을 할 땐 부부싸움 자체보다 아이들이 볼까 더 걱정돼요. 혹시라도 그것이 좋지 않은 영향을 미칠까 봐 말이죠."

"부부가 어떻게 싸우지 않고 살겠어요? 싸우지 않는 부부는 부부가 아니라 해도 과언이 아니죠. 싸우지 않는 것보다 중요한 것은 싸운 후예요. 싸운 모습을 보였다면 사과하는 모습도 보여 주어야 아이들이 더 많은 것을 배웁니다. 의견이 다르면 저렇게 싸울 수 있구나, 싸워도 저렇게 용서를 구하고 화해할 수 있구나 하는 것을 배우는 것이지요."

닥터지바고의 아내가 말했다.

"사실 상담실에 오는 부모들은 대부분 너무 성급한 것이 문제이기도 합니다. 자녀가 부모 곁을 떠나기 전에는 어설프고 모자란 것이 정상입니다. 그래도 부모는 진득하게 기다려 주어야 합니다. 뭔가를 시도할 때도 잘할 것이라고 믿고 기다려 줘야 하죠. 마치 대나무를 심는 농부처럼 말입니다.

대나무는 씨앗을 뿌린 지 5년이 지나도 싹이 안 나온답니다. 그래서 성급한 농부는 기다리지 못하고 밭을 갈아엎어 버린다네요. 그러나 5년을 진득하게 거름을 주면서 기다린 농부는 마침내 수확을 거두게 된답니다. 대나무는 자라기 시작하면 하루에 20센티미터 이상 쑥쑥 뻗어 오르죠. 땅속에 있는 5년간 깊숙이 내린 뿌리가 튼실하기 때문에 더 많은 수액과 양분을 빨아올려 높이 자랄 수 있고, 그렇기 때문에 대나무는 웬만한 비바람에도 쓰러지지 않는다는군요."

닥터지바고가 말했다.

"기다린다는 건 다른 의미에서 사랑을 주고자 하는 마음을 참는 것도 해당됩니다. 장 루슬로의 〈또 다른 충고들〉이라는 시에 이런 시구가 있지요. '고통에 찬 달팽이를 보게 되거든 충고하려 들지 마라. 그 스스로 고통에서 벗어나올 것이다. 더 빨리 흐르라고 강물의 등을 떠밀지 마라. 풀과 돌, 새와 바람, 그리고 대지 위의 모든 것들처럼 강물은 나름대로 최선을 다하고 있는 것이다'라고 말이죠."

남편이 거들고 나섰다.

"비슷한 이야기를 저도 들었습니다. 사막에 사는 식물은 대부분 뿌리가 길게 뻗어 있는데 수분이 적기 때문에 깊이 뿌리를 뻗어야 생존할 수 있죠. 그런데 '포아풀'이라는 높이 5센티미터의 작은 풀은 그 아래로 전체 길이 600킬로미터가 넘는 거대한 뿌리가 사방으로 뻗쳐 있다고 하더군요. 또한 '베스키트'라는 선인장은 자기 키의 50~100배 정도 긴 뿌리를 갖고 있기 때문에 땅속 깊은 곳에 있는 지하수를 빨아올려서 생명을 이어간다고 하죠."

나도 질세라 한마디 거들었다.

"시골에서 어르신들도 그러시더군요. 봄에 비가 잦으면 그해는 고춧대가 키도 크고 잎도 풍성하지만 열매가 부실해 따고 나면 금방 시들거나 썩어 버리는데 봄에 가뭄이 들면 비록 키는 약간 작지만 오히려 열매는 더 단단하고 고추 맛도 훨씬 좋다고요. 가뭄이 들 때 고춧대가 물을 찾기 위해 뿌리를 깊이 내리기 때문에 더 많은 양분을 빨아들이고 또 처음 그렇게 깊게 내려진 뿌리 때문에 태풍이 와도 쓰러지지 않는다네요.

최근 유기농으로 쌈 채소를 재배하는 분들도 이런 식으로 채소를 키운다고 해요. 다른 곳에서는 주기적으로 물을 주는 데 비해 이 사람들은 3분의 1 수준으로밖에 주지 않는대요. 처음 씨앗을 틔우고 발육을 시작할 때는 늦지만 한 번 발육이 되면 거둘 잎이 더 많아지고 색깔도 선명해 두 배나 비싼 가격으로 판매한답니다."

"와우, 다들 대단하신데요. 어떻게 머리에 그 많은 정보를 넣어 다니는지 부럽습니다. 부부 퀴즈 대회 나가면 일등은 따놓으셨네요. 하하하."

"닥터지바고 님 부부도 만만치 않은데요. 하하하."

한바탕 웃음이 터졌다. 웃음이 가라앉고 난 후에 남편이 화제를 바꾸었다.

"그런데 닥터지바고 님! 이런 일을 하시면 정말 보람 있으시겠어요. 솔직히 남들은 제 직업을 부러워하는데 나이가 들수록 도대체 이게 무슨 의미가 있을까 싶어요. 물론 내가 하는 일도 중요하고 나름대로 사회에 기여하는 부분도 있지만요. 그래도 닥터지바고 님은 사람을 직접 만나서 치유하는 일을 하시잖아요? 그런 점이 참 부럽네요."

"하하. 그런가요? 세상에서 가장 큰 기적은 사람이 변한다는 것 아닐까 싶어요. 강연을 듣다가 새로운 깨달음과 힘을 얻는 이들과, 집단 상담이나 자신의 내면을 돌아보는 프로그램에 참여하고 난 이후에 힘이 생기는 이들을 많이 봅니다. 그때가 정말 행복한 순간이죠.

이 작업은 각자의 속에 있는 자기복원력에 초점을 맞추는 일입니다. 너무 큰 상처를 받아 무력해진 나머지 자기복원력이 있는지조차 몰랐던 분들이 프로그램을 통해서 심리적 면역력을 얻고 나면 문제를 직면하는 용기를 얻게 됩니다. 또 지속적으로 직면할 수 있는 정신적인 체력을 보강해 주는 일도 합니다. 그러면 미처 처리되지 못한 과거의 상처가 또 비집고 올라온다 할지라도 그 상처를 바라보고 치유할 수 있는 힘이 생기는 것이죠."

싸가지 팁 21.
자녀의 자기복원 능력을 믿으라

 인간은 매우 강하고 경이로운 존재다. 그래서 어떤 상처에도 강하게 살아남는 생존력과 놀라운 상처 복원력이 있다. 더욱이 일찌감치 그 상처를 바라보고 또 치유하게 되면 웬만한 고통도 쉽게 극복할 수 있는 저항력까지 갖추게 된다.
 헤르만 헤세(Hermann Hesse)는 '우리 내면에는 언제든 들어가서 자신을 회복할 수 있는 고요한 성소가 있'고 하였다. 이것을 정신분석학자 코헛(H. Kohut)의 이론으로 설명하면 자기위로 기능(self soothing capacity)이다. 이것이야말로 정신건강을 유지시키는 탁월한 능력이다. 자기 위로 기능은 태어날 때부터 내재되어 있는데 좋은 부모를 통해서 강화된다.
 내 아이는 결코 약한 존재가 아니다. 내가 미처 모르는 강인한 능력, 스스로 정한 대로 자신의 행동을 조절하고 통제하는 능력을 가지고 있다. 이 능력은 부모가 믿어 줄 때 향상된다. 스스로 기회를 가질 수 있어야 한다는 뜻이다. 이것이 부모에게는 실수나 연약함이나 부족으로 보일 수 있지만 이때 부모는 충분히 기다려 주어야 한다. 내가 먹을 것 안 먹고 입을 것 안 입어 자식에게 주는 사랑보다 자식이 먹는 것을 뺏어야 할 때나 입은 것을 벗겨야 할 때가 더 힘들다. 자식의 원망을 고스란히 받으면서 속으로 피눈물을 삼켜야 하기 때문이다. 그러나 부모가 그 역할을 해 주어야 아이는 속에 있는 자기복원력을 키워 나중에 어떠한 위험이나 절망스런 일을 만나도 그것을 헤쳐 나갈 만한 내성을 갖게 된다.

니체는 "살아야 할 이유를 가진 사람은 어떻게든 살아 낸다"라고 하였다. 빅터 프랭클은 이 말을 좋아했다. 나치 치하의 수용소에서 온 가족이 죽어 나가는 참혹한 현장 속에 있었던 그가 발견한 것 역시 인간의 내면에 있는 의미를 추구하는 것이었다. 인간이란 장애물을 도약대로 삼을 줄 아는 능력을 가진 존재다.

윌리엄 제임스(William James)도 "우리 세대의 가장 위대한 발견은 한 인간이 태도를 바꿈으로써 자기 인생을 바꿀 수 있다는 사실이다"라고 말했다. 수많은 인생 선배들이 깨우친 인생의 진리를 따라 다 큰 자식들에게 과감히 상처 좀 주자.

이에 대해 좀 더 알고 싶다면 김주환의 《회복탄력성》을 읽어 보라.

나를 위한 셀프 코칭 PART 04

아이는 좋아지는데 제가 왜 허탈해질까요?

"이젠 더 이상 오지 않으셔도 되겠습니다. 예준이는 이제 또래의 다른 아이들과 크게 다르지 않습니다. 그동안 정들었는데 아쉽지만 더 볼 수 없게 되었네요. 하하. 축하합니다."

나이가 지긋하신 신경정신과 의사는 웃으며 말했다. 예준이에게서 더 이상 ADHD로 인한 증상이 발견되지 않는다고 했다. 그 말을 듣는 순간 눈물이 핑 돌았다. 그 눈물 속에 처음 ADHD 진단을 받고 매주 수요일 오후 이 병원을 들락거렸던 모든 일정이 영화처럼 지나갔다. 이젠 올 필요가 없단다. 천국행 티켓을 확보한 느낌이 이럴까?

병원에서 나오는 길에 꽃집에 들러 안개꽃을 두른 장미꽃 꽃다발을 샀다. 오늘은 쪽지 대신 직접 닥터지바고 상담실을 방문할 생각이다.

저녁도 사고 싶다. 예준이가 완치되었다는 소식도 전하고 싶고 왠지 그냥 보기만 해도 눈물이 쏟아질 것 같은 마음도 들었다.

닥터지바고도 흐뭇한 표정을 지으며 맞아 주었다.

"축하해요. 오랜 싸움의 종지부를 찍었네요. 아니, 종지부가 아니라 싸움이 나더라도 언제든 이길 수 있는 힘을 갖추셨네요."

"다 지바고 님 덕분이에요. 고맙습니다."

"저보다 직접 아이하고 대면한 민들레 님의 역할이 가장 컸지요. 저야 방향만 제시해 주었을 뿐인걸요."

"그런데 요즘 와서 제가 조금 이상해요."

"뭐가요?"

"예준이도 완치되었고 또 문제행동이 생긴다 해도 해결할 수 있다는 자신감이 생겼는데 왜 이리 허탈하죠? 사람 만나기도 귀찮고 무기력해지는 것 있죠? 예준이 문제만 해결되면 그날부터 날아갈 것 같았는데 날개에 힘이 없어 날지 못하고 추락하는 느낌이에요."

"하하. 당연한 현상입니다."

"당연하다고요?"

"네. 뭐, 그러니까, 물에 빠진 사람 구해 줬더니 이제 보따리 내놓으라 이거죠."

"그건 또 무슨 소린가요?"

"그동안 예준이 문제를 해결하느라 힘들었으니 이제 본인의 마음도 다뤄 달라, 그런 이야기예요. 그동안 민들레 님은 예준이와 동반

의존(co-dependence) 관계에 있었거든요."

"무슨 뜻이죠?"

"동반의존이란 앞에서 설명했던 심리적 게임 관계랑 비슷한데요. 피차 필요한 존재로 의존되어 있었단 겁니다. 그러니까 엄마에겐 예준이의 문제행동이 그동안 살아오게 하는 힘이 되었고요. 예준이는 끊임없이 나를 걱정하는 엄마에 의존되어 있었다는 겁니다. 그 상황에서 예준이의 문제행동이 없어짐으로써 의존의 대상이 사라진 거지요."

"무섭군요."

"무섭죠. 대부분 사람들이 그런 것도 모르고 그저 운명이니 팔자니 십자가니 이러면서 살아가지요. 예준이 문제 접어 두고 이젠 본인 홀로서기 작업을 시작해야겠네요."

"홀로서기? 언제는 홀로 안 섰나요?"

"홀로 안 섰죠. 예준이가 지탱해 주고 있었으니까요. 예전에 예준이가 공로자였다는 표현을 기억하시나요? 그 역할 중에 엄마를 지탱해 주는 것도 있었습니다. 사실 예준이가 문제를 일으키지 않았으면 남편에게 목숨 걸었을걸요? 남편의 모든 행동에 초점을 맞추고 남편이 하자는 대로 다 하고 남편의 일거수일투족이 내 행복과 불행을 좌지우지하는……."

"제가요? 전 안 그런데……."

"안 그럴까요? 혹, 예준이가 ADHD 발병하기 이전엔 남편에게 거의 충성스런 신하 같은 존재 아니었던가요? 남편을 절대적으로 높여 주는 그런 사람 말이에요."

"글쎄요……."

닥터지바고 앞이라 엉겁결에 부인하긴 했지만 그 말이 맞았다. 남편은 늘 퇴근이 늦었고 쉬는 날이 없었다. 아이 둘은 어릴 때부터 언제나 내 몫이었고 내가 아빠 역할까지 감당하며 키웠다. 축구하자면 같이 축구해 주고 로봇 놀이하자면 같이 로봇 놀이를 해주었다. 아빠의 빈자리를 채우려고 선물도 내가 골라 사놓고는 아빠가 사온 거라 했다. 그것도 아이들이 크고 나서는 더 이상 통용되지 않았지만……. 굳이 부정하기보다 그냥 시인하기로 했다. 숨기려 할 것 없이 정작 인정하고 나면 편하지 않았는가?

"생각해 보니 그랬던 것 같네요. 남편이 예준이에게 뭐라 할까 봐 긴말하지 말라고 부탁했어요. 그런데도 20~30분을 설교하는 걸 보다 못해 나서서 그러지 말라고 했던 적도 있었고요. 그땐 남편이 자기를 가르치려 들지 말라며 소리 지르더군요. 똑똑한 남편하고 사는 것도 쉽지 않구나 싶었어요. 전 불편한 감정을 잘 내색하지 않고 힘들어도 견디며 살았던 것 같아요. 머리가 깨질 듯이 아파도 남편이 회사로 데리러 와 달라면 아무 내색 않고 운전해서 데리러 나가고……. 힘들고 아파도 아프단 소리도 못했어요.

코칭을 받는 동안 힘이 생겼는지 요즘은 불편한 마음을 남편에게 이야기해요. 밤늦게 데리고 오라고 할 때도 힘들면 못가겠다고도 하구요. 그랬더니 택시 타고 들어오더군요. 예준이에게 화가 났을 때마다 코칭 받은 대로 냉정을 유지하며 말했던 것이 도움이 되었어요. 최근에 남편도 많이 바뀌었어요. 코칭 과정을 지켜보면서 많이 배운다 하더라고요. 하지만 아이들 생각하면 답답해하죠! 엘리트 코스로 자기관리를 철저히 해온 남편이 저 꼴 보는 게 쉽지 않았을 거예요."

"그건 그렇고, 혹시 다루는 악기 있으신가요?"

뜬금없이 웬 악기 이야기일까? 그러고 보니 닥터지바고의 상담실에는 클래식 기타가 걸려 있었다. 그의 기타 실력이 상당한 수준인데도 전문가에게 기타 레슨을 받고 있다는 이야기를 얼핏 들은 기억이 난다. 기타를 배우라는 건가?

내가 다루는 악기라면 비올라인데, 비올라를 잡아 본 것은 정말이지 까마득한 옛날이었다. 시골 초등학교에선 악기를 배우는 아이가 하나도 없었다. 가끔 텔레비전에서 도시 아이들이 피아노, 바이올린 배우는 것이 마냥 부러웠던 기억이 났다.

비올라를 배운 곳은 대학의 동아리였다. 바이올린을 배우려고 가입했는데, 이미 인원이 다 찼기 때문에 자리가 없었고 비올라만 비어 있다고 했다. 그때만 해도 비올라라는 악기가 뭔지도 몰랐다. 희귀했기 때문에 빈자리가 있었다. 그렇게 시작했던 비올라. 아이를 낳고 까마득히 잊은 악기였다. 그래도 교회 예배 반주자로 명맥을 유지하고 있었는데 예준이가 ADHD 진단을 받은 후에는 그 일도 그만두었다. 5년이 넘도록 한 번도 만져 보지 않았다. 아마 지금쯤 악기 케이스에는 먼지가 소복이 쌓여 있을 것이다. 물론 혹시라도 나중에 쓸까 싶어 줄을 완전히 풀어 보관했기에 목이 휘어지지는 않았을 것이니 지금이라도 조율하고 활을 조이면 소리가 날 것이다.

"비올라를 했었지요."

"얼마나요?"

"대학 다닐 때 동아리 활동으로 4년 넘게 배웠어요."

"오, 잘되었네요. 그럼 비올라를 다시 시작할 수 있는 통로를 찾아보세요."

"네, 시작은 하겠는데 비올라와 홀로서기가 무슨 상관이죠?"

"대부분 사람들이 의아해하지요. 심지어 화를 내는 분들도 있습니다. 그러나 이 작업을 하는 가장 큰 목적은 심리적 광합성입니다. 식물이 광합성을 통해서 스스로 양분을 만들어 내는 것처럼, 사람도 이런 통로를 통해서 마음이 광합성을 하는 겁니다."

"……아."

"아이의 일과 본인의 일을 분리시키는 작업이야말로 삶의 중심 잡기가 됩니다. 그러니까 아이가 ADHD가 있든 없든 상관없이 나는 나의 삶이 있습니다. 혹 무슨 문제가 있더라도 문제는 그냥 문제일 뿐이지요. 지금 정도 아이들을 키웠으면 이제 내가 하고 싶은 일 한두 가지는 할 수 있어야 합니다. 또 동시에 내 내면에 에너지를 공급하는 일이 되기도 합니다. 우리가 매일 밥 먹는 것은 몸에 에너지원을 끊임없이 제공하는 것이지요. 마음에도 그런 에너지를 공급해 줘야 합니다."

비올라를 다시 연주하려면 어떻게 해야 할까? 문득 몇 달 전 희선이 전화가 생각났다. 같은 과에서 만나 동아리 활동을 함께했던 단짝 친구였다. 희선이는 플루트를 연주하고 싶어 했는데 자기 소원대로 동아리에서 플루트 주자로 발탁되었다. 그것이 인연이 되어서 대학을 졸업한 후에도 계속 레슨을 다녔고 최근엔 무슨 오케스트라에 입단했다는 소식까지 들었다. 그 오케스트라는 음악을 직업으로 하는 사람들은 아니지만 음악을 하고 싶어 하는 사람들이 자발적으로 만든 오케스트라였다. 그래서 희선이가 가끔 나에게 전화를 해서 입단을 권유하곤 했다. 그때마다 나는 예준이가 ADHD라는 것을 숨기며 그냥 집안일이 많아 어렵다고 번번이 거절했다.

"웬일이니? 네가 전화를 다하고?"

희선이는 명랑한 목소리로 전화를 받았다. 그동안 예준이 문제로 코칭을 받았다는 이야기를 하며 코치로부터 악기를 시작하라는 특명을 받았다고 했다.

"아무렴 어때? 이런 기회에 옛날 실력 발휘할 수 있으면 좋지. 또 일요일마다 함께 연습 가는 친구가 있다면야 나야 좋지. 유후!! 생각만 해도 신난다, 야. 연습은 매주 일요일 오후 3시에 모여서 6시까지 3시간 동안 연습해. 그날 보자. 바이 바이!"

희선이의 저 밝고 명랑한 성격은 지금도 여전히 부럽다. 늘 생기발랄해서 동아리 내에서도 줄곧 인기를 독차지하던 친구였다. 얼굴도 예뻐서 숱한 남학생들이 대시를 했는데, 그 남자들을 기분 나쁘지 않게 거절하고도 자기 친구로 만드는 재주를 가졌다. 저런 친구는 아이들 때문에 속상할 일 없겠다고 생각하니 더욱 부럽기만 했다.

첫 연습을 가던 날은 참매미 소리가 들려오는 오후였다. 연습 장소는 은빛초등학교 강당이었다. 80년이 넘었다는 학교답게 수령이 오래된 큰 나무가 많았다. 나무 아래는 가족 단위로 놀러온 사람들이 자리를 깔고 음식을 먹으며 이야기를 나누고 있었고 운동장엔 반팔 차림으로 배드민턴을 치는 사람들도 있었다. 악기 연습이고 뭐고 오늘 같은 날은 그늘에서 편하게 낮잠이나 잤으면 좋겠다는 생각이 들었다. 그러고 보니 최근 몇 년 동안 이렇게 혼자서 호젓한 시간을 가져 본 일이 없었다. 늘 가족이 함께였고 어딜 가더라도 예준이 때문에 급하게 돌아오기 일쑤였다. 모처럼의 외출은 채 닦아 내지 못한 비올라 케이스의 먼지만큼이나 민망하고 어색하기만 했다.

뉴 웨이브 오케스트라의 멤버는 60명이었다. 지난 12월에 정기연주회를 한 이후 그 인원이 빠짐없이 모이고 있었다. 충원할 이유가 없었는데 나를 입단시켜 준 것은 희선이의 추천이 있기도 했지만 비올라 주자라는 희소성 덕분이었다. 고마우면서도 한편으로 규정을 어기면서까지 애써 준 부분에 대해 미안했다. 차라리 인원이 다 찼으니 받아들일 수 없다고 말해 주기를 내심 기대했다. 닥터지바고에게 할 변명도 될 테니까. 그런 마음을 아는지 모르는지 단장은 나를 팀원들에게 소개했고 팀원들은 박수와 환호성을 보내 주었다.

고개를 들어 단원들을 한 명씩 바라보다 많이 놀랐다. 다들 나이가 사오십 대인 줄 알았는데 그중에는 육십 대도 있고 머리가 완전히 백발이 된 칠십 대도 몇 분 있었다. 그 몇 분이 부는 악기가 트럼펫과 색소폰이라는 것이 더 신기했다. 악기를 다루는 솜씨가 아마추어 같지 않았다. 희선이에게 슬쩍 물어보니 한 분은 KBS 방송국에서 음악단원으로 있었고, 정년퇴직 후에 이곳에 가입한 분이라 한다. 그 분은 다른 브라스 연주자들을 도와주고 지도해 주는 악장 역할을 하고 있다고 했다. 또 몇 사람은 이제 갓 아마추어 수준을 벗어나는 정도의 실력이었다. 완전 초보자로 입단해서 지금 조금씩 연주에 참여하고 있다고 한다. 나이는 다 다른데 악기를 연주할 때만큼은 소년 소녀의 모습으로 돌아가는 듯했다.

악보, 지휘자, 그리고 악기 조율하는 소리, 연주……. 이 얼마만의 연습이고 얼마만의 느낌이던가? 기분에 도취되었는지 굳었던 손도 금방 풀어져 어느 정도는 옛 실력이 나와 주었다. 손이 내 자존심을 세워 주는 것도 아는가 보다. 세 시간이 그토록 짧게 느껴지는 건 정말이지 오랜만의 일이었다.

"다음 주에도 올 거지?"

마치고 헤어지는 길에 희선이가 물었다.

"글쎄……."

머뭇거리는 나에게 희선이가 못 박듯 말했다.

"다음 주에 봐. 그리고 시간 꼭 지켜야 돼. 이분들은 다들 자기 직업이 있어서 바쁜 사람들이니 연습 시간은 칼 같이 지키려고 노력해. 대부분 전문 음악인들이 아니야. 어릴 적 음악에 소질이 있었지만 부모의 강요에 의해서나 먹고살기 위해서 음악을 포기할 수밖에 없었던 사람이 많아. 또 평생에 꼭 한 번은 무대에 서고 싶다는 소원을 가진 분들도 있지. 경제적으로도 먹고살 만하고 자식들도 어느 정도 키웠고 이젠 자신을 위해서 투자해도 누가 뭐라 할 사람이 아무도 없는 거지. 나도 여기 온 지 이제 1년이야. 근데 지난 12월 공연을 위해서 무대에 섰을 때를 생각하면 지금도 가슴이 떨려."

 몇 주가 지나면서 나는 그 시간을 기다리게 되었다. 닥터지바고가 왜 음악을 배우라고 했는지 조금은 알 것 같았다. 생각해 보면 정말 잊고 살았던 내 삶이었다. 예준이가 ADHD 진단을 받은 순간부터 나의 삶은 송두리째 날아갔다. 나는 더 이상 없었다. 그 이후 아이의 치료를 위해서 정신없이 살았다. 아이가 낫기만 한다면, 잘 자라 주기만 한다면 더 이상 바랄 것이 없다고 생각하며 살았다.

 '그동안은 내가 없었어. 난 빈 껍데기였던 거야. 지난 주일 목사님의 설교 가운데 들었던 "사람이 온 천하를 얻고도 자기 목숨을 잃으면 무엇이 유익하리요"라는 성경 구절의 의미도 같은 맥락일 거야. 오늘 연습할 때 가슴속에서 뭔가 터져 나올 것 같은 좋은 느낌이 있었어. 남편과 사랑할 때 느끼는 오르가슴과는 차원이 다른 가슴 터지는 느낌, 희열, 온몸이 평안하고 힘이 솟는 것 같았지. 맞아! 그저께 텔레비전 특강에서 보았지. 최근에 뇌 과학이 발달하면서 행복한 사람에게는 아주 특별한 호르몬이 분비된다는 사실이 알려졌다고. 엔돌핀보다 무려 4천 배나 더 강력한 호르몬이라고 했는데 그 이름이 뭐였더라? 너무 좋아 죽을지도 모른다며 'die'가 붙었는가보다 했는데……. 그 이름이, 그렇지! 다이돌핀(didorphine)!'

싸가지 팁 22.
자식에게 줄 수 있는 최고의 말 "너도 나처럼"

행복한 가족은 건강한 경계선(healthy boundary)이 있다. 우리나라에서 가족단위를 표현하는 촌(寸)은 마디를 뜻한다. 부부는 무촌, 부모자식은 1촌, 형제끼리는 2촌이다. 그래서 아버지의 형제는 삼촌이 되고 삼촌의 자식들과는 사촌이 된다. 이렇게 마디를 정해 가는 것은 각자의 영역이 따로 있다는 의미며 적정한 거리를 두어야 한다는 발상이었을 것이다.

가족은 피차 남남이라는 기본 전제에서 출발해야 건강하다. 부부도 남남이라는 전제를 둘 때 비로소 건강해진다. 사람들은 결혼을 둘이 만나 하나 되는 것이라고 생각하지만 그건 명백히 결혼에 대한 환상일 뿐이다. 《어린왕자》의 작가 생텍쥐페리(A. Saint-Exupéry)도 둘이 만나 하나가 되는 것이 아니라 하나 된 둘이 만나는 것이라고 했다.

그런 의미에서 볼 때 자녀를 정말 사랑한다면 내가 내 인생을 잘 살아야 한다. 최고의 부모란 자식을 향해 "너도 나처럼"이라고 자신 있게 말할 수 있는 사람이다. 자식 걱정일랑 요즘 아이들이 자주 간다는 안드로메다에 보내 버려도 좋다. 열세 살 이상의 자녀라면 천재지변으로 부모를 잃고 홀로 남았다 할지라도 너끈히 살아남을 수 있다. 사랑한다며 너무 가까이 두고 있거나 분리해야 할 때 분리시키지 않으면 결국 아이를 죽게 만드는 것이다. 사랑이란 이름의 무지무지한 학대를 행하는 것이 된다. 사랑한다면 분리시켜라. 사랑한다면 자신의 인생을 살아라. 사랑한다면 자신을 사랑하고 자신의 인생을 값지게 만들어라.

제주도에서의
수다 테라피

　제주도에 와 있다. 몇 년 만의 여행인지 모른다. 여고 동창들과 2박 3일 제주도 여행을 온 것이다. 시골 학교에서 공부께나 한다는 아이들로 구성된 일명 세븐 스타 멤버 중 네 명이 모였다. 영화 〈써니〉에 나오는 주인공이 된 것 같았다. 이렇게 한꺼번에 모일 수 있다는 것만으로도 엄청난 기적이었다. 갓 결혼할 시점만 해도 간간이 소식이 오가고 일 년에 한두 번씩 만나기는 했지만 이렇게 2박 3일이나 집을 떠나오는 일은 없었다. 예준이가 ADHD 진단을 받은 이후로는 아예 완전히 소식을 끊다시피 했다. 최근 들어 친구들 소식이 궁금하기도 했고 또 너무 오랫동안 소식을 끊은 것에 대한 미안함도 들었다. 거기에 좋은 친구들이 있으면 함께 여행을 하고 오라는 닥터지바고의 협박에 가까운 권유가 있었다. 결국 내가 총대를 멨다. 그런 일에는 젬병인 내가 총대를 다 메다니…….

호텔에서 제공하는 조식을 먹기 위해 다들 레스토랑으로 모였다. 간밤에 수다를 떠느라 늦게 잠자리에 든 까닭에 늦은 아침을 맞았다. 호텔도 그다지 크지 않아 다른 손님이라고는 얼핏 보기에 신혼부부 몇 쌍과 친정부모와 함께 온 젊은 엄마가 데려 온 유치원에 다닐 정도인 자녀들 뿐이었다.

아이들은 식사에는 관심 없고 온 식당을 뛰어다니며 숨바꼭질을 했다. 엄마가 몇 번 제재를 하는 듯 보였는데 그 목소리에는 꼭 말리려는 의지가 없었다. 아이들은 들은 채 만 채 소리까지 질러 대며 뛰었다. 우리가 눈살을 찌푸렸지만 아이 엄마는 그다지 신경 쓰지 않았다. 급기야 아이들이 탁자에 붙어 있는 호출 벨을 눌렀다. 그러자 대기하고 있던 직원들이 바로 달려와서 필요하신 것이 있냐고 물었다. 엄마는 아이가 잘못 눌러서 그렇다면서 죄송하다고 신경 쓰지 말라고 이야기했다. 아이가 겁먹은 표정을 짓자 할머니는 "그럴 수도 있지. 괜찮아!"라고 웃으면서 아이들을 달랬다. 아이들은 또 금세 자기들끼리 깔깔대며 숨바꼭질을 시작했다. 그 모습을 지켜보던 친구들이 다들 한마디씩 했다.

"도대체 엄마는 뭐하는 건지 몰라. 저렇게 뛰어다닐 정도의 아이에겐 부모가 분명하게 말해 줘야 하는 것 아니니? '여기는 공공장소다. 호출 벨은 필요할 때만 누르는 것이다. 함부로 눌러서는 안 된다. 장난친다고 벨을 눌러 대면 혼을 낼 거다'라고 주의를 줘야지."

"맞아. 실수를 용납하는 것과 묵인하는 것은 다르지. 실수를 했다면 실수할 수 있다는 것은 받아 주지만 실수 자체에 대한 대가를 지불하도록 가르쳐야 해. 저 경우는 아이가 실수했다는 것 자체를 못 받아들인다고. 저런 아이들이 크면 어떻게 되겠어?"

"난 동남아 여행 가면 솔직히 쪽팔리더라. 어딜 가나 한국 사람들 천지인데 식당에서 뛰어다니는 아이들은 여지없이 한국 아이들이야. 다들 지 새끼 예쁜 것만 안다니까? 혹시 한마디라도 해봐. 그럼 지 새끼 기죽이지 말라고 난리 칠걸? 공중도덕은 기본으로 가르쳐야 하는데 그런 건 안 가르치고 제멋대로 굴게 놔두면 어떡하겠다는 건지 원. 그건 기 살리는 게 아니라 싸가지 없는 것 아니니?"

"얼마 전에 된장 국물녀 사건도 있었잖아? 아이가 어떤 여자하고 부딪쳐서 화상을 입었는데 사과도 없이 사라졌대. 그래서 그 아이 이모가 이 일을 인터넷에 올렸는데 그 여자가 억울해서 해명했잖아? 자기도 화상을 입었고 사과를 받아야 할 쪽은 자신이라고……. 식당에서 그렇게 뛰어다니는 아이를 방치한 것은 부모 책임이라는 거지."

나는 묘한 카타르시스를 느끼며 한껏 높아진 목소리로 일장 연설을 했다.

"부모가 꾸중한다고 해서 아이의 기가 꺾기는 게 아니야. 칭찬과 격려를 할 때 아이 기가 세워지는 거지. 하지만 칭찬과 격려는 반드시 정확한 기준이 있어야 해. 옳은 일, 잘한 일, 의미 있는 일이나 사람을 행복하게 하는 일, 본인의 노력이 동반된 일과 같은 것에는 아낌없이 칭찬해 줘야 해.

그렇지만 저 아이처럼 싸가지 없이 공중도덕을 무시하거나 어른들을 공경하지 않는 행위에 대해서는 꾸중해야 해. 꾸중하지 않는 것이 아이의 기를 살린다고 보진 않아. 부모의 사랑이 담긴 꾸중을 들은 아이는 빗나가지 않아. 애들도 알아. 부모가 자기를 사랑해서 꾸중하는 건지 자기 성질을 못 이겨 하는 분풀이인지 말이야. 우리 집에 키우는 강아지도 알더라. 내가 털 날린다고 맨날 고함치고 볼 때마다 쥐어박으니까 나만 나타나면 둘째 아이에게 가서 안기든지 자기 집에 쏙 들어가 버린다니까."

2박 3일 동안 식당에서, 숙소에서, 이동하는 차 안에서, 관광지를 돌아다니면서 어딜 가나 수다 꽃을 피웠다. 서귀포에 있는 성(性) 박물관에 갔을 때는 다른 사람들 보기 민망할 정도로 크게 웃었다. 여자 셋이 모이면 접시 깨진다는 말이 괜한 말이 아니었다. 남녀 체위를 적나라하게 만들어 놓은 조각상들을 보면서 누구 하나 도망가지 않았다. 그런 것 정도로 얼굴 붉어질 나이는 아니라며 또 한바탕 웃었다.

"경숙아? 뭘 그렇게 열심히 써? 너 이런 데 와서도 공부하니?"

먼저 씻고 나온 정희가 나를 보며 물었다.

"응. 숙제. 나 지금 숙제하는 중이야."

닥터지바고가 내준 숙제다. 그는 코칭을 시작할 때부터 매일 20분씩 글쓰기를 해야 한다고 지침을 주었다. 이번 여행에서도 그냥 보고 지나치지 말고 꼭 글로 써서 기록을 남기라고 하였다. 카이사르(Caesar)가 쓴 《갈리아 전기 Commentarii de Bello Gallico》는 지금도 라턴어 교육의 교재로 쓰이고 있으며, 이순신 장군의《난중일기》도 그의 인간적인 고뇌와 전투 일정, 전쟁의 추이, 복장, 수군의 규모 등을 파악할 수 있는 소중한 자료가 되었다고 한다. 기록이 기억을 지배한다고 글쓰기를 강조했다.

요즘 와서야 그동안 글쓰기를 해온 것이 매일매일 밥 먹는 것과 같다는 것을 깨닫게 되었다. 규칙적으로 밥을 잘 먹는 사람이 건강하듯 규칙적으로 글쓰기를 하는 사람의 정신건강이 좋다는 건 당연한 이치인 셈이다. 몇 개월 지나는 동안 스스로 건강해진 느낌을 가질 수 있었다. 마치 허약체질인 사람이 매일 건강을 위해 몸을 조율하고 난 후에 어지간한 산은 거뜬히 오를 수 있을 정도로 체력이 비축된 것처럼 말이다.

그리고 지금까지 매일 20분 간 해온 글쓰기는 배변활동과 같았다. 내가 친정 엄마에게 정말 감사하는 것 중 하나가 아침마다 배변할 수 있는 체질을 주었다는 것이다. 벌써 여행 와서 변을 못 봐 불편하다는 친구들의 볼멘소리가 들린다. 나는 그런 일이 한 번도 없다. 새벽에 일어나든 늦게 일어나든 어김없이 곧 화장실에서 시원하게 배변을 하곤 했다. 남편은 그런 나를 신기한 동물이라며 놀려대기도 했다.

처음 글쓰기를 시작한 지 일주일 지났을 때 닥터지바고는 내게 《털어놓기와 건강》이라는 책을 읽으라고 했고 그 지침에 따라 매일 20분 글쓰기를 계속해 왔다. 그 책의 저자인 페니베이커(Pennebaker) 교수는 글쓰기가 상처와 감정적 고통을 해결할 뿐 아니라 진정한 내면의 자아를 만나고 자신을 이해하고 싶어 하는 사람들에게 유익한 방법이라고 했다. 또한 자신의 노력이 동반되어야 하는 의도적인 활동이란 점을 강조하였다. 그의 말대로 글을 통해서라도 마음과 생각을 털어놓으면 정신건강이 좋아진다는 것이다. 그것의 산 주인공이 바로 나다.

여행을 다녀온 후에 닥터지바고에게 소감을 써 보냈다. 그리고 이번 여행을 통해서 내가 얼마나 정서적으로 건강해졌는지를 볼 수 있었다는 이야기와 제주도 여행을 통해서 실컷 수다를 떠는 동안 모든 것을 털어놓으라는 닥터지바고의 의도를 알 수 있었다고 덧붙였다.

💬 와우~ 기특한 제자입니다. 하하. 문학평론가인 경북대 변학수 교수도 그랬지요. "글쓰기는 무료한 나의 삶을 유희라는 관점에서 재미있게 하고, 더 넓은 세계를 보게 하며, 다른 사람의 삶을 통해 새로운 통찰을 얻게 할 뿐 아니라 어렵고 실망스런 내용을 재경험함으로써 위안과 보상을 얻게 하는 유익이 있다"라고 말이에요.

사실 우리가 학교 다닐 때부터 일기 검사 같은 지나친 검열 때문에 글에 대한 공포가 있어서 그렇지, 글쓰기 그 자체는 마음을 치유하는 탁월한 도구입니다. 사람은 글을 쓰는 동안 자기 자신에 대한 깊은 정서적 체험을 하게 되고 자신을 깊이 들여다볼 수 있는 기회를 갖게 됩니다. 그 세계를 표현할 여유도 갖게 되지요.

나아가 스스로 자아와 자신의 문제를 이해하고 문제해결을 위한 통찰을 가질 수 있습니다. 민들레 님은 이제 평생 곁에 두고 언제라도 부를 수 있는 심리치료사를 두고 있는 셈이죠.

새로운 숙제를 하나 더 받았다. 앞으로 최소한 분기별로 한 번씩은 '홀로 떠나는 여행'을 해보란다. 그것도 오로지 도보로만 말이다. 불편한 여행, 익숙지 않은 여행, 고독한 여행을 떠나 보란다. 그래, 이번 숙제도 그냥 무조건 Go! 하는 거다. 해봐서 손해 볼 것 없지 않은가? 아니, 할 때마다 인생의 계단을 하나씩 올라간다는 느낌을 갖지 않았던가? 오히려 앞으로의 내가 어떻게 변해갈지 더 기대되고 흥분된다.

며칠 후 닥터지바고가 쪽지를 보내왔다.

💬 여행지는 정하셨나요? 숙제 치곤 참 별나죠? 그래도 그동안 누구보다 착실히 숙제 하셨으니까 이번에도 잘하실 거예요. 아 참! 이번 숙제는 따로 검사 안 할 겁니다. 스스로 하십시오. 그리고 이건 평생 갈 것이니까 제가 일일이 검사할 수도 없겠죠? 후후.

싸가지 팁 23.
'혼자 있는 능력'이 행복의 정도를 측정한다

영국의 소아정신과 의사 도널드 위니컷은 '혼자 있는 능력(capacity to be alone)'이라는 용어를 사용하였다. 유아가 엄마와의 좋은 경험을 충분히 하고 나면 '홀로' 존재하는 능력을 갖게 된다는 것이다. 홀로 있을 수 있는 능력을 가진 사람이야말로 진정 행복한 사람이다. 홀로 있는 시간, 홀로 하는 여행, 홀로 무엇을 하는 시간에도 행복을 느끼는 사람이 진짜 행복한 사람이다. 《혼자 사는 즐거움》의 저자 사라 밴 브레스낙(Sarah Ban Breathnach) 또한 자신의 인생에서 자신만을 위한 시간을 많이 쌓을 때 함께하는 삶의 즐거움도 만들 수 있다고 하였다.

역사 속에서 수많은 위인이 홀로 있는 시간을 가졌다. 예수도 40일 동안 광야에서, 모세 역시 40년을 광야에서 홀로 지냈다. 광야란 불편함, 부족함을 스스로 선택하여 들어가는 곳이다. 프랑스 철학자 파스칼(B. Pascal)도 "방 안에 혼자 조용히 앉아 있지 못할 때 모든 불행은 시작된다"라고 했다. 물론 혼자 있으면 이런 저런 생각에 잠기기도 하고, 절망에 빠지기도 하고 슬픔에 젖기도 할 것이다. 그런데 이런 적절한 우울은 성장의 에너지다. 여름에 장마는 그다지 반가운 일은 아니지만 장마를 통해서 식물은 몰라보게 성장한다.

홀로 있는 시간은 모든 것을 낯설게 보고 새롭게 보는 시각의 전환을 가져다준다. 행복심리학자들은 "단 일 분 안에 당신을 행복하게 만들어 드릴 수 있습니다"라고 장담하며 '낯설게 하기'라는 기법을 제안한다. 내가 갖고 있는 모든 물건을 처음 보는 것처럼, 전혀 모르는 것처럼 낯설게 보라고 한다. 가령 만년필로 글을 쓰다가도 "어라? 넌 뭐지? 네가 왜 나를 도와주는 거지? 글씨가 나오네?" "어라? 내가 지금 글을 알고 있네? 세상에, 이렇게 글로 마음을 표현할 수 있다니 신기하다. 글이 없었다면 어찌 되었을까?"라며 되묻는 방식 같은 것이다.

홀로 하는 여행은 모든 것을 낯설게 경험하는 것이다. 신발, 옷, 모자, 지팡이, 돈과 같이 물질적인 것들과 머리칼, 눈썹, 피부, 손과 발, 허리 등 내 사지백체 하나하나마다 그 작업을 해보면 행복감이 밀려온다는 것이다. 그렇게 몇 번 해보면 내가 이미 가지고 있는 것들이 얼마나 많은 혜택을 주고 있고 가진 것이 얼마나 많은지 감사하게 된다.

불행이란 언제나 갖지 못한 것을 생각할 때 생기고 행복이란 이미 가지고 있는 것으로 감사할 때 생겨난다. 혹여 집이 싫다고, 집이 지긋지긋하다고 불평하는 자녀들은 짐을 꾸려 15일, 20일 걸리는 국토순례대행진에 보내라. 해병대 캠프로 보내라. 아프리카나 동남아 오지로 가서 한 달만 지내다 오라고 해보라.

그리고 나도 홀로 떠나는 여행을 과감히 시도해 보자.

서드 에이지,
또 한 번의 새 인생

제주도 여행을 다녀온 뒤 며칠이 지났다. 정희가 전화를 해서 자기 집으로 놀러와 달란다. 헤어진 지 얼마나 지났다고 또 만나자는 걸까? 그것도 카페에서 만나면 될 것을 굳이 집으로 오라고 할까? 마침 차로 이십 분밖에 안 되는 거리라서 흔쾌히 가겠노라고 했다. 정희는 며칠 사이에 초췌해진 모습이었고 얼굴엔 울었던 흔적이 남아 있었다. 안 그래도 까무잡잡한 피부인데 얼굴이 더 검게 보였다. 작은 체구가 더 왜소해 보였다.

"너 울었니?"

"응. 울었어. 수진이랑 싸웠어. 어른이 딸아이와 싸운다는 말이 부끄럽긴 하지만 이렇게만 있을 수 없다 싶어서 너한테 와 달라고 부탁한 거야. 지난 번 동창들 제주도 여행 갔을 때 너한테서 묘한 느낌이 났어. 뭐랄까? 여유? 마치 엄마 같은 그런 느낌이었어. 그래서 무슨 이야기를 해도 좋을 것 같은 느낌이 들었지. 사실 나도 어려운 여행이었어. 이러다간 숨 막혀 죽을 것 같아서 무작정 떠난 여행이었거든. 오가는 버스 안에서 너랑 이런저런 이야기를 나누었는데, 너도 예준이 때문에 많이 힘들었다며? 그 이야기 조금 더 듣고 싶기도 하고 또 지금 딸아이 관계에 관해서도 도움을 받고 싶기도 해."

"무슨 문제가 있어?"

"애가 내 말을 들으려 하지 않아. 말만 꺼내면 고래고래 소리를 지르고 덤벼들어. 안 그랬던 애가 최근에 와서 갑자기 그러니까 나도 어떻게 할지 모르겠어. 솔직히 애가 소리를 질러댈 땐 무섭기도 해."

"주로 뭐라고 해?"

"엄마 아빠 왜 결혼했어? 그렇게 싸우면서 남남처럼 살 것 같으면 나를 낳지 말지 왜 날 낳았어? 난 다 싫어. 공부도 싫고 학교도 싫고 살기도 싫어. 모든 게 짜증 나' 뭐 이런 식이야."

마침 수진이는 집에 있었다. 처음엔 문을 열지 않아 문자로 만나자는 뜻을 비쳤다. 삼십 분이나 지난 후에 방으로 들어갈 수 있었다. 막상 이야기를 시작했을 때, 아이는 분노보다는 답답한 심정을 표현해 왔다. 의외로 차분하고 단정한 음성으로 또박또박 자기표현을 하는 아이였다. 아들만 둘을 낳아 기르다 여자아이를 대하고 있으니 느낌이 새로웠고 정희가 부럽기도 했다.

"엄만 지금껏 늘 안 된다만 있었지 되는 게 없었어요. 내가 친구들과 놀러간다 해도 공부 때문에 안 돼, 다른 취미를 가진다 해도 공부 때문에 안 돼, 엄마 일을 돕는다 해도 공부 때문에 안 돼……. 뭘 해도 '안 돼'였어요. 보세요. 오죽하면 제 폰에 '안 돼 여사'라고 해놨을까요? 무조건 공부하라는데 전 정말 공부하고는 안 맞아요."

수진이 방에서 나와 정희와 이야기를 나눴다. 정희는 아이의 성적이 커트라인에 있다며 인문계를 갈 수 있을지 모르겠다고 한숨을 푹푹 쉬었다.

수진이는 정희의 아바타였다. 중학교 때 공부를 잘했던 정희는 인문계를 갈 수 있는 실력이었지만 가정형편 때문에 상업계 고등학교를 진학했고 고등학교를 졸업하고부터는 줄곧 은행에서 일하다 나이가 차 중매로 만난 사람과 결혼했다. 연애를 해본 경험도 없었고 죽도록 사랑해 본 경험도 없었다. 본인의 꿈을 위해 투자하고 자기를 가꾸는 경험도 없었다. 오로지 남편 뒷바라지와 자식 공부에 삶의 모든 에너지를 쏟아부었다. 자식도 하나만 낳았다. 하나만 낳아서 잘 기르자는 것이 목표였다. 그러나 안타깝게도 17년 가까운 결혼 생활에서 남은 것이라곤 아무것도 없었다. 지금도 여전히 남편 일 뒤치다꺼리나 하고 있고 아이 공부에만 온 신경을 곤두세우고 있는 통에 정작 아이로부터도 멀어진 안타까운 인생의 주인공이 되어 있었다.

"정희야. 자식 위해서라는 이유로 무엇이든 하겠다는 생각 따윈 꿈에도 하지 마. 그런 건 자식들이 원하는 게 아니야. 네 딸 수진이도 마찬가지일 거야. 그런 사랑은 어린아이에게나 필요하지 다 큰 자식에겐 필요한 게 아니야. 그런 생각 대신에 네 몸 건강하게 하고 예쁘게 가꾸고 관리하는 일, 네가 좋아하는 일, 네가 행복할 수 있는 일이 뭔지 고민하고 그 일을 해."

이렇게 말을 해주고 보니 닥터지바고가 떠올랐다. 닥터지바고가 나에게 하던 말이었다. 그 말을 내가 친구에게 하고 있었다. 코칭을 시작하고 예준이와의 관계를 풀어오는 동안 어느새 나도 사람을 보는 시각이 형성되어 있었다.

"나도 처음 이런 소리를 들었을 때 자식 문제가 발등의 불인데 무슨 놈의 자기실현? 이렇게 반문했어. 그런데 아무리 생각해 봐도 아니라고 부정할 수 없었어. 내가 내 인생을 살지 못하면 그건 나의 인생만 망치는 것이 아니라 자녀의 인생도 덩달아 망치는 결과를 가지고 올 테니까. 자식만 바라보고 산다지만 그러면 자식은 내 아바타지 자기 자신이 아니잖아. 자식이 내 존재의 이유와 목적이 된다는 건 피차 피곤한 일이야."

"그건 그렇지만…… 달리 뭘 어떻게 해야 할지 모르겠어."

"어떡하긴. 그냥 마음 가는 대로 하는 거지. 닥터지바고가 그러더라. 쉰을 넘긴 어느 날, 내가 살아온 인생에 관해서 그동안 뭐하고 살았나를 물을 때 뭐라 대답할 수 있을지 생각해 보라고 말이야. 쉰이 넘으면 폐경기가 오잖아. 그건 여자든 남자든 동일하대. 남자도 폐경기가 온대. 그걸 '남성 갱년기(male menopause)'라 하더라고. 그때가 되면 인생의 모래바람이 불어온대. 갑자기 멀쩡하던 사람이 이상해지기도 하는 게 그런 이유라고 해. 참, 은정이 남편 이야기 들었어?"

"은정이 남편? 아~ 서울 강남에서 치과 개인병원 한다는."

"그래 맞아. 강남에서 알아주는 치과의사. 잘나가던 엘리트였잖아? 걘 우리보다 일찍 결혼해서 아이들이 둘 다 대학생인데 둘 다 외국에서 학교 다녀. 한창 돈 들어갈 시기지만 아이들 학자금은 준비해 두었대. 그래서 치과 병원 접고 의료 선교사가 되어 아프리카로 떠났대."

"세상에, 그랬어?"

"근데 신기한 건 은정이도 흔쾌히 동의했다는 거야. 아이들도 걱정 말고 원하는 대로 하라고 했대. 괜히 자기들 때문에 부모님이 하고 싶은 거 못한다면 그게 더 마음 아프다고 말이야. 어쩜 그 집 아이들은 그렇게 싸가지가 있을까? 걔만 그런 게 아니야. 현정이라고 있지? 국어 선생님 되어서 우리 모교에서 교편 잡고 있던 친구."

"그래 알아. 고상한 느낌이 있던 친구였지. 시도 잘 써서 백일장 할 때마다 입상도 하고 낭송도 하고 그랬지."

"걔 지금 전라도 담양에 가서 살아. 걔가 시골 들어가 산다는 거 이해할 수 없지? 어느 날 그랬대. 이렇게 사는 거 지겨워 싫다고. 그런데 아마 남편도 그때쯤 같은 심정이었던가 봐. 그래서 예전에 여행 중에 들렀던 작은 시골 마을이 떠올라 무작정 거기로 갔대. 그 마을에 머물게 된 것도 그냥 초가집 지붕에 핀 호박꽃이 아주 예뻐서 그랬대. 웃기지? 그리고 그날 밤 머무르는데 달빛이 얼마나 아름다운지 결국 그 동네 빈 집을 사서 무작정 들어갔대. 지금도 보름이면 부부가 달 보는 재미에 빠져 산다네. 동네 이름이 무월(撫月)마을이래. 달을 애무하는 것이라나?"

"참 부럽다. 부러워. 그렇지만 나는……."

"꼭 그렇게 어디로 훌쩍 떠나야만 되는 게 아냐. 나도 오케스트라에 입단해서 일요일 오후마다 가서 연습하고 있어. 얼마나 신 나는지 몰라. 연말에는 공연도 할 거야. 무대에 설 생각하면 지금부터 떨리는 거 있지. 너도 하고 싶은 거 해. 악기를 배우든, 운동을 배우든, 노래를 배우든…… 뭐든지."

"이 나이에 무슨……."

"이 나이에 무슨이라니? 나이를 먹는다고 해서 늙는 건 아니야. 이상을 잃어버릴 때 비로소 늙는 거지. 그저께 인터넷 서핑하다 전율이 흐르는 문구가 있어서 스마트 폰에 메모해 두었어. 잠깐만. 음, 유대교 랍비이자 시인인 사무엘 울만이 〈청춘〉이란 시에서 말한 내용이래. '세월은 우리의 주름살을 늘게 하지만 열정을 가진 마음을 시들게 하지는 못한다. 고뇌, 공포, 실망 때문에 기력이 땅으로 들어갈 때 비로소 마음이 시들게 되는 것이다. 60세든 16세든 모든 사람의 가슴속에는 놀라움에 끌리는 마음, 젖먹이 아이와 같은 미지에 대한 끝없는 탐구심, 삶에서 환희를 얻고자 하는 열망이 있는 법이다'라고 말이야."

"근데 너 꼭 선생님 같은 느낌이 난다?"

"그래? 아마 최근 반 년 동안 코칭 받으면서 나도 모르게 이렇게 많이 변했나 봐."

"그 코칭 나도 받고 싶다."

"그래. 내가 얼마든지 추천해 줄게. 그리고 너 '호모 헌드레드'가

뭔지 아니? 인간의 수명이 늘어나 앞으로 100세까지 사는 건 기본인 시대를 지칭한 조어래. 우리 부모님도 여든이 다 되었는데 아직도 청년이야. 네 부모님도 아주 정정하시잖아. 우리가 그 나이 될 때도 여전히 팔팔할 거야……. 수명이 늘어난 건 좋은데 그 긴 인생을 어떻게 보낼지가 관건이래. 재미없게 살면 죽는 것보다 더하다고……. 그래서 난 악기를 더 열심히 배우고 있어."

정희와 대화하다 보니 내가 무슨 방문 상담자 같은 느낌이 들었다. 그래도 닥터지바고와 코칭을 해오면서 보고 듣고 경험한 것이 있다고 이젠 남의 집 형편이 눈에 들어온다. 정희에게도 말했지만 어떤 면에선 스스로에게 말한 것이기도 했다. 나도 더 이상 지금까지 살아왔던 방식으로 살진 않을 테니까. 나도 이제부턴 내가 원하는 나만의 인생을 살 것이니까.

나오는 길에 아파트 입구에서 정희에게 말했다.

"너 혹시 '9988234'라는 뜻 아니?"

"아흔 아홉 살 때까지 팔팔하게 살다 이삼 일 아프고 죽는 거, 그러니까 복되게 살다가 복되게 죽는 걸 말하는 거 아냐?"

"그래. 정확히 알고 있네. 근데 내 코치 닥터지바고가 그러는데 그건 구버전이래. 신버전은 다르다던데?"

"어떻게?"

"아흔아홉 살 때도 팔팔해서 스물세 살처럼 뜨겁게 사랑하자!"

"호호호. 그거 재미있다."

"그치? 그럼 우리 함께 외쳐 보는 거야. 너도 나도 9988234 하자고."

"9988234!"

"9988234!"

싸가지 팁 24.

행복은 열심히 산 삶의 부산물일 뿐이다

　파랑새는 언제나 집에 있다. 큰 바위 얼굴도 바로 내 얼굴을 닮는 것이다. 행복을 찾는다는 사람 치고 행복한 사람을 보지 못했다. 행복은 열심히 살다 보면 그냥 따라오는 부산물이다. 열심히 사는 사람에게는 행복이 자연스럽게 주어지지만 열심히 살지 않는 사람에게는 행복은 절대로 찾아오지 않는다. 행복을 찾아내겠다며 핏대를 세운 사람에게는 더더욱 찾아오지 않는다. 그러니 행복을 찾겠다는 소리만큼 달콤한 유혹도 없겠지만 그 유혹에 온 인생을 맡기는 사람도 어리석은 인생이다.

　철학자들은 말한다. 인간의 행복 여부는 우주의 엄청난 힘에 대한 통제 능력에 있는 것이 아니라 인간의 내적 조화에 달려 있다고. 그래서 그런 내적 조화가 깨질 때는 여행을 통해서 내적세계를 돌아보라고 한다. 그 여행 과정에서 절대고독을 마주하는 동안 새로운 세계에 눈뜨게 되며, 여행 중에 만나는 다양한 사람들을 통해 자신의 행복을 측정해 보는 것이다. 인간은 타인의 불행을 통해서 자신의 행복을 인정하는 습성이 있으니까.

　그래도 행복을 추구하고 싶다면 행복을 연구하는 행복심리학자들이 말하는 딱 두 가지 질문에 대답해 보라. 첫째, 지금 내가 하고 있는 일이 나에게 의미가 있는가? 둘째, 나는 주변 사람들과 관계가 좋은가?

뉴 웨이브 오케스트라 크리스마스 공연

　예준이를 더 이상 신경정신과에 데리고 올 필요가 없다고 판명 받은 지난 6월 이후 여름방학이 지나고 가을이 오고 겨울이 왔다. 여름휴가 땐 4박 5일 해외여행을 다녀왔다. 그 사이에도 몇 번씩 집에서 큰소리가 나긴 했지만 그런 일에 휘둘릴 내가 아니었다. 물론, 예준이가 친구랑 싸워서 징계위원회에 회부될 뻔했던 일도 있었다. 남편은 남편대로 회사에서 승진을 해서 여유가 많이 생겼다. 남편과 예준이는 일주일에 두 번 볼링 연습을 가고 토요일엔 온 가족이 함께 볼링을 친다.
　나도 일요일 오후면 오케스트라 연습을 다녔다. 체중도 5킬로그램이나 줄었다. 예전에 남편이 헬스클럽 회원권을 끊어 준다는 걸 예준이 ADHD가 해결되고 나면 하겠다고 입버릇처럼 말했는데, 막상 그 문제가 해결되니 딱히 댈 만한 핑계가 없어졌다. 등록해서 운동을 시작하고 나서는 살이 빠져서인지 허리 아픈 것도 없어졌다. 게다가 12월 크리스마스 정기 연주회 때는 목과 가슴 일부가 드러나는 연주복을 입게 될 텐데 살찐 몸매를 보이고 싶진 않았다.

12월에 들어서자 오케스트라 연습 시간이 여섯 시간으로 늘었다. 저녁 먹고 총연습까지 하면 파김치가 되기도 했지만 기분 좋은 피곤함이었다. 드디어 내가 무대에 서게 되는 것이다. 그것도 오케스트라 정식 단원으로 말이다.

무대에선 객석이 잘 보이지 않았다. 조명이 워낙 강해서 누가 왔는지 정확하게 파악하기가 어려웠다. 남편과 아이들, 그리고 초대한 친구들이 와 있을 것이다. 닥터지바고 부부도 와 있을 것이다. 그가 보고 있다는 생각에 아주 든든한 후견인이 지켜보고 있다는 느낌이 들었다. 대기실에서 연주복을 입을 땐 속살이 드러나는 것이 은근히 부담되었지만 그래도 옷이 터질 것 같은 다른 멤버들의 몸매를 보면서 내 몸매에 대한 자부심도 생겼다. 막상 무대에 설 시간이 되니 긴장감이 더해지고 공연시작 10분 전을 알리는 종소리를 듣자 가슴이 더 쿵쾅거렸다. 대학에서 동아리 공연을 할 때 무대에 서본 적은 있지만 이렇게 많은 청중이 있는 큰 홀에서 연주해 보기는 처음이었다.

클라리넷을 부는 악장이 A음을 맞추었다. 연습하느라 어느 정도 맞춰져 있긴 하지만 최종 점검하는 시간이니 소리를 내어 조율했다.

나도 A음을 맞추고 나머지 C, G, D음을 맞추었다. 이 설렘은 부담되면서도 좋은 느낌이다. 살아 있는 느낌이다.

드디어 첫 곡의 연주가 시작되었다. 지휘자의 몸짓에 시선을 주고 그동안 연습했던 곡, 수없이 반복해 외운 곡을 차분히 연주하였다. 현악기의 부드러움 속에 금관악기, 목관악기가 조화를 이루고 심벌과 팀파니의 경쾌함이 소나기처럼 울렸다. 예준이 때문에 속 터질 땐 정말 팔이 떨어져 나갈 때까지 타악기를 두드리고 싶다는 생각도 많이 했다. 전체 단원들이 하나 되어 연주하는 이 느낌은 공연이 아니면 맛볼 수 없는 아주 특별한 선물이었다. 얼마나 기분이 좋은지 모른다. 그토록 다양한 소리가 하나를 만들어 가는 모습이 신기하기만 하다. 평소에 보던 지휘자도 무대 위에 선 모습은 어쩜 저렇게 멋질 수 있을까? 어떻게 이렇게 많은 연주자를 능수능란하게 통솔할 수 있을까?

1부 연주가 끝나자 관객들로부터 우레와 같은 박수가 터져 나왔다. 어느새 나는 감격에 겨워 울고 있었다. 눈물이 볼을 타고 흘러 목을 타고 가슴으로 흘러드는데도 애써 닦아 내고 싶지 않았다. 행복했다. 2부 연주를 준비하는 동안 브라스 4인방이 무대에 섰다. 연습할 때도 늘 웃음을 주는 재미있는 남자들이다. 자신들이 편곡한 캐럴을 메들리로 연주하였다. 익숙한 곡에 드럼까지 가미된 연주, 4인방의 현란한 몸동작까지 더해져 무대는 연주자와 청중이 혼연일체가 되었다. 박수와 환호성이 터져 나왔다. 브라스 밴드의 음색은 언제나 속 시원하다.

이어진 2부 순서, 마지막 피날레까지 잘 마치고 앙코르도 두 곡이나 연주하며 모든 순서를 마쳤다. 단장은 기뻐하며 일일이 단원들과 악수를 나누었다. 나와 희선이는 얼싸안고 기쁨의 눈물을 흘렸다.

"엄마, 정말 멋졌어! 최고!"
밖으로 나오니 예준이가 큰 꽃다발을 안긴다.
"아 글쎄, 요 녀석이 꽃다발 적당한 사이즈로 사자니까 절대 안 된다네. 자기 돈 보탤 테니 좀 더 큰 거 사자고 얼마나 조르던지. 또 당신이 주황색 장미를 좋아한다면서 꽃집을 몇 군데나 들렀어. 고집이 황소고집인데 날 닮았는지 당신을 닮은 건지……."
"그랬어? 고마워 예준아! 그리고 다들 이렇게 와줘서 고마워요. 오늘 제 연주 어땠어요?"
"정말 최고였어. 난 당신밖에 안 보이더라고."
"전 엄마가 그렇게 연주하는 걸 보면서 정말 기분 좋았어요. 막 자랑하고 싶어졌어요."
예성이도 기분 좋은지 한껏 높은 목소리로 양손 엄지를 치켜세우며 말했다.
친구들과 인사를 나눈 뒤 흐뭇한 미소를 지으며 두 손 들고 엄지손가락을 세운 닥터지바고 부부와도 인사를 나눴다.
"지바고 님 고마워요. 오늘 연주회에 설 수 있게 된 건 지바고 님 덕분이에요."

"그래요? 그렇게 말씀해 주시니 기분 좋은데요. 오늘 연주 정말 최고였어요. 매년 하실 공연 기대돼요. 매년 초청해 주실 거죠?"
"그럼요. 당연하죠."

그때 한쪽이 조금 소란스러웠다. 10미터 쯤 떨어진 곳에서 오늘 게스트로 출연했던 초등학교 6학년짜리 바이올린 주자였다. 타고난 천재성 덕분에 바이올린 신동이라 불리는 아이였다. 오늘 연주에서 기립박수를 받기도 했다. 그런데 뭐가 뒤틀어졌는지 아이는 자기 엄마에게 신경질을 내면서 나가고 엄마는 악기랑 꽃다발 뭉치를 잔뜩 들고 마치 큰 잘못을 저지른 하인처럼 굽신대며 아이의 뒤를 따라가고 있었다.

그 광경을 지켜보던 예준이가 나지막이 되까렸다.
"저런 저 싸~가~지 없는······."

남편과 나, 닥터지바고가 서로의 눈을 번갈아 보다 동시에 어깨를 으쓱이며 미소를 주고받았다. 예준이도 겸연쩍은지 함께 웃었다. 밖엔 하늘이 잔뜩 흐렸다. 눈이 올 것 같았다. 올해 크리스마스는 화이트 크리스마스가 될 것 같다.

에필로그
"아~ 사랑은 이제 그만!"

최근 싸가지 학문인 인문학이 다시 부활하고 있다. 인문학은 오랫동안 인류의 정신세계를 지탱해 왔다. 인간이 주인 되는 것, 삶의 중심이 되는 것, 환경에 지배당하지 않고 살아가는 인간을 만들고자 하는 학문이 인문학이다. 그러기에 인문학은 세상이라는 파도가 아무리 험하고 칠흑 같은 어둠이라 할지라도 꿋꿋하게 서 빛을 비추는 등대와 같다. 최첨단 과학문명을 이야기하는 시대에 인문학이 다시 거론되고 있는 것은 우리네 정신적 삶이 너무도 빈곤해졌고 사람에게서 향기가 나지 않는다는 것을 알게 되었기 때문이다.

상담전문가의 시각으로 볼 때 이 땅의 싸가지 없는 자식들은 요즘 부모들의 고질병인 과잉 사랑이 불러온 안타까운 결과다. 아직도 그것을 깨닫지 못하는 부모들은 자신의 아바타에게 자신이 받지 못했던 사랑을 쏟아부으며 사랑이란 이름의 학대를 자행하고 있다. 그렇게 과잉 공급된 사랑 때문에 자율성, 선택권, 감사, 호연지기, 자발성, 배려와 봉사, 더불어 사는 삶, 관계의 풍성함 등 무형의 가치를 거의 잃어버렸다.

지금이라도 다 큰 자녀에게 싸가지 코칭을 시작하라. 이는 자녀를 성공으로 이끄는 과정이며 궁극적으로 행복을 느낄 줄 아는 사람으로 만드는 재탄생의 과정이다.

물론, 싸가지 코칭이 만병통치약은 아니다. 또 여기 나온 사례의 주인공들은 자원이 꽤 좋은 부모들이라 가능했다. 싸가지 코칭을 이해할 수 있는 사람들이 싸가지 코칭을 할 수 있다. 그렇지 않은 부모나 자녀들은 신경정신과나 상담기관을 통해서 먼저 도움을 받아야 한다. 또 그런 도움을 받으면서 싸가지 코칭을 병행한다면 더더욱 좋다.

다음 이야기는 싸가지 코칭을 두려워하는 이들이 읽어야 할 예화다. 읽고 가슴이 뜨끔하다면 지금이라도 매일 싸가지 코칭 주제가를 부르면서 마음 독하게 먹고 싸가지 코칭을 시작하기 바란다.

"아~ 사랑은 이제 그만!"

미국 플로리다 주에 위치한 세인트오거스틴(Saint Augustine) 바닷가는 새우가 많이 잡히는 황금어장으로 소문난 곳이었다. 늘 새우잡이 배들이 오가고 해변에는 수많은 갈매기가 서식하고 있었다. 그것만 보면 여느 해안과 그다지 다를 바 없지만 어느 날부터인가 갈매기가 굶어죽는 일이 생겨났다. 한두 마리가 아니라 나중엔 거의 모든 갈매기가 떼로 죽었다. 그런데 이상한 점은 무슨 바이러스나 조류독감에 걸린 게 아니라는 점이다. 굶어죽은 것이다. 그 원인을 조사하던 조류학자들이 이유를 밝혀냈다.

새우잡이 배들이 오가는 항구엔 늘 갈매기의 먹이였던 새우가 있었다. 정박한 상태에서 새우를 털어 내거나 이동하는 과정에 새우가 일부 바닥으로 떨어지는데 갈매기들은 그런 새우를 먹이로 삼았던 것이다. 그렇게 큰 힘을 들이지 않아도 먹을거리가 언제나 지척에 널려 있어 갈매기들은 늘 배가 불렀다. 그런데 어느 날부터인가 새우의 어군이 남쪽으로 이동하면서 덩달아 새우잡이 배들이 남쪽으로 자리를 옮겨 버렸고 그동안 배불리 새우를 먹었던 갈매기들은 스스로 먹이 잡는 법을 배우지 않았기에 점차 굶어죽게 되었던 것이다.

bibliography
참고도서

고혜경,《선녀는 왜 나무꾼을 떠났을까》, 한겨레출판, 2006.

김주환,《회복탄력성》, 위즈덤하우스, 2011.

나이토 요시히토, 박현주 역,《첫인상의 심리학》, 지식여행, 2012.

데이비드 월시, 곽윤정 역,《10대들의 사생활》, 시공사, 2011.

데일 카네기, 최영순 역,《카네기 인간관계론》, 씨앗을뿌리는사람, 2004.

도널드 위니컷, 이재훈 역,《박탈과 비행》, 한국심리치료연구소, 2001.

롤프 가복,《하루에 한 번 자녀를 축복하라》, 두란노, 2011.

베른하르트 부엡, 서경홍 역,《엄한교육 우리 아이를 살린다》, 예담, 2007.

사라 밴 브레스낙, 신승미 역,《혼자 사는 즐거움》, 토네이도, 2011.

송재환,《좋은 부모 되기 40일 프로젝트》, 도토리창고, 2009.

숀 코비, 김경섭·유광태 역,《성공하는 10대들의 7가지 습관》, 김영사, 2005.

스튜어트 다이아몬드, 김태훈 역,《어떻게 원하는 것을 얻는가》, 8.0, 2011.

심수명,《탁월한 자녀를 만드는 특별한 교육법》, SFC, 2005.

오츠 슈이치, 황소연 역,《죽을 때 후회하는 스물다섯 가지》, 21세기북스, 2009.

윌리엄 새들러, 김경숙 역,《서드 에이지, 마흔 이후 30년》, 사이, 2006.

이도영 외,《교류분석: 이론과 실제》, 중앙적성출판사, 1999.

이지성, 《리딩으로 리드하라》, 문학동네, 2010.

이해명, 《이제는 아버지가 나서야 한다》, 동아일보사, 2007.

이호분, 《차라리 자녀를 사랑하지 마라》, 팜파스, 2009.

정진우·우수명, 《부모코칭》, 아시아코치센터, 2007.

찰스 V. 거킨, 안석모 역, 《살아있는 인간문서》, 한국심리치료연구소, 1998.

페니베이커, 《털어놓기와 건강》, 학지사, 1999.

다 큰 자녀 싸가지 코칭

1판 1쇄 2012년 5월 15일 발행
1판 13쇄 2022년 1월 20일 발행

지은이 · 이병준
펴낸이 · 김정주
펴낸곳 · ㈜대성 Korea.com
본부장 · 김은경
기획편집 · 이향숙, 김현경
디자인 · 문 용
영업마케팅 · 조남웅
경영지원 · 공유정, 신순영

등록 · 제300-2003-82호
주소 · 서울시 용산구 후암로 57길 57 (동자동) ㈜대성
대표전화 · (02) 6959-3140　｜　팩스 · (02) 6959-3144
홈페이지 · www.daesungbook.com　｜　전자우편 · daesungbooks@korea.com

ⓒ이병준, 2012
ISBN 978-89-97396-08-5 (13590)
이 책의 가격은 뒤표지에 있습니다.

Korea.com은 ㈜대성에서 펴내는 종합출판브랜드입니다.
잘못 만들어진 책은 구입하신 곳에서 바꾸어 드립니다.

이 도서의 국립중앙도서관 출판시도서목록(CIP)은 e-CIP홈페이지(http://www.nl.go.kr/ecip)와 국가자료공동목록시스템(http://www.nl.go.kr/kolisnet)에서 이용하실 수 있습니다.(CIP제어번호: CIP2012001995)